Scott Snibbe
Erleuchtung für Skeptiker

Scott Snibbe

Erleuchtung für Skeptiker

Die 8-Stufen-Meditation für innere Zufriedenheit und einen glücklichen Geist

Aus dem Englischen von Matthias Schulz

Anaconda

Für den Ehrwürdigen Lobsang Chokyi (1958–2014), der mich erst einlud, Lamrim-Meditationen zu erlernen, und mich dann neckte, ich würde mehr Zeit auf Liebe als auf Leid verwenden.

First published in the UK and USA in 2023 by Watkins,
an imprint of Watkins Media Limited
watkinspublishing.com

Der Autor spendet all seine Erlöse aus diesem Buch der wohltätigen Organisation *A Skeptic's Path to Enlightenment.*

Die Deutsche Nationalbibliothek verzeichnet diese Publikation in der Deutschen Nationalbibliografie; detaillierte bibliografische Daten sind im Internet unter http://dnb.d-nb.de abrufbar.

Umschlagmotiv: Adobe Stock / WinWin
Umschlaggestaltung: www.katjaholst.de
Satz und Layout: Achim Münster, Overath
Druck und Bindung: GGP Media GmbH, Pößneck
Printed in Germany
ISBN 978-3-7306-1355-9
www.anacondaverlag.de

Inhalt

Vorwort von Seiner Heiligkeit dem Dalai Lama

Grundsätzlich können wir den Buddhismus in drei Bereiche unterteilen: Wissenschaft, Philosophie und Religion. Buddhistische Religion ist die spirituelle Praxis und ausschließlich für Anhänger und Anhängerinnen der Religion von Belang. Buddhistische Wissenschaft und Philosophie dagegen haben sich als nützlich für die Menschheit im Allgemeinen erwiesen, auch und sogar für Nicht-Gläubige.

Das buddhistische Konzept besagt, man solle sich auf Logik und Vernunft sowie auf die geistige Entwicklung verlassen, auch durch unser System der analytischen Meditation. Dieses Konzept hat wissenschaftlichen Untersuchungen standgehalten. Mehr und mehr Forschende erkennen, wie nutzbringend es ist, das Wissen der buddhistischen Wissenschaft mit der modernen Wissenschaft zu kombinieren. Auf meine eigene Weise habe ich dazu ermutigt, diese unterschiedlichen Aspekte des Buddhismus zu studieren und zu praktizieren, denn ich bin überzeugt, dass sie dazu beitragen können, diese Welt zu einem besseren Ort zu machen. Auch meine vier Verpflichtungen, menschliche Werte, religiöse Harmonie, die tibetische Kultur der Gewaltlosigkeit und des Mitgefühls sowie uralte indische Weisheit zu fördern, fußen auf diesen unterschiedlichen Aspekten des Buddhismus.

Insofern freut es mich, dass Scott Snibbes Buch *Erleuchtung für Skeptiker – Die 8-Stufen-Meditation für innere Zufriedenheit und einen glücklichen Geist* darauf abzielt, die allgemeine Leserschaft über die Grundlagen des Buddhismus aufzuklären.

25. September 2023

TEIL 1:

ANALYTISCHE MEDITATION UND DER GEIST

Kapitel 1

Ich gestehe: Ich hegte Zweifel am Buddhismus

Ich bin Buddhist. Doch mit meinem Buch verfolge ich nicht die Absicht, dich zum Buddhisten zu machen. Geshe Tenzin Namdak hat mir einmal gesagt: »Im Buddhismus geht es nicht darum, für mehr Buddhisten zu sorgen, sondern für einen glücklichen Geist.«[1] Genau das ist der Sinn dieses Buchs: Ich möchte ein strukturiertes Denkprogramm teilen, welches dein Leben mit Zufriedenheit und Bedeutung erfüllt, das deine besten Eigenschaften stärkt und deine Verbindung zu Mitmenschen vertieft, ohne dass dazu religiöser Glaube erforderlich ist.

Erleuchtung für Skeptiker basiert auf einer traditionellen Meditationsabfolge, die ursprünglich für »professionelle« Buddhisten gedacht war, also für Mönche und Nonnen, die ihr Leben einem Ideal widmeten: Sie wollten, dass der menschliche Geist seine Fähigkeiten für Gutes so weit perfektioniert, dass er einen Zustand erreicht, den wir als Erleuchtung bezeichnen.

Mit meinen Lehrern an meiner Seite und mithilfe der Rückmeldung von Meditationsschülern habe ich im Verlauf des vergangenen Jahrzehnts diese 1 000 Jahre alte Abfolge auf die acht Stufen reduziert, über die ich in diesem Buch spreche. Ich präsentiere sie in einer Form, für die keinerlei besondere Kenntnisse über den Buddhismus erforderlich sind und

---

1 *Interview mit Scott Snibbe, 2020. »Geshe Tenzin Namdak on the Mind, Disturbing Emotions, and the Ultimate Nature of Reality.« Podcast A Skeptic's Path to Enlightenment, Episode 41, 4. November. Abrufbar unter: www.skepticspath.org/podcast/41-geshe-tenzin-namdak-emptiness (abgerufen April 2023).*

die, was den Glauben angeht, nur voraussetzt, dass man an die Realitätsdefinition der modernen Wissenschaft glaubt.

Die Meditationen, die mit jeder Stufe einhergehen, stammen aus der weniger bekannten Tradition der *analytischen Meditation*. Bei dieser aktiven Meditationsform dienen präzise geistige Übungen dazu, sich Lebensweisen anzugewöhnen, die das Leben verbessern. Mit ausreichend Übung geben diese Meditationen dir Werkzeug an die Hand, mit dessen Hilfe du Probleme wie Angstgefühle, Sehnsüchte und Depressionen ablegen und natürliche Tugenden wie Resilienz, Mitgefühl und Freude stärken kannst.

Die Art und Weise, wie dieser Pfad die Realität betrachtet, wird mit der Zeit Teil unseres Alltags, und genau das macht diesen Pfad so besonders. Er verleiht unserem Alltag Sinn und Zweck, aber darüber hinaus hilft er uns auch, bessere Beziehungen aufzubauen – und letztlich sogar eine bessere Welt.

Der Buddha war ein Skeptiker

Heute mag ich Buddhist sein, aber vor rund 25 Jahren war ich es nicht. Ich glaubte an gar nichts bis auf das, was uns Wissenschaft und Psychologie über die Mysterien unseres Geistes und des Universums lehren. Ich hätte mich damals als rationalen Skeptiker bezeichnet – als jemand, der versucht, sich seine Neugier zu bewahren und offen an Themen heranzugehen, dabei aber kritisch und logisch zu bleiben. Egal um welche Religion es sich handelte, ich stand ihren übernatürlichen Ansichten skeptisch gegenüber, war aber gleichzeitig offen für die Vorstellung, man könne mithilfe eines systematischen Ansatzes ein fröhliches und sinnvolles Leben führen.

Besonders offen war ich für alles, was Heilung für die psychischen Qualen eines Mittzwanzigers versprach. Nach außen hin schien mein Leben damals in allerbester Ordnung, aber in meinem Inneren sah es völlig anders aus. Beim Aufwachen morgens befielen mich Angstgefühle, die scheinbar aus dem Nichts kamen.

Lernte ich Menschen kennen, bildete ich mir auf der Stelle eine Meinung zu ihnen. Und obwohl ich gerade etwas erlebt hatte, das mich hätte glücklich machen sollen, verspürte ich den ganzen Tag über immer wieder ein Gefühl der Unzufriedenheit.

Warum ich mich in dieser schwierigen Zeit von meiner Verlobten trennte, kann ich nicht überzeugend erklären. Ich erinnere mich an die Gründe, die ich mir damals nannte, aber rückblickend ergibt keiner von ihnen viel Sinn. Ich fühlte mich schlicht unzufrieden. Und anstatt in mich zu gehen und zu versuchen, diese Unzufriedenheit zu verstehen, projizierte ich sie auf die Person, die mir am nächsten stand.

Mich von meiner Verlobten zu trennen, befreite mich nicht von meiner Unzufriedenheit, den Angstgefühlen oder den vorschnellen Beurteilungen. Ich wechselte meinen Arbeitsplatz, ich zog um, ich traf mich mit neuen Menschen, aber das änderte nichts daran, wie ich mich fühlte.

Deshalb war ich auch offen, als mich mein Bruder einige Jahre später einlud, an einem einwöchigen Seminar bei Seiner Heiligkeit dem 14. Dalai Lama teilzunehmen. Seit Jahren hatte mir mein Bruder Bücher des Dalai Lama zukommen lassen, aber um ehrlich zu sein, hatte ich Schwierigkeiten, etwas damit anzufangen. Also schlug mir mein Bruder vor, es zur Abwechslung nicht mit einem weiteren Buch zu versuchen, sondern den bekanntesten Buddhisten der Welt reden zu hören.

Ich beschloss, zuzusagen – nicht, weil ich daran glaubte, sondern weil ich skeptisch war. Ich wollte herausfinden, ob es wirklich »Regeln des Glücks« gibt, wie es der Titel des meistverkauften Buchs des Dalai Lamas verspricht, und ob die buddhistische Philosophie und Meditation tatsächlich einen Weg zum Glück bieten können.

»Werden Sie nicht Buddhist«, war eines der ersten Dinge, die der Dalai Lama zu Beginn des fünftägigen Seminars sagte.[2] Das hatte ich noch nie erlebt: Ein Religionslehrer erklärt seinem Publikum, es solle nicht

---

2 *Stephen Batchelor, 1999. »Faith & Reason: No more Buddhists, says Dalai Lama.« The Independent, 29. Mai.*

seiner Religion folgen? Das erstaunte mich ebenso wie seine Aussage, der Buddhismus sei kein Paket von Dogmen, Ritualen und Ansichten, denen man blind glauben müsse, sondern nur eine Einladung, die buddhistischen Praktiken zur Öffnung des Geists selbst auszuprobieren.

Und noch etwas Provokantes sagte der Dalai Lama während seines Vortrags: Der Buddha habe seine Gefolgsleute angewiesen, ihm keine seiner Lehren blind zu glauben. Stattdessen sollen wir seine Aussagen durch Studieren, durch Reflektieren und durch Meditieren auf den Prüfstand stellen, ganz genauso, wie er es mit den Lehren seiner Zeit getan hatte. Und sollte eine seiner Ideen einer kritischen Analyse nicht standhalten, dann sollten wir diese Lehre des Buddhas ignorieren.

Der Dalai Lama lehrte, dass der Buddha ein Skeptiker war.

Was ist der Weg des Skeptikers zur Erleuchtung?

Erleuchtung für Skeptiker bietet eine aufeinander abgestimmte Reihe von Meditationen, die ich als »Weg des Skeptikers zur Erleuchtung« bezeichne.

Das Ganze basiert auf derselben Abfolge, die mich der Dalai Lama lehrte, als ich ihn das erste Mal persönlich traf – dem Lamrim. Das ist Tibetisch und bedeutet »abgestufter Pfad«. Vor rund 1 000 Jahren schrieb der buddhistische Meister Atisha Dipamkara aus Indien den ersten Lamrim-Text, *Die Lampe auf dem Weg zur Erleuchtung*.[3] Zu Beginn des 15. Jahrhunderts überarbeitete der große tibetische Gelehrte Je Tsongkhapa den Lamrim in seinem Werk *Lam rim chen mo* (»*Die große Darlegung der Stufen des Pfades*«) und gab ihm jene Form, die auch als Inspiration für das vorliegende Buch diente.[4] Tsongkhapa verdichtet auf geniale Weise die große Spanne der Lehren des Buddhas zu einem sys-

3 *Geshe Sonam Rinchen. 1997. Atisha's Lamp for the Path to Enlightenment. Ins Englische übersetzt und redigiert von Ruth Sonam. Boston, MA: Snow Lion.*

4 *Tsong-kha-pa. 2014. The Great Treatise on the Stages of the Path to Enlightenment: Volumes 1–3. Ins Englische übersetzt vom Lamrim Chenmo Translation Committee. Boston, MA: Snow Lion.*

tematischen Programm, das die Menschen, die es mit der größten Hingebung praktizieren, zu einem Zustand absoluter Freiheit führen soll.

Der Lamrim ist ein Meisterwerk der Metaphysik und Moralphilosophie und besagt, dass nichts zufällig geschieht und alles einen Grund hat, sowohl auf der materiellen als auch auf der geistigen Ebene. Der Geist ist ein Gewohnheitstier, weshalb positive Gedanken zu mehr Zufriedenheit beitragen, während negative Gedanken die Unzufriedenheit steigern. Der Lamrim besagt, dass das Leben von unbezahlbarem Wert ist, dass alles einem steten Wandel unterliegt, dass das Universum ein wundersames, wechselseitig abhängiges Kontinuum darstellt und dass wir ein wesentlicher Bestandteil davon sind. Von praxisnahen mentalen Angewohnheiten bis hin zu vertretbaren grundlegenden Gesetzen – der Lamrim zeigt uns einen Weg auf, wie wir unsere Traurigkeit, unsere Wut und unsere Einsamkeit in Zufriedenheit, Mitgefühl und Verbundenheit verwandeln können.

Entwickelt wurde der Lamrim für Mönche und Nonnen in einer buddhistischen Kultur, Menschen, die in dem Glauben an vergangene und künftige Leben aufgezogen wurden und die Karma sowie die Höllen- und Götterbereiche als gegebene Wahrheiten akzeptierten. Doch obwohl der Lamrim für Menschen des 15. Jahrhunderts geschrieben wurde, die dem Weltlichen entsagten und in eine buddhistische Weltanschauung hineingeboren wurden, hat er in jüngster Zeit auch stark auf eine Vielzahl nicht ordinierter Skeptiker gewirkt, die, wie ich, von im westlichen Exil lebenden tibetischen Lehrern unterrichtet wurden.

Ich gehöre zur zweiten Generation westlicher Schüler des tibetischen Buddhismus. Seit 20 Jahren studiere ich die Lamrim-Sequenz und meditiere jeden Morgen zu jeder Stufe. Ob ich den Pfad gemeistert habe? Ich will gar nicht erst so tun, als wäre mir das gelungen (und meine Frau kann das bestätigen), aber eines kann ich dennoch sagen: Gelingt es mir, das passende Lamrim-Thema auf einen störenden Gedanken oder eine störende Situation anzuwenden, hat es mir stets geholfen, mit mehr Geschick und mehr Güte zu reagieren.

Was ist Erleuchtung?

Beschreitest du die Stufen auf dem Pfad des Lamrims, übst du eine progressive Abfolge von Meditationen ein, die Tugenden wie Güte, Mitgefühl und Redlichkeit fördert. Man sagt, dieser Pfad finde seinen Höhepunkt in der *Erleuchtung* und ist erreicht, wenn du all deine positiven Eigenschaften perfektioniert und alle negativen eliminiert hast. Erreichst du diesen Zustand, legst du die Illusion deines Egos ab, erkennst, dass alles mit allem zusammenhängt, und gelangst in einen Zustand von Zufriedenheit und geistiger Stabilität, der völlig unabhängig von deinen äußeren Umständen ist.

Doch ist Erleuchtung eine Vorstellung, von deren Existenz sich Skeptiker überzeugen können?

Bei einem Vortrag 2007 in San Francisco fragte jemand den Dalai Lama nach einem anderen Ideal, einem, das besser zu begreifen hilft, inwieweit es nützlich sein kann, an Erleuchtung zu glauben. Die Person fragte: »Ist es nicht naiv, an die Möglichkeit von Weltfrieden zu glauben?«[5]

Der Dalai Lama hielt zunächst inne. Und dann sagte er, soweit ich mich erinnere, dass der Fragesteller recht habe und es realistisch sei anzunehmen, dass immer irgendwo auf unserem Planeten gekämpft wird. Setze man sich jedoch Weltfrieden zum Ziel, bedeute dies, dass man so gut es geht auf dieses Ziel hinarbeitet und mehr Fortschritt macht als jemand, der sich ein geringeres Ziel steckt oder überhaupt kein Ziel verfolgt.

Durch den praktischen Optimismus des Dalai Lama erkannte ich: So wie Friedensaktivisten ihre Motivation aus dem Ideal ziehen, alle Kriege zu beenden, kann mich das Ideal der Erleuchtung auf eine lebenslange Reise führen, bei der es darum geht, meine besten Eigenschaften zu stärken, zerstörerische Emotionen abzulegen und ein

---

5 *His Holiness the XIV Dalai Lama. 2007. In Praise of Dependent Origination (2 DVD Set). Veranstaltet vom Gyuto Vajrayana Center.*

Kämpfer für das Gute auf dieser Welt zu werden – ganz unabhängig davon, ob ich daran zweifele, dass eine vollständige und endgültige Erleuchtung möglich ist.

Meine Skepsis gegenüber vielen Behauptungen des Buddhismus hat sich im Laufe jahrelangen Praktizierens durch meditative Erfahrungen und logische Reflexion gelegt. Das Konzept der ultimativen Erleuchtung, ab der keine weitere Entwicklung mehr möglich ist, stelle ich allerdings bis zum heutigen Tag in Frage. Ich habe mit Fachleuten über meine Zweifel gesprochen und eines dabei gelernt: Mein Verständnis, was eine endgültige Erleuchtung anbelangt, könnte eine Fehlinterpretation dessen sein, was der Buddha gelehrt hat.

Ich habe ein Interview mit der Buddhismus-Gelehrten Dr. Jan Willis geführt und sie sagt, der Begriff »Erleuchtung« decke nicht wirklich ab, was das Sanskrit-Wort meint, das die Erfahrung des Buddhas beschreibt. Eine bessere Übersetzung sei »Erwachen«:

> *»Erleuchtung« ist etwas Statisches, es ist wie ein Zustand. »Er hat Erleuchtung erreicht.« Das fühlt sich endgültig an. Wo bleibt da die Fluidität? »Erwachen« dagegen hat mehr von einem Prozess. Meine Ausbildung erfolgte größtenteils im tibetischen Buddhismus, aber ich wende mich auch oft Zen-Geschichten zu, denn in ihnen bin ich zum ersten Mal dem Buddhismus begegnet. Mir ist aufgefallen, dass beim Zen-Buddhismus im Zusammenhang mit Erleuchtung die Rede von Satori und Kensho ist. Das halte ich für richtig, denn ist der Satori genannte Zustand erreicht, geht es darum, diesen zu vertiefen.*
>
> *Hat man diese Einsicht erlangt, geht die Arbeit weiter, man sagt eben nicht: »Okay, Haken dran, ich kann jetzt den Zendo verlassen. Auftrag erfolgreich abgeschlossen!« Nein, so ist es nicht. Wir erhaschen einen Blick auf unsere Buddha-Natur. Wir erhaschen einen Blick auf das grundlegend Gute in uns. Wir erhaschen*

einen Blick auf unseren Geist, auf unser wahres Ich. Und dann müssen wir uns wieder an die Arbeit machen.[6]

Die Vorstellung, Erleuchtung bedeutet, sich seines vollen Potenzials bewusst zu werden, passt gefühlt besser zu dem neugierigen, offenen Geist, zu dem mich meine Lehrer beim Meditieren ermuntern. Fragen sind wichtiger als Antworten und wir alle haben immer noch mehr zu lernen und müssen weiter wachsen.

Ein Pfad für Buddhismus-Experten, für skeptische Anfänger adaptiert

2006 lud mich das Tse Chen Ling Center for Tibetan Buddhist Studies in San Francisco ein, Meditationen anzuleiten. Mein Publikum bestand aus Anfängern und ich leitete sie zunächst gemäß der klassischen Lam-rim-Gliederung. Doch gelegentlich zuckte ich dabei innerlich zusammen, denn selbst bei der allerersten Annäherung an das Thema werden die scheinbar übernatürlichen Aspekte des Buddhismus als gegeben hingestellt.

Ein Beispiel: Um darüber zu sinnieren, für wie kostbar der Buddhismus das Leben erachtet, ist es üblich zu erklären, dass uns unsichtbare karmische Kräfte seit Anbeginn der Zeit durch die Höllen- und Götterreiche treiben, dass wir als Superheld wiedergeboren werden, als Geist oder als Schildkröte, bis wir uns die menschliche Form endlich verdient haben. In einem einzigen Satz behauptet die Meditation, dass Karma, Wiedergeburt und andere Reiche akzeptierte Wahrheiten seien.

Ich hatte das Gefühl, wenn ich dies lehre, würde ich die Bedürfnisse der nicht-buddhistischen Anfänger ignorieren, denen wir eine praxisnahe Einführung ins Meditieren versprochen hatten.

---

6 *Interview mit Scott Snibbe. 2021. »What Is Enlightenment? With Dr Jan Willis.« Podcast A Skeptic's Path to Enlightenment, Episode 90, 2. November. Abrufbar unter: www.skepticspath.org/podcast/what-is-enlightenment-with-dr-jan-willis (abgerufen April 2023).*

Ich experimentierte, ich studierte, ich diskutierte mit meinen Lehrern. In mir wuchs die Überzeugung, dass man die Lamrim-Meditationsreihe so anpassen kann, dass sie auch moderne Skeptiker anleitet, die, was unseren Geist und die Realität anbelangt, nur das glauben, was die Wissenschaft als erwiesen ansieht … also das, was ich als Mittzwanziger glaubte und was der Großteil meines Freundeskreises und meiner Kollegen bis heute glaubt.

Aber ich bezweifele, dass ich dieses Projekt tatsächlich in Angriff genommen hätte, wenn der Dalai Lama nicht seit Jahrzehnten für eine wissenschaftliche, säkulare Herangehensweise an den buddhistischen Pfad eingetreten wäre. In seinem 2011 erschienenen Buch *Beyond Religion* [dt. Titel: *Rückkehr zur Menschlichkeit*] schreibt der Dalai Lama: »Die Zeit ist gekommen für einen Weg, über die Religion hinaus über Spiritualität und Ethik nachzudenken.«[7] In jüngeren Reden hat Seine Heiligkeit die Menschen ausdrücklich aufgefordert, analytische Meditation zu praktizieren, weil sie so gut darin ist, uns zu einem zufriedenen, sinnvollen Leben zu führen, einem Leben, in dem wir uns selbst, unsere Gemeinschaft und unseren Planeten respektvoll behandeln.[8]

Die Bücher und Lehrreden des Dalai Lama gaben mir das Gefühl, dass dieses Projekt zu seinen Ansichten passen würde. Aber ich war immer noch nicht restlos überzeugt, dass ich die richtige Person für dieses Vorhaben sei. Der Lamrim enthält außerordentlich schöne poetische Einsichten in den menschlichen Geist und das Wesen der Realität, aber er ist auch eng verwoben mit den kulturellen Gepflogenheiten seiner Zeit. Wer im 21. Jahrhundert Buddhismus praktiziert, steht vor der Aufgabe, die zeitlosen Weisheiten von den Elementen zu trennen, die ver-

---

7 *Seine Heiligkeit der Dalai Lama (Dalai Lama XIV). 2011. Beyond Religion: Ethics for a Whole World. San Francisco, CA: HarperOne. Dt. Titel: Rückkehr zur Menschlichkeit (Köln: Bastei Lübbe, 2013).*

8 *Dalai Lama (Dalai Lama XIV). 2019. »Relevance of India's Ancient Tradition in Today's World.« Dalai Lama, YouTube, 5. August. Abrufbar unter www.youtube.com/watch?v=DPAzMTrNRY0 (abgerufen April 2023).*

meintlich keinerlei Bezug zum modernen Leben mehr haben, die von der Wissenschaft nicht gestützt werden oder im Widerspruch zu zeitgenössischen Werten stehen. Ich hoffe, Lehrer, die besser qualifiziert sind als ich, werden diese Aufgabe irgendwann erfolgreich meistern.

Dennoch ermutigten mich meine Lehrer, mich dieser Herausforderung zu stellen – nicht, weil ich zu irgendwelchen besonderen Einsichten gelangt war, sondern weil sie dachten, es wäre nützlich für andere, von jemandem zu lernen, der ein ähnliches Leben führt wie sie. Anders als ein buddhistischer Mönch oder eine buddhistische Nonne habe ich eine Partnerin, ein Kind und einen Job. Ich liebe Filme, Musik und Populärkultur und mein Kopf steckt voller Hirngespinste.

In der Tradition des tibetischen Buddhismus gibt es eine Liste der außergewöhnlichen Eigenschaften, über die ein Lehrer verfügen sollte. Diese Eigenschaften liegen nachweislich weit über dem, was ich beherrsche. Ich leite seit über zwei Jahrzehnten buddhistische Gesprächsrunden und Meditationen, dennoch sehe ich mich eher als eine Art buddhistische »Hilfskraft«, also als jemand, *mit* dem man lernt, anstatt *von* ihm. Diese Art Mensch wird gelegentlich auch als »Dharma-Freund« bezeichnet, wobei Dharma sich auf die Lehren bezieht, die uns helfen, unsere guten Eigenschaften zu entwickeln und die Realität zu begreifen.

In meiner Rolle als buddhistische »Hilfskraft« habe ich mich der Herausforderung gestellt, den Lamrim so zu überarbeiten, dass er in säkularer Form in Meditationsklassen, Retreats und beim Podcast *A Skeptic's Path to Enlightenment* zum Einsatz gelangen kann. Bei vielen Themen musste der klassische Aufbau nur geringfügig überarbeitet werden, etwa beim Meditieren über Mitgefühl oder über das Wesen der Realität und wie alles mit allem zusammenhängt. Andere wie das kostbare Leben und Karma mussten grundlegend geändert werden, um im Kontext eines modernen wissenschaftlichen Verständnisses des Universums Sinn zu ergeben.

Der Lamrim ist in seinem Kern eine Abfolge, die uns hilft zu verstehen, welche Gedanken ein glückliches und befriedigendes Leben voller

Sinn und Verbindung befördern und welche Gedanken Leid, Verlangen und Einsamkeit mit sich bringen. Es war einiges an Kreativität vonnöten, um diesen Pfad in eine moderne Form zu bringen, aber ich habe mich bemüht, seinem praktischen Wesen treu zu bleiben und zu fragen: Welche mentalen Gewohnheiten lassen uns leiden, welche machen uns glücklich?

Wie unterscheidet sich der Pfad des Skeptikers zur Erleuchtung vom Buddhismus?

Lama Yeshe, der Begründer der Zentren für tibetischen Buddhismus, in denen ich den Lamrim lernte, ging das Thema Dharma lebhaft und kreativ an. Er war auch einer der ersten klassisch ausgebildeten Lehrer, die westliche Schüler anleiteten. 1983, kurz vor Ende seines kurzen Lebens, sagte er: »Gebt die Religion auf, gebt den Buddhismus auf. Geht über den Buddhismus hinaus. Übertragt den zentralen Aspekt der Philosophie in die Sprache der Wissenschaft.«[9] Sein Appell war für mich zusätzliche Motivation, dieses Projekt anzugehen.

Rebellischen Autoren sagt man gerne: »Bevor du die Art und Weise veränderst, wie eine Geschichte erzählt wird, lerne erst einmal, eine Geschichte zu schreiben.« Ähnliches gilt für den Lamrim: Es empfiehlt sich zu versuchen, die spezielle Strömung des Buddhismus zu begreifen, für die der Lamrim steht, bevor man sich daran macht, ihn zu überarbeiten. Weil sich der Buddhismus aus diversen asiatischen Kulturen entwickelte, umfasst er viele unterschiedliche Praktiken und Traditionen. Die Strömung, die den Pfad des Skeptikers zur Erleuchtung beeinflusste, nennt sich *Mahayana* und ist eine Form des Buddhismus, die ihre Blütezeit zwischen dem 5. und dem 12. Jahrhundert im indischen Kloster Nalanda erlebte, der ersten ortsgebundenen Universität der Welt. Mahayana brei-

9 *Adele Hulse. 2020. Big Love: The Life and Teachings of Lama Yeshe. Lincoln, MA: Lama Yeshe Wisdom Archive.*

tete sich später von Nalanda nach Tibet aus und überdauerte dort bis in die heutige Zeit.

Maha bedeutet »groß«, *yana* bedeutet »Fahrzeug« oder »Weg«, aber das heißt nicht, dass Mahayana-Buddhisten ihre Art von Buddhismus für die größte von allen halten. Mahayana strebt schlicht das größte Ziel an, nämlich für sämtliche Lebewesen von größtmöglichem Nutzen zu sein. Getrieben von grenzenlosem Mitgefühl besteht das Ideal der Mahayana-Buddhisten darin, das gänzlich selbstlose Leben eines *Bodhisattva* zu leben.

Die Mahayana-Schule des Buddhismus entwickelte die reichhaltige und wirksame Form analytischer Meditation, die ich in diesem Buch teile. Was das Wesen von Realität und die wechselseitige Abhängigkeit (Interdependenz) anbelangt, entwickelten Mahayana-Buddhisten eine einzigartige Betrachtungsweise, einen »mittleren Weg«, der überraschend gut mit moderner Physik harmoniert (ausführlicher gehe ich darauf in den Kapiteln 12 und 13 ein). Verwende ich in diesem Buch den Begriff »Buddhismus«, beziehe ich mich ausschließlich auf diese indo-tibetische Form des Mahayana-Buddhismus, die mich meine Lehrer gelehrt haben, und nicht auf Zen-Buddhismus, auf Theravada oder andere Formen von Buddhismus, die eine leicht abweichende Betrachtungsweise haben, was den buddhistischen Pfad anbelangt.

Der Pfad des Skeptikers fußt auf authentischen Mahayana-Quellen, weicht aber zugleich sehr stark von diesen Lehren ab. Was Ursache und Wirkung angeht, konzentriere ich mich auf eine psychologisch und wissenschaftlich ausgerichtete Herangehensweise und weniger auf den Glauben an karmische Saat und ihre Ergebnisse. Ich konzentriere mich auf Wege, diesem einen Leben Sinn zu verleihen, ohne dabei an frühere und künftige Leben glauben zu müssen. Und ich konzentriere mich auf das Universum, wie wir es kennen, mit seinen Galaxien, Sternen, Partikeln und Planeten – insbesondere diesen einen Planeten, auf dem wir leben, auf dem Leben entstand, sich entwickelte und ein Verständnis seiner selbst entwickelte. Der Lamrim verfügt über Hunderte Unterthemen.

Ich habe mich auf einige wenige zentrale Meditationen beschränkt, die bei skeptischen Schülern auf die größte Resonanz stießen. Für den Flow des Buchs gehe ich nur dann auf Punkte ein, die sich vom Pfad des Buddhismus unterscheiden, wenn ein nicht-buddhistischer Leser diese Information benötigt, um ein Thema besser zu begreifen.

Die Lamrim-Meditationen waren im Laufe der Jahrhunderte Millionen buddhistischer Praktizierender von Nutzen. Ich hoffe, dass nun auch ein modernes, nicht religiöses Publikum in den Genuss dieses Nutzens kommt. Ich habe mich bemüht, den Pfad in eine von der Wissenschaft akzeptierte Realität einzubetten und in den aktuellen Wissensstand der Forschung, was den menschlichen Geist anbelangt. Buddhistische Meister haben mich mit nützlichen Ratschlägen und hervorragenden Lehren dabei unterstützt, diesen Pfad anzupassen, aber sollte es trotzdem zu Fehlern gekommen sein oder an anderem mangeln, so trage ich ganz allein die Schuld. Ich freue mich über Rückmeldungen, wie ich diesen fortdauernden Prozess weiter verbessern kann.

So verwendest du dieses Buch

Im Anschluss an dieses einleitende Kapitel erkläre ich in den Kapiteln 2 und 3, was analytische Meditation ist und wie man sie praktiziert. Kapitel 4 bietet Meditationen an, die helfen sollen, den Geist besser zu verstehen und zu erkennen, wie analytische Meditation auf den Geist wirkt. In den Kapiteln 5 bis 13 beschreibe ich die acht analytischen Meditationsstufen, die Schritt für Schritt dein größtes Potenzial entwickeln – das kostbare Leben, die Vergänglichkeit, Ursache und Wirkung, die Zuflucht, das Leiden, das Entsagen, das Mitgefühl und die wechselseitige Abhängigkeit. Jedes Kapitel kombiniert eine zeitgemäße Betrachtung des Themas mit geführten Meditationen. Eine Meditation auswendig zu lernen oder dir eine Tonaufnahme der Meditation anzuhören, macht es dir möglicherweise leichter, die Meditation zu praktizieren, als wenn du die Augen öffnen musst, um die Anweisungen zu lesen.

In Kapitel 14 fließt alles bisher Gelernte zusammen, da es eine einzige

Meditation zum gesamten Pfad des Skeptikers zur Erleuchtung anbietet. Auf dieses abschließende Kapitel folgen noch das Quellenverzeichnis sowie Lektüreempfehlungen für alle, die sich noch eingehender mit den Themen dieses Buches befassen wollen.

Wenn es dich drängt, dich näher mit einer bestimmten Stufe zu befassen, oder du dringend Hilfe in einem Bereich benötigst, kannst du im Buch hin und her springen. Grundsätzlich jedoch bildet die Abfolge der Themen in *Erleuchtung für Skeptiker* das Lamrim aus dem tibetischen Buddhismus ab. Am besten ist es also, die Kapitel der Reihe nach durchzuarbeiten, denn jeder Abschnitt bereitet dich auf den nächsten vor.

Auch wenn du das Buch einfach nur durchliest, kannst du Nutzen daraus ziehen und hilfreiche Strategien erlernen für den Umgang mit den Herausforderungen, die das Leben uns in den Weg stellt. Weitaus effektiver allerdings ist es, wenn du auch zu den Themen meditierst. Um eine buddhistische Metapher in das 21. Jahrhundert zu überführen: Wenn du Methoden zum Trainieren deines Geistes studierst, ohne tatsächlich zu meditieren, bringt das ungefähr genauso viel, wie sich Workout-Videos anzusehen, während man auf der Couch sitzt.

Das Lamrim sagt, seine Abschnitte zu begreifen, geschieht in drei progressiven Abschnitten – Hören, Reflektieren, Meditieren. Erst auf der dritten Ebene, wenn du wiederholt über einen Abschnitt meditierst, wirst du die in der Analyse unternommenen Anstrengungen transzendieren und beginnen, spontan gesünder auf die Schwierigkeiten des Lebens zu reagieren.

Idealerweise arbeitest du mit diesem Buch so, dass du ein Kapitel liest und die jeweiligen Meditationen dann eine Woche lang praktizierst. Erst mit dem wiederholten, regelmäßigen Meditieren bewegst du dich schrittweise von Gedanken und Konzepten fort zu einer tief empfundenen Erfahrung, die über Worte hinausgeht. Dieses von Herzen kommende Verstehen bezeichnet man als *Realisieren.* Einer meiner Lehrer erklärte den Unterschied zwischen Gedanke und Realisierung so: Bei dem einen liest man über die Liebe, im anderen Fall verliebt man sich.

Wie das Verlieben ist auch das Realisieren etwas, das man in jeder einzelnen Zelle seines Körpers zu spüren glaubt. Es wird »real«. Einige buddhistische Realisierungen sind nur sehr schwer zu erreichen, etwa der letzte Schritt des Lamrim, bei dem man das ultimative Wesen der Realität realisiert. Die Schwierigkeit besteht darin, unsere Sinneswahrnehmungen – und sogar unser Selbstverständnis –, die wir unser ganzes Leben über als gegeben akzeptiert haben, zu analysieren und zu transzendieren. Allerdings haben meine Lehrer gesagt, dass die meisten Realisierungen des Lamrim nicht ganz so schwierig zu erreichen seien. Praktiziere die Meditation zu einem Thema beständig über einige Wochen hinweg oder während eines Meditations-Retreat mit voller Aufmerksamkeit und du kannst die Realisierung erreichen. Natürlich können dir Realisierungen auch wieder entgleiten. Damit du sie nicht verlierst, solltest du sie regelmäßig auffrischen. Aus diesem Grund meditierst du weiter.

Ich selbst habe echte Realisierungen erlebt, Realisierungen, die meine Persönlichkeit positiv veränderten und die mich ermutigen, mich weiter mit den schwierigeren Themen zu befassen. Dazu zählten Augenblicke, in denen mir mit Gewissheit klar wurde, dass nichts von Dauer ist, diese Erkenntnis mir jedoch Mut machte, anstatt mich verzweifeln zu lassen. Oder Augenblicke, in denen ich unerschütterliche Glücksgefühle verspürte, die nichts mit Vergnügen oder Erreichtem zu tun haben. Oder Augenblicke, in denen die Illusion eines einsamen, um sich selbst kreisenden Ichs von einem Gefühl glückseliger wechselseitiger Abhängigkeit abgelöst wurde. Derartige Realisierungen sind kein Zeichen von Erleuchtung, sie sprechen auch nicht dafür, dass man etwas Besonderes oder höher entwickelt ist, sie sind das übliche Ergebnis des Praktizierens eines authentischen Pfads.

Bist du skeptisch, möchtest dich aber voller Neugier den größten Fragen des Lebens stellen, ohne dabei mit Glaubenssätzen arbeiten zu müssen, die sich nicht beweisen lassen, lade ich dich dazu ein, im Rahmen dieser acht Schritte zur *Erleuchtung des Skeptikers* systematisch deine innere Realität zu erkunden. Finde selbst heraus, ob du den höheren Sinn und Zweck einer Meditation erleben kannst – ob du deine besten Eigenschaften in den Vordergrund rücken, deine Verbindung zu deinen Mitmenschen vertiefen und ein zufriedenes und sinnvolles Leben führen kannst.

Kapitel 2

Was ist analytische Meditation?

In den vergangenen Jahren hat Meditation als Therapie deutlich an Beliebtheit gewonnen. Sie wird empfohlen, damit man besser schläft, Stress abbaut und sich besser konzentrieren kann. Aber Meditation ist viel mehr als ein nützliches Werkzeug zur Behandlung von Unaufmerksamkeit oder Rastlosigkeit.

Für Buddhisten besteht der tiefere Sinn der Meditation darin, die positiven Qualitäten zu stärken, die uns allen eigen sind, Dinge wie Offenheit, Mitgefühl, Freundlichkeit, Großzügigkeit, Geduld, Dankbarkeit und Freude. Eine Meditation, die den Geist aktiv in Richtung dieser Eigenschaften lenkt, wird als *analytische Meditation* bezeichnet.

Analytische Meditation ist ein Weg, einen besseren Mensch aus uns zu machen. Sie hilft dir, ein reiches Inneres zu entwickeln, während es gleichzeitig dein äußeres Leben bereichert, deine Verbindung zu Mitmenschen vertieft und dich zu einem Streiter für eine bessere Welt macht.

Die Tradition des tibetischen Buddhismus kennt Hunderte unterschiedlicher Meditationen, die du praktizieren kannst, um bestimmte positive Qualitäten auszubilden. Doch letztlich lassen sie sich alle auf zwei Arten reduzieren – stabilisierende Meditation und analytische Meditation.

Stabilisierende Meditation beruhigt den Geist

Bei der *stabilisierenden Meditation*, auch *Achtsamkeitsmeditation* genannt, ist man völlig ehrlich sich selbst gegenüber und voll und ganz auf sich selbst fokussiert. Was auch immer in deinem Körper passiert oder in deinem Kopf, du akzeptierst es und reagierst nicht darauf. Stabilisierende

Meditation hilft dir, den Geist zu beruhigen und dich weniger zu Reaktionen zu zwingen. Es ist diese Form von Meditation, von denen die meisten Menschen bereits gehört haben und die in zahllosen Apps und Kursen angeboten wird. Manche mögen gedacht haben, dass es die *einzige* Form von Meditation sei, die es gibt.

Bei der stabilisierenden Meditation verlangsamst du den Strom deiner Gedanken und konzentrierst dich auf einen Aspekt deines Körpers oder deines Geistes. Am weitesten verbreitet bei der stabilisierenden Meditation ist es, sich auf den Atem zu konzentrieren. Wir atmen immer und der Atem ist ein Spiegelbild des inneren Zustands. Bist du nervös, geht er rasch und flach, und er geht langsam und gleichmäßig, wenn du ruhig bist. Atemmeditation ist ein Weg, deinen Körper unmittelbar mit deinem Geist zu verbinden und dich für das zu öffnen, was du hier und jetzt gerade erfährst, ohne dabei Beurteilungen vorzunehmen.

Die stabilisierende Meditation ist ein wichtiger Teil jeder Meditationssitzung. Bist du geistig nicht stabil, kannst du dich auf nichts konzentrieren – weder auf die Arbeit, auf ein Gespräch oder auf eine Meditation. Deshalb beginnen alle Meditationen in diesem Buch mit einer kurzen stabilisierenden Atemmeditation, damit du den Kopf frei bekommst und dir das Fokussieren leichter fällt.

Analytische Meditation verändert den Geist

Die zweite, weniger bekannte Meditationsform ist die analytische Meditation. Sie geht über die Betrachtung des eigenen Geistes hinaus. Es geht darum, den Geist aktiv von störenden Gedanken wegzulenken, von Ängsten, Fürchten und Gelüsten, und ihn stattdessen hin zu nützlichen Gedanken zu führen, zu Zufriedenheit, Freude und Großzügigkeit. Bei der stabilisierenden Meditation beobachtest du gelassen, was auch immer dir an Gedanken in den Kopf kommt. Bei der analytischen Meditation dagegen hinterfragst du aktiv, was dir in den Kopf kommt, und kultivierst proaktiv nützliche Gedanken und Gefühle, die deinen Geist in Richtung Offenheit, Glück und Mitgefühl steuern.

Bei der analytischen Meditation geht man davon aus, dass jeder einzelne unserer Gedanken unseren Geist in die eine oder die andere Richtung programmiert.

Gestützt wird diese Annahme von dem unlängst entdeckten Grundsatz der Neuroplastizität, der zeigt, wie jeder Gedanke neuronale Strukturen im Gehirn verstärkt und damit die Wahrscheinlichkeit erhöht, dass dieser Gedanke in Zukunft häufiger auftreten wird.[10] Wenn du einen Film siehst, ein Buch liest oder durch die sozialen Netze scrollst, beeinflusst das dein Gehirn und sorgt dafür, dass du in Zukunft anders denkst oder handelst. Werbung funktioniert nach diesem Prinzip und verstärkt in dir das Gefühl, dass dir etwas fehlt und dass dein Leben erfüllt sein wird, wenn du es dir kaufst. Deine Interaktionen mit Medien, Kollegen, Familie und Freunden formen ebenfalls dein Gehirn, ohne dass du es bemerkst.

Analytische Meditation ist ein Weg, bewusst die Kontrolle über die Gewohnheiten deines Geistes zu übernehmen, anstatt zuzulassen, dass er unbewusst durch deine Interaktion mit den Menschen und der Welt um dich herum programmiert wird. Diese Art der Meditation funktioniert ähnlich wie kognitive Verhaltenstherapie, bei der man mithilfe von Logik verzerrte Gedankengänge aufspürt und deinen Geist dann auf gesündere Antworten trainiert.[11] Sie hat außerdem Ähnlichkeit zur positiven Psychologie, die über die Behandlung psychischer Probleme hinaus darauf abzielt, ein reiches und blühendes Leben zu fördern.[12] Mithilfe von Geschichten, kritischem Denken und Vernunft steuert die analy-

---

10 *Sharon Begley. 2007. Train Your Mind, Change Your Brain: How a New Science Reveals Our Extraordinary Potential to Transform Ourselves. New York: Ballantine Books. Dt. Titel: Neue Gedanken – neues Gehirn [München: Goldmann, 2007].*

11 *Leslie Sokol und Marci G. Fox. 2019. The Comprehensive Clinician's Guide to Cognitive Behavioral Therapy. Eau Claire, WI: PESI Publishing.*

12 *Martin E. P. Seligman. 2004. Authentic Happiness: Using the New Positive Psychology to Realize Your Potential for Lasting Fulfillment. New York: Atria Books. Dt. Titel: Der Glücksfaktor. Warum Optimisten länger leben [Bergisch Gladbach: Ehrenwirth, 2003].*

tische Mediation den Geist in Richtung der »besseren Engel unserer Natur«, wie Abraham Lincoln[13] es formulierte.

Wenn ich analytische Meditationen anleite, ist mir etwas Ermutigendes aufgefallen: Viele Menschen, auch Neulinge, können sich voll und ganz auf eine analytische Meditation konzentrieren, während es ihnen deutlich schwerer fällt, sich, wie bei der stabilisierenden Meditation gefordert, auf einen einzigen Punkt zu fokussieren. Ich glaube, das hängt damit zusammen, dass wir so sehr daran gewöhnt sind, Fernsehen zu schauen und Geschichten zuzuhören. Letztlich ist analytische Meditation nur eine anderen Form von Geschichte – eine, die wir uns mit geschlossenen Augen auf einem Kissen sitzend selbst erzählen und die uns helfen soll, unser Denken und unsere Realität besser zu begreifen.

Analytische Meditation mag einfacher zu erlernen sein als Achtsamkeitsmeditation, dennoch ist es wichtig, beide Formen zu praktizieren. Die stabilisierende Meditation beruhigt und fokussiert den Geist, während die analytische Meditation den Geist verändert. Deshalb sind beide Teil einer Meditationssitzung. Eine Sitzung beginnt zumeist mit einer stabilisierenden Meditation, die den Geist beruhigt, wechselt dann zu einer geistig aktiven analytischen Meditation, die die Absicht hat, den Geist zu verändern, und kehrt schließlich zu einer stabilisierenden Meditation zurück, die dazu dient, die Erkenntnisse aus der analytischen Meditation zu vertiefen und in Realisierungen zu verwandeln, die von Herzen kommen.

Warum sollte ich analytische Meditation praktizieren?

Nachdem mir der Dalai Lama erstmals analytische Meditation erklärt hat, begann ich, bei Geshe Ngawang Dakpa in San Francisco tibetischen Buddhismus zu studieren, und nahm mir vor, jeden Tag zu meditieren. Schon bald erlebte ich einige der ersten therapeutischen

---

13 *Die Antrittsrede zur ersten Amtszeit von US-Präsident Abraham Lincoln, 4. März 1861. Abrufbar unter: https://avalon.law.yale.edu/19th_century/lincoln1.asp (abgerufen April 2023).*

Auswirkungen der Meditation, beispielsweise weniger Angstgefühle und besseren Schlaf.

Aber mir fielen auch kleinere Veränderungen meiner Persönlichkeit auf. Anstatt vorschnell zu bewerten, fühlte ich mich mehr im Hier und Jetzt und offener für die Menschen um mich herum. Anstatt mich ängstlich zu fühlen, war ich entspannter. Und bei Gelegenheiten, bei denen ich die Probleme anderer sonst vielleicht ignoriert hätte oder ihnen aus dem Weg gehen wollte, verspürte ich nun den von Herzen kommenden Wunsch, bestmöglich zu helfen. Ich merkte an mir selbst, dass es beim Meditieren nicht bloß darum geht, dass du dich besser fühlst, es geht darum, dich auf eine Art und Weise zu verändern, dass deine Verbindungen zu deinen Mitmenschen stärker werden und dass du dich für das einem steten Wandel unterliegende und von wechselseitigen Abhängigkeiten geprägte Wesen der Realität öffnest.

Die buddhistische Erklärung für eine derartige Transformation beginnt damit, dass man sich eingesteht, dass wir alle von Gedanken und Gefühlen geplagt werden, die unseren Geist in Unruhe versetzen, etwa Zorn, Abhängigkeit, Eifersucht und Ichbezogenheit. Dann gestehen wir uns ein, dass uns auch Gefühle, die wir für gewöhnlich als positiv einstufen würden, in Aufruhr bringen können – der Wunsch nach einer Tasse Kaffee, die Sehnsucht danach, berührt zu werden, oder die Empörung darüber, wie ungerecht die Welt ist. Nahrung, Intimität und gesellschaftliche Kontakte sind Dinge, zu denen der Buddhismus ermuntert, aber wenn wir, wie es gelegentlich der Fall ist, verzweifelt oder egozentrisch an diese Erfahrungen herangehen, kann dies den Nutzen zunichtemachen, den uns positives Handeln ansonsten gebracht hätte.

Vielleicht geht es dir wie mir und auch du findest die Betrachtungsweise des tibetischen Buddhismus zum Trainieren des Geistes besonders reizvoll. Denn sie zwingt mich nicht, Vergnügen, Arbeit, Beziehungen oder sogar Konflikte aufzugeben. Du bekommst einfach das gedankliche Werkzeug zum Abschütteln der Verzweiflung, der Abhängigkeit, der Furcht und der Wut an die Hand, die manchmal unser Leben begleiten. Wir erkennen, dass unsere Unruhe nicht in erster Linie aus den Erfahrungen selbst resultiert, die wir machen, sondern, wie wir auf die Erfahrungen reagieren.

Hast du dich je nach dem nächsten Keks gesehnt, während du den ersten noch gar nicht aufgegessen hattest? Oder in einer Dating-App nach rechts gewischt, obwohl du gerade erst ein Match hattest? Ein Raucher hat mir einmal erzählt, wie er nach einer Zigarette griff, obwohl er noch eine brennende in der Hand hielt. Selbst wenn man gerade dabei ist, seine Gelüste zu befriedigen, können einen die Gelüste packen.

Ist dein Geist dagegen unaufgeregt, kannst du Augenblicke der Freude, des Erfolgs oder der menschlichen Nähe besser genießen – viel mehr, als wenn dich zwanghafte Gelüste gepackt haben. Du bist voll und ganz im Hier und Jetzt des Vergnügens, ohne zu fürchten, dass der Augenblick schwinden wird, und ohne krampfhaft nach seiner Rückkehr zu greifen.

Um diese Präsenz zu erreichen, bedarf es einer Kombination aus stabilisierender und analytischer Meditation. Die stabilisierende Meditation hilft dir, dich stärker deiner Gedanken bewusst zu werden, ohne dabei reagieren zu müssen. Und die analytische Meditation gibt dir das Werkzeug an die Hand, Dingen wie Gelüsten, Wut und Apathie entgegenzutreten, die in die falsche Richtung führen. Ganz bewusst wählst du neue Gedanken und Handlungen, die deine manchmal wenig hilfreichen automatischen Gedanken und Handlungen ablösen.

Einem Klischee nach ist der Höhepunkt der Meditation ein Yogi, der friedlich auf einem Berg sitzt und in einem Zustand völliger Akzeptanz alles hinnimmt, was geschieht, sei es gut oder sei es schlecht. Aber sich aus der Welt ausklinken und die eigenen Hoffnungen und Träume aufgeben? Das ist nicht der Weg, wie ich ihn gelernt habe. Aus anhaltender Meditation resultiert ein Zustand der Zufriedenheit. Damit ist nicht gleichgültige Losgelöstheit gemeint, sondern ein unerschütterliches Gefühl der Selbstachtung, der Sinnhaftigkeit und der Fürsorglichkeit gegenüber anderen.

Analytische Meditation hilft dir, zugleich im Austausch mit der Welt zu bleiben und dich mit Dingen zu beschäftigen, die deinem Leben das größtmögliche Maß an Bedeutung, Sinnhaftigkeit und Verbundenheit geben. Anstatt Angstgefühle, Frustration und Gelüste zu verspüren, fühlst du dich glücklich und im Hier und Jetzt. Du kannst deine Ziele verfolgen und dir gleichzeitig die realistische Haltung bewahren, dass äußere Errungenschaften nur vorübergehende Befriedigung mit sich bringen. Selbst wenn es dir nicht gelingen sollte, deine Träume umzusetzen, bewahrst du trotzdem Zufriedenheit und Präsenz, denn du bist von dem starken Gefühl erfüllt, dass die wahren Ursachen des Glücklichseins in deinem Geist zu finden sind und nicht außerhalb.

Externe Quellen des Glücks sind selbstverständlich nichts Triviales.[14] Jeder Mensch braucht und verdient Nahrung, ein Dach über dem Kopf, medizinische Betreuung, Bildung und Menschen, die ihn lieben. Aber im Buddhismus besitzen das Glücklichsein und das Wohlergehen eine weitere Dimension, die von innen kommt und die wir durch eine Kombination aus äußerem Verhalten und innerer Betrachtung erreichen können.

Nach außen hin erläutert die buddhistische Ethik, dass es dir Wohlbefinden bereitet, wenn in deinem Leben Gewaltlosigkeit und Güte im Mittelpunkt stehen. Das liegt daran, dass du ein reines Gewissen hast. Nach innen hin besagt die buddhistische Betrachtungsweise, dass dein Geist selbst ein Quell der Zufriedenheit sein kann, weil du Mitgefühl kultivierst und Einblicke in das Wesen der Realität erlangst, wenn du herausfindest, wer du auf den tiefsten Ebenen deines Bewusstseins wirklich bist.

Diesen Weg der Selbsterkenntnis kannst du mit einer der simpelsten analytischen Meditationen beginnen, indem du darüber nachdenkst, dass du nicht deine Gedanken bist. Bei dieser Art analytischer Meditation gibt es keine Notwendigkeit, den Geist von Gedanken zu befreien. Stattdessen hörst du schlicht auf, voll und ganz von ihnen absorbiert zu werden. Du beginnst, Gedanken objektiv zu beobachten. Wie ein Wissenschaftler im Labor analysierst du, was sie sind, und bestimmst, welche Gedanken dich glücklich machen und welche dich in Unruhe versetzen.

---

14 Dr. Alan Wallace. 2016. »What Is Happiness?« Study Buddhism, YouTube. Abrufbar unter: www.youtube.com/watch?v=FBwRTFGdlc0 (abgerufen April 2023).

Mit einiger Übung kannst du diese Methode in den Alltag übernehmen. Du kannst dir bewusst werden, dass du wütend auf deinen Boss wirst, und diesen Gedanken dann vorsätzlich loslassen. Du kannst akzeptieren, welche Gefühle ein Rückschlag bei dir ausgelöst hat, und sie dann hinter dir lassen, um an einer Lösung zu arbeiten. Du kannst deinen zwanghaften Wunsch nach einem attraktiven Körper registrieren und ihn dann auflösen in der Leichtigkeit und der Befriedigung, die es mit sich bringt, einfach am Leben zu sein.

Ein Schweizer Taschenmesser für den Geist

Die acht Stufen dieses Buchs und die damit einhergehenden analytischen Meditationen können in stiller Kontemplation praktiziert werden oder im Alltag. Für eine morgendliche Meditation könntest du ganz bewusst eine Stufe wählen, die zu der Qualität passt, die du an diesem Tag kultivieren möchtest. Stehst du in deinem Alltag vor einem Problem? Dann rufe dir die Formel ins Gedächtnis und wende sie unmittelbar auf die negativen Gedanken an, die dir in den Kopf kommen. Die Sequenz ist wie eine Art Schweizer Taschenmesser für den Geist – sie stellt dir eine Auswahl an Werkzeugen für den Umgang mit unterschiedlichen geistigen Herausforderungen zur Verfügung.

Wie genau verändern diese Werkzeuge meinen Geist? Aus buddhistischer Sicht beruhen die meisten mentalen Probleme darauf, dass man nicht im Einklang mit der Realität lebt. Um dein Potenzial für Glück und Güte zu wecken, musst du zu der Frage meditieren, wie du dich und die Welt um dich herum zutreffender sehen kannst.

Will man beschreiben, was der Prozess der analytischen Meditation in dir entwickelt, trifft es der Begriff »Charakter« wohl am besten. Jede Stufe fördert spezielle Tugenden. Tabelle 1 zeigt, welche Stufen die analytische Meditation vom Weg des Skeptikers zur Erleuchtung umfasst, dazu reale Probleme, auf die die Stufen abzielen, und welchen Nutzen – von Großzügigkeit bis zur Fähigkeit zu staunen – sie für deinen Charakter haben.

Tabelle 1: Stufen der analytischen Meditation beim Weg des Skeptikers zur Erleuchtung

Kapitel	Stufen	Probleme im Alltag	Charakterlicher Nutzen
5, Stufe 1: Das kostbare Leben	Kostbares Leben	Langeweile, Apathie, Hoffnungslosigkeit, Depression	Dankbarkeit, Verantwortungsbewusstsein, Enthusiasmus, Ehrfurcht
6, Stufe 2: Umarme die Vergänglichkeit	Vergänglichkeit	Vergänglichkeit, Verlust, Krankheit, Trennungen, Trauer, Ungerechtigkeit	Dankbarkeit, Verantwortungsbewusstsein, Enthusiasmus, Ehrfurcht
7, Stufe 3: Das mentale Zusammenspiel von Ursache und Wirkung	Ursache und Wirkung	Frustration, Wut, Bedauern, Selbstkritik, Verurteilen, Schuld, Verzweiflung	Moralisches Verhalten, Geduld, Empathie, Selbstakzeptanz, Verzeihenkönnen, Verantwortungsbewusstsein, Entschlossenheit
8, Stufe 4: Was machst du, wenn du allein bist?	Zuflucht	Abhängigkeit, Gelüste, Selbsthass, Verurteilen, Konflikt	Selbstrespekt, Zufriedenheit, Gleichmut, Bewunderung, Mut
9, Stufe 5: Bin ich wichtiger als alle anderen im Universum?	Leiden	Wut, Gelüste, Abhängigkeit, Ichbezogenheit, ungesunder Lebenswandel	Verantwortungsbewusstsein, Selbstkontrolle, Mitgefühl, Geduld, gesundes Leben
10, Stufe 6: Die rote Pille bedeutet Entsagung	Entsagung	Leugnen, Abhängigkeit, Wut, Gelüste, Konkurrenzdenken	Mitgefühl mit sich selbst, Selbstvertrauen, Großzügigkeit, Akzeptanz, Mut, Zufriedenheit
11, Stufe 7: Was ist Liebe?	Mitgefühl	Einsamkeit, Selbstsucht, Bedürftigkeit	Güte, Großzügigkeit, Mitgefühl, Freude
12, Stufe 8, Teil 1: Wie Dinge existieren 13, Stufe 8, Teil 2: Wer bin ich?	Alles hängt zusammen	Frustration, Konflikt, Verzweiflung, Einsamkeit, das Gefühl, abgekoppelt zu sein	Offenheit, Neugier, sich wundern können, Verantwortungsbewusstsein, Zugehörigkeitsgefühl, Selbstlosigkeit

Analytische Meditation ist etwas für den gesunden Geist

Als ich in analytischer Meditation unterwiesen wurde, ging dies mit der Einschränkung einher, dass diese Übungen grundsätzlich für einen gesunden Geist gedacht sind. Wissenschaftliche Studien unterstreichen die Warnung meiner Lehrer:[15] Bei Menschen, die mit psychischen Problemen zu kämpfen haben, kann Meditation dazu führen, dass sie ihre Probleme nicht loslassen, sondern wieder und wieder darauf herumkauen. Auch Dissoziation oder Leugnen ist möglich.

Wenn du an einer psychischen Erkrankung leidest, sprich bitte mit einer Fachkraft für psychische Gesundheit, bevor du die Meditationen in diesem Buch ausprobierst. Es gibt Experten, die sich darauf konzentrieren, klinisch erprobte Meditationstechniken zur Behandlung psychischer Erkrankungen wie Traumata und klinischer Depression einzusetzen.[16] Ich zähle nicht zu diesen Experten und *Erleuchtung für Skeptiker* ist nicht dafür gedacht, diagnostizierte psychische Erkrankungen zu behandeln.

Aus den falschen Gründen meditieren

Selbst mit gesundem Geist und angemessenen Instruktionen ist es nicht garantiert, dass die Meditation ihre nutzbringende Wirkung entfaltet. Das gilt vor allem dann, wenn du mit ungesunden Motiven meditierst. Ich meditiere seit über 20 Jahren und erkenne inzwischen, dass ich die stabilisierenden Auswirkungen des Meditierens gelegentlich eher dafür genutzt habe, weltliche Ziele zu erreichen, und weniger dafür, meine besten Eigenschaften zutage zu bringen. Meine Meditation wurde zu einer Flucht an einen spirituellen »happy place«, der mich nach einem stressigen Tag entspannte und meinen Akku wieder auflud. Doch außer-

---

15 Willoughby B. Britton. 2019. »Can Mindfulness Be Too Much of a Good Thing? The Value of a Middle Way.« Current Opinion in Psychology 28: 159–65.

16 David A. Treleaven. 2018. Trauma-Sensitive Mindfulness: Practices for Safe and Transformative Healing. New York: W. W. Norton. Dt. Titel: Traumasensitive Achtsamkeit [Freiburg im Breisgau: Arbor, 2019].

halb des Meditierens gab ich nur umso mehr Gas und lud mir Projekte auf, die weder für mich noch für die Welt unbedingt von großem Nutzen waren.

Wenn jemand Problemen mithilfe von Meditation aus dem Weg geht, anstatt sich ihnen zu stellen, spricht man von »Spiritual Bypassing«, was man als »spirituelles Ausweichen« übersetzen kann.[17] Gemeint ist die Falle, Achtsamkeit zu praktizieren, ohne dabei die zentralen Ergänzungen Moral, Mitgefühl und Weisheit zu integrieren. Dein Meditieren führt also nicht dazu, dass du anders denkst und mit deinem Handeln zu einer besseren Welt beitragen möchtest, sondern es ist schlicht eine Methode, den eigenen Problemen eine Zeitlang zu entgehen oder schlimmer noch: eine Methode, wie du zu Kräften kommst, bevor du abermals losstürmst und noch mehr Probleme verursachst.

Hilfreich ist hier ein Blick darauf, wie das Militär Meditation einsetzt.[18] Veteranen lernen Achtsamkeitsmediationen, die ihnen bei posttraumatischen Belastungsstörungen helfen sollen. Aber auch aktive Soldaten werden in Achtsamkeitsmethoden unterrichtet, die ihnen helfen sollen, sich möglichst lange punktgenau darauf zu fokussieren, einen anderen Menschen zu töten. Dieses Extrembeispiel zeigt, dass Meditieren nicht nur dazu dienen kann, beunruhigende Gedanken und Gefühle abzustreifen, sondern auch unsere angeborene Aversion gegen das Töten eines Mitmenschen auszublenden.

Wenn ich über die mondänen oder sogar schädlichen Verwendungszwecke von Meditation nachdenke, kommt mir Darth Vader aus »Das Imperium schlägt zurück« in den Sinn, meinem liebsten Star-Wars-Film. Du kennst ihn? Dann erinnerst du dich vielleicht, dass der dunkle Lord den ganzen Film über meditiert. Tatsächlich könnte man meinen, wenn Vader nicht gerade Menschen umbringt, meditiert er. Er zieht sich in ein

17 *Robert Augustus Masters. 2010. Spiritual Bypassing: When Spirituality Disconnects Us from What Really Matters. Berkeley, CA: North Atlantic Books.*

18 *Matt Richtel. 2019. »The Latest in Military Strategy: Mindfulness.« New York Times, 5. April.*

gewaltiges schwarzes Ei zurück, das sich wie eine böse Lotosblüte öffnet, und konzentriert sich dort auf die tiefsten und gleichmäßigsten Atemzüge, die du je gehört hast.

Mach es nicht wie Darth Vader. Es ist absolut möglich, aus negativen, eigensüchtigen oder weltlichen Gründen zu meditieren. Ich selbst habe das schon getan, wenn ich einen Job hatte, an den ich nicht glaubte. Anstatt mich der Herausforderung zu stellen, zu kündigen und mir etwas Neues zu suchen, habe ich meditiert, um die Schmerzen zu verdrängen. Oder ich hatte eine schlechte Angewohnheit, die ich nicht aufzugeben bereit war. Dann habe ich meditiert, um mich einen Augenblick lang besser zu fühlen.

Es gibt einen einfachen Weg, wie du sicherstellen kannst, dass deine Meditation etwas Gutem dient: Beginne jede Meditationssitzung mit einer guten Absicht. Beschließe, deine negativen Gedanken zu schwächen und positives Denken zu fördern. Nimm dir vor, anderen Menschen Freude zu bereiten und ihre Last zu lindern. Beschließe, das flüchtige Wesen der Natur zu sehen und das Beste daraus zu machen. Versprich dir, völlig lebendig zu sein und völlig bewusst im Hier und Jetzt zu existieren. In der buddhistischen Tradition ist es von zentraler Bedeutung, mit welcher Absicht du an eine Meditation herangehst, insofern geschieht dies üblicherweise gleich zu Beginn einer jeden Sitzung in einem Abschnitt, der als *Motivation* bezeichnet wird.

Meditieren ist nicht nur für Zeiten gedacht, in denen es dir schlecht geht

Häufig befinden sich Menschen gerade an einem Tiefpunkt ihres Lebens, wenn sie zur Meditation finden. Ihre Rückschläge, ihre Ängste, ihre Furcht oder ihre Gelüste drohen, ihnen über den Kopf zu wachsen. Der Wunsch, seine psychischen Probleme abzuschütteln, ist ein mächtiger Antrieb und kann einen Menschen dazu bringen, es mit regelmäßigem Meditieren zu versuchen. Aus eigener Erfahrung weiß ich, dass Meditieren, richtig angeleitet und mit den richtigen Techniken, diese Probleme lindern kann.

Aber wer sich in Zeiten der Verzweiflung der Meditation zuwendet, läuft Gefahr, damit wieder aufzuhören, sobald die Krise bewältigt ist. Dabei ist das genauso, als habe man ein neues Workout begonnen und hört gerade dann wieder auf, wenn der Körper gesünder und kräftiger wird. Genau wie körperliches Training macht Meditation nicht nur den Geist gesünder, sondern hält ihn auch auf diesem Niveau. Meditation hilft dem Geist, weiter und weiter zu wachsen und das Potenzial für Glücklichsein, Mitgefühl und Weisheit bestmöglich auszuschöpfen.

Und dann gibt es die Menschen, die zum Meditieren kommen, wenn ihr Leben – zumindest oberflächlich betrachtet – großartig zu laufen scheint. Sie haben ihre Ziele erreicht, nun fragen sie sich: »War das alles? Warum bin ich nicht zufrieden? Warum mache ich mir weiterhin Sorgen? Warum führe ich weiterhin Konkurrenzkämpfe, warum plagen mich Gelüste, warum werde ich wütend?« Fragen wie diese trieben mich um, als ich zum Meditieren kam – ich hatte das Zubehör für ein glückliches Leben beieinander, doch innerlich war ich noch immer unzufrieden.

Schließlich kam mir eine Erleuchtung: Die Ursache meiner Probleme lag nicht außerhalb, sondern in mir, in meinem Kopf. Und vermutlich würde ich dauerhaftere Zufriedenheit auch eher innerhalb meines Kopfs finden als durch weltliche Erfolge, als durch ein bequemes Leben oder durch liebevolle Familie und Freunde an meiner Seite.

Auf diese privilegierte Weise gelangte auch der Buddha höchstpersönlich zur Meditation. Er lebte ein opulentes, beschütztes Leben als Prinz, ihm stand jede Annehmlichkeit seiner Zeit zur Verfügung und er hatte eine Familie, die ihn liebte. Doch als er die universellen Leiden von Krankheit, Alter und Tod entdeckte, gab er das Leben eines Ultrareichen auf und lebte fortan als Yogi ohne Heimat. Durch Meditation gelangte er letztlich zu unerschütterlicher innerer Zufriedenheit und einem Leben voller Bedeutung und Sinn. Dieser Weg, so der Buddha, stehe jedem Menschen offen, der sich anstrenge, dieses Ziel zu erreichen.

Meditation ist nicht Entspannung

Ein weiteres lehrreiches Beispiel aus dem Leben des Buddhas: Er begab sich nicht zum Meditieren in die Wildnis, weil er dort entspannen wollte. Das frühere Luxusleben des Buddhas mit Massagen und Masalas war vermutlich deutlich entspannender als das Leben als Obdachloser im antiken Indien, als das Betteln um eine Mahlzeit und das Schlafen im Freien. Und es stimmt bis heute, dass Meditation dir möglicherweise nicht die allergrößte Entspannung bescheren wird. Die meisten Menschen können sich eine bessere Entspannung vorstellen, als sich auf ein Kissen zu hocken, die Augen zu schließen und tief in die eigene Psyche abzutauchen.

Entspannen kannst du dich bei einem Spaziergang, wenn du Musik hörst, in der Badewanne oder bei einem Glas Wein. Du kannst dich in einer Sportkneipe entspannen, bei einem Film, beim Shoppen oder bei einem Joint. All diese Dinge tun Menschen, um zu entspannen, und sie können entspannend wirken. Zu meditieren hingegen kann sich manchmal schwierig anfühlen, frustrierend oder wie eine lästige Aufgabe, der man sich nicht widmen möchte.

Warum also meditieren, anstatt sich ein schönes Schaumbad zu genehmigen? Weil keine andere entspannende Aktivität von sich aus deine besten Qualitäten verfestigt, Dinge abschwächt, die deinen Geist plagen, und dir dabei hilft, dich besser in den Dienst der Welt zu stellen. *Das* ist der Zweck der Meditation – sie soll deine besten Qualitäten zum Vorschein bringen und anderen helfen. Meditation kann ein sehr mächtiges Werkzeug zum Entspannen sein – eines, das keinerlei besonderes Equipment erfordert, keine besonderen Substanzen, keinen besonderen Rahmen. Tatsächlich ist Entspannung entscheidend für eine wirksame Meditation. Aber wenn du dich einzig auf der Suche nach Entspannung der Meditation zuwendest, kann es sein, dass sie weniger gut wirkt als ein paar Folgen deiner Lieblingsserie am Stück.

Wenn du verstanden hast, wie einzigartig gut Meditation dafür geeignet ist, den Charakter zu festigen, deinem Leben Bedeutung zu geben und deinen Mitmenschen wirklich näherzukommen, fällt es dir auch leichter, am Ball zu bleiben, wenn es einmal schwierig ist. Es kann sogar gut sein, dass die Zeiten, in denen dir das Meditieren schwerfällt, die *besten* Sitzungen mit sich bringen, weil du nicht einzig um des Vergnügens willen meditierst, sondern auch wegen des langfristigen Nutzens für deinen Charakter und deine Beziehungen. Auch hier ähneln sich Meditation und Sport – beides bringt nicht immer nur Spaß, aber wir machen trotzdem weiter, weil diese Aktivitäten gut für Körper und Geist sind.

Meditieren hat auch nichts mit Abschalten zu tun, was ebenfalls entspannt. Dein geistiger Zustand beim Meditieren sollte wach und konzentriert sein, das Maß an Aufmerksamkeit sollte genauso hoch sein wie das, was du für deine Lieblingsshow aufbringst. Aber wie entwickelst du diese punktgenaue Fokussierung auf das Thema deiner Meditation?

Gut möglich, dass du bereits weißt, wie Meditieren geht

Die häufigste Meditation ist die, bei der man auf den eigenen Atem achtet. Hast du das schon versucht? Dann wirst du gemerkt haben, wie schwierig es ist, die volle Aufmerksamkeit auf den Atem zu richten. Der Geist wandert, dir kommen Vorhaben in den Sinn, Dinge, die du bedauerst, der Schmerz in deinen Knien oder die Frage, was es heute zum Mittagessen gibt. Man versucht, sich auf etwas vermeintlich Simples zu konzentrieren und gerät dabei einfach aus dem Tritt. Das kann einem schon den Mut nehmen.

Aber im Alltag gelingt es uns schon, unsere Konzentration auf andere Dinge als den Atem zu lenken. Wenn wir an etwas arbeiten, an das wir glauben, wenn wir Musik hören oder wenn wir Sport treiben, schaffen wir es, unsere ganze Aufmerksamkeit auf eine einzige Sache zu richten. Wollen wir unbedingt etwas, das uns wichtig ist, können wir uns stundenlang darauf konzentrieren, ohne den Faden zu verlieren – wenn wir davon träumen, die Zuneigung einer Person zu erringen, *den* Job zu finden, überraschend zu Geld zu kommen, ja selbst, wenn wir von Frieden oder Gerechtigkeit träumen. Auch wenn wir aufgewühlt sind, können uns diese Gedanken über einen langen Zeitraum hinweg begleiten, ohne dass wir uns dabei ablenken lassen – wenn wir über Einsamkeit sinnieren, wenn wir grollen oder wütend sind.

Dass wir fähig sind, uns auf Dinge zu konzentrieren, die wir wollen oder nicht wollen, zeigt, dass wir bereits über die notwendige Konzentrationsfähigkeit verfügen. Analytische Meditation lenkt unsere natürliche Fähigkeit schlicht hin zu einem nützlichen Geisteszustand.

Die Wissenschaft bestätigt die Vorteile der Meditation

Fördert die analytische Meditation tatsächlich die besten Eigenschaften unseres Geistes zutage? Das ist eine der Fragen, die ein Skeptiker vermutlich stellt. Mich hat es überzeugt, Zeit mit großen buddhistischen Lehrern zu verbringen, die diese Form der Meditation seit Jahrzehnten praktizieren.

Ihre geistige Gesundheit und ihr von Mitgefühl geprägtes Verhalten lieferten mir handfeste und überzeugende Beweise dafür, dass analytische Meditation in der Tat die positiven Qualitäten fördert, die sie zu fördern behauptet.

Nun könnte man aber auch sagen, dass diese Meditationsmeister vermutlich mit dieser Gabe geboren wurden, genau wie talentierte Künstler, Musiker oder Sportler. Aus diesem Grund begannen Wissenschaftler um die Jahrtausendwende, die Auswirkungen von Meditation systematisch zu erforschen – in vielen Fällen angespornt durch wissenschaftliche Dialoge, die sie mit dem Dalai Lama im Rahmen seiner Arbeit mit dem Mind & Life Institute geführt hatten.[19] Rund 20 Jahre später finden sich

19 *Wendy Hasenkamp. 2019. »Fruits of the Buddhism-Science Dialogue in Contemplative Research.« Current Opinion in Psychology, 28. August: 126–32.*

für zahlreiche Behauptungen, die die buddhistische Lehre in Sachen Meditation macht, immer mehr Belege.

Im Mittelpunkt der Untersuchungen standen vor allem die therapeutischen Effekte von Meditation, wenn es um den Abbau von Stress und Angstgefühlen und um die Verbesserung der Konzentration geht. Aber auch für die Annahme, dass Meditation die positiven Seiten eines Menschen verbessern kann, finden sich immer mehr Belege.

In von Fachleuten begutachteten Studien von Forschern wie Richard Davidson vom Center for Healthy Minds wurde empirisch erfasst, wie Meditation unsere Gesundheit, Zufriedenheit, Selbstkontrolle, Produktivität und soziale Verbundenheit zu anderen verbessert.[20] Untersuchungen wie seine untermauern die Behauptung, bei Zufriedenheit und Wohlergehen handele es sich um Fähigkeiten, die sich durch Meditation trainieren lassen, nicht um Eigenschaften, die von Geburt an feststehen.

Bei einem Großteil dieser Studien standen allerdings Achtsamkeitsmeditationen im Mittelpunkt.[21] In praktisch keiner wissenschaftlichen Arbeit fällt ausdrücklich der Begriff »analytische Meditation«, allerdings haben Wissenschaftler die Mitgefühlsmeditation untersucht, die eine Form der analytischen Meditation ist. Richard Davidson ist ein Pionier in diesem Bereich und die Ergebnisse seiner bahnbrechenden Forschung zeigen, wie Mitgefühlsmeditation in der Tat die Aktivität in Bereichen des Gehirns erhöht, die mit Empathie in Verbindung gebracht werden.[22] Andere Studien zeigten die Fähigkeit von Mitgefühlsmeditation, nicht

---

20 *Daniel Goleman und Richard J. Davidson. 2017. Altered Traits: Science Reveals How Meditation Changes Your Mind, Brain, and Body. New York: Avery.*

21 *Cortland Dahl, Antoine Lutz und Richard Davidson. 2015. »Reconstructing and Deconstructing the Self: Cognitive Mechanisms in Meditation Practice.« Trends in Cognitive Sciences, September, 19(9): 515–23.*

22 *A. Lutz, J. Brefczynski-Lewis, T. Johnstone und R. J. Davidson 2008. »Regulation of the Neural Circuitry of Emotion by Compassion Meditation: Effects of Meditative Expertise.« PLoS ONE, 26. März, 3(3): e1897.*

nur Empathie und Mitgefühl zu verstärken, sondern auch Depressionen, Ängste, Selbstkritik und Schuldgefühle zu lindern.[23]

Davidson hat die Meditation mit dem Prinzip der Neuroplastizität in Verbindung gebracht und gibt dem positiven Effekt von Meditation starken wissenschaftlichen Rückhalt, denn es zeigt, wie jeder Gedanke und jede Handlung unser Gehirn verändert.[24,25] Lange ging man davon aus, dass wir nur als Kinder Gewohnheiten ausprägen, tatsächlich tun wir es auch als Erwachsene und bis ins hohe Alter hinein. »Wenn Neuronen zusammen feuern, verkabeln sie sich miteinander«, erklären Neurowissenschaftler flapsig, wie das Gehirn imstande ist, sich selbst zu trainieren.[26]

Zu diesem Thema wurden zahlreiche Bücher geschrieben, von denen ich einige im Quellenverzeichnis und den Literaturhinweisen aufgeführt habe. Vor allem die großartigen Bücher *Das Gehirn eines Buddha* und *Achtsam wie ein Buddha* von Rick Hanson zeigen zahlreiche praktische Wege auf, wie wir durch Meditation unsere Gewohnheiten beeinflussen können – Wege, deren Gültigkeit die aktuelle neurologische Forschung bestätigt.

---

23 *Jennifer Mascaro. 2022. »The Science of Compassion: What We Know—and Don't Know—About Compassion Has Bold Implications for How We Respond to the Needs of Our Time.« Insights, Mind & Life Institute, 24. August. Abrufbar unter: www.mindandlife.org/insight/the-science-of-compassion (abgerufen April 2023).*

24 *Richard J. Davidson und Antoine Lutz. 2008. »Buddha's Brain: Neuroplasticity and Meditation.« IEEE Signal Process Magazine (Institute of Electrical and Electronics Engineers), 1. Januar, 25(1): 176–4.*

25 *Wendy Hasenkamp. 2022. »Transforming Minds: How Changing the World Begins with Changing Our Minds.« Insights, Mind & Life Institute, 31. August. Abrufbar unter: www.mindandlife.org/insight/transforming-minds (abgerufen April 2023).*

26 *D. O. Hebb. 1949. The Organization of Behavior: A Neuropsychological Theory. New York: John Wiley & Sons Inc.*

Analytische Meditation ist eine Wissenschaft des Geistes

Eines darf man nicht übersehen: Jahrhundertelang haben Menschen, die analytische Meditation betrieben haben, ihre Praxis als eine Form wissenschaftlicher Untersuchung angesehen. Die Grenzen der Wissenschaft stoßen hier auf innere subjektive Erfahrungen und es stellt sich die Frage, inwieweit der Geist bei der Eigenbetrachtung ein zulässiges wissenschaftliches Instrument darstellt. Die Wissenschaft hat mit vielen guten Begründungen subjektive Erfahrungen verworfen und bevorzugt extern messbare Kriterien als Goldstandard der Beweisführung. Aber obwohl Neurowissenschaftler und Psychologen heutzutage mit fMRT-Scannern und anderen Instrumenten biologische Korrelate zu geistigen Zuständen aufspüren können, bleiben die Möglichkeiten der Technologie begrenzt, wenn es darum geht, innere Erfahrungen zu durchleuchten.

Und dennoch sind wir alle von dem Bedürfnis getrieben, uns in einen Zustand der Zufriedenheit und der mentalen Stabilität zu versetzen und von Herzen kommende Beziehungen zu unseren Mitmenschen zu unterhalten. Analytische Meditation bietet eine introspektive Form der wissenschaftlichen Methode und hilft uns festzustellen, wann wir uns genuin glücklich und verbunden fühlen, wann wir nur so tun, als ob, und welche Praktiken uns zu einem positiven geistigen Zustand, fort von einem verstörenden führen.

Unser scheinbar so unzuverlässiger Geist soll mit einer Präzision, die den Ansprüchen einer wissenschaftlichen Untersuchung gerecht wird, innere Erfahrungen lenken und messen können? Verständlich, dass sich da Zweifel regen. Aber selbst hier findet sich eine Parallele zwischen Wissenschaft und analytischer Meditation, denn die Buddhisten haben die analytische Meditation nicht nur durch empirische Erkenntnisse verbessert, sondern auch durch öffentliche Kritik und Debatten – und das über den Verlauf von vielen Jahrhunderten hinweg. Heutzutage Skeptiker zu sein, bedeutet nicht, dass man die vom Buddhismus aufgestellten Behauptungen in Bausch und Bogen verwirft, sondern sie auf die

Probe stellt und gründlich hinterfragt – ganz so, wie es in der Wissenschaft üblich ist.

Analytische Meditation endet nicht, wenn du dich vom Kissen erhebst

Ich verwende in diesem Buch den Begriff »analytische Meditation«, aber was wir im Verlauf einer Meditation an positiver geistiger Haltung generieren, sollte nicht aufhören, sobald wir uns vom Kissen erheben. Bei der Meditation geht es darum, die Gedanken, die wir an einem stillen Ort fassen, mit uns in die Welt zu nehmen. Unser Alltag ist letzten Endes unsere wichtigste Praxis – was zählt, ist, wie wir das Leid eines Mitmenschen lindern, wie wir unsere Freude teilen und wie wir die Welt verbessern.

Das läuft dem weit verbreiteten Irrtum zuwider, dass es beim Meditieren um ruhige Isolation geht. Es stimmt, dass sich der Erfolg einer Meditation auch daran messen lässt, dass der Geist ruhiger wird und dass das Alleinsein ein Gefühl tiefer Zufriedenheit erzeugt. Aber meine Lehrerin, die Ehrwürdige Kathleen McDonald, teilte einmal mit mir einen Rat von Lama Yeshe: Ob deine Meditationen erfolgreich sind, lässt sich nicht daran ablesen, wie lange du dich konzentrieren kannst oder wie gut es sich anfühlt, wenn du meditierst, sondern daran, ob deine Beziehungen besser werden.[27] Die Wirksamkeit deiner Meditationen misst du durch deine eigenen Erkenntnisse und durch das Gute, das du in der Welt bewirkst. Ein auf schmerzhafte Weise bezeichnendes Beispiel: Ich hatte gerade ein Meditationserlebnis, das sich für mich ganz wunderbar anfühlte, aber keine fünf Minuten später streite ich mich mit meiner Frau. Das zeigt mir, wie viel Arbeit noch vor mir liegt.

---

27 *Thubten Norbu Ling. 2021. »Lam Rim: Study, Reflect, Meditate with Ven. Sangye Khadro (Session 1).« The Buddhist Center Thubten Norbu Ling, YouTube-Videokurs. Abrufbar unter: www.youtube.com/watch?v=ZXNOBUeKTg0 (abgerufen April 2023).*

Kapitel 3

Wie praktiziert man analytische Meditation?

Eine wirksame Meditationssitzung ist wie ein großartiger Film, eine köstliche Mahlzeit oder eine perfekte Playlist – sie hat einen Spannungsbogen, einen Anfang, einen Mittelteil und ein Ende. Ähnlich ist es beim Sport: Man beginnt mit sanftem Dehnen, steigert dann die Anstrengung und absolviert zum Schluss noch eine Abkühl-Phase. Wer seine Übungen nicht auf diese Weise beginnt und beendet, läuft Gefahr, sich zu verletzen. Damit will ich nicht sagen, dass man sich wehtun wird, wenn man die Vorbereitungen und den Abschluss des Meditierens weglässt, aber es kann die Wirksamkeit des Meditierens deutlich verbessern, gewöhnt man seinen Geist an den Ablauf gewisser Sequenzen.

Haltung beim Meditieren

Zum Auftakt einer Meditationssitzung bringst du deinen Körper in eine Haltung, die gut dafür geeignet ist, die Aufmerksamkeit nach innen zu lenken. Das ist der erste Schritt. Setze dich mit gekreuzten Beinen auf ein Kissen und nimm dabei eine aufrechte Haltung ein. Das ist ein sehr wirksamer Weg für den Körper, geistige Klarheit zu unterstützen. Ist dir das aus körperlichen Gründen nicht möglich, setze dich auf einen Stuhl, die Beine nebeneinander, die Füße flach auf dem Boden. Das kann genauso effektiv sein.

Lege deine rechte Hand auf die linke, die Handflächen nach oben, die Daumen berühren sich. Auch das kann zu einer stabilen Konzentration beitragen. Mithilfe der Spannung, die du zwischen deinen Daumen spürst, kannst du erkennen, ob du dich zu stark konzentrierst oder zu wenig. Häufig kommt die Frage, warum man in einer Meditationshaltung die rechte Hand auf die linke legt. Traditionell liegt das daran, dass die rechte Hand als Symbol der Erleuchtung die linke Hand als Symbol für Trugbilder bedeckt. Als ich das zum ersten Mal hörte, dachte ich: »Großartig, und wieder eine Diskriminierung gegenüber uns Linkshändern.« Ich musste an den traurigen Tag zurückdenken, als ich als Kind lernte, dass der lateinische Begriff für links *sinister* lautet und auch »zwielichtig« oder »unheilvoll« bedeutet. Wenn du dich also für Linkshänder stark machen und beim Meditieren mit der linken die rechte Hand bedecken möchtest, werde ich dich ganz gewiss nicht daran hindern.

Du kannst zwischen Armen und Rumpf ein wenig Platz lassen. Auf diese Weise kannst du tief aus dem Zwerchfell heraus atmen und verhinderst, dass dein Körper überhitzt. Spannungen im Nacken vermeidest du, indem du deinen Kopf leicht beugst und den Blick Richtung Fußboden lenkst. Das reduziert auch das Potenzial von Ablenkungen. Entspanne dann die Muskeln deiner Schultern, deiner Augenbrauen und deines Gesichts. Eine gute Methode, die Schultern zu lockern, besteht darin, dass du sie zunächst ganz weit nach oben ziehst und dann völlig loslässt.

Es gibt unterschiedliche Anweisungen, was man mit dem Mund beim Meditieren machen soll, aber am weitesten verbreitet ist es, den Kiefer zu entspannen und mit der Zunge den Gaumen zu berühren. Auf diese Weise muss man während des Meditierens weniger schlucken, was einen ansonsten beim Konzentrieren stören könnte.

Die Augen nahezu vollständig zu schließen, kann die Konzentration stärken. Dein Umfeld lenkt dich weniger ab, es kommt aber ausreichend Licht herein und sorgt dafür, dass du wach bleibst. Schlaf und Meditation sind zwei unterschiedliche Dinge. Verwechselst du die beiden, kann es schwierig werden, sich das wieder abzugewöhnen. Wenn du während des Meditierens schläfrig wirst, öffne die Augen weit, aber versuche, möglichst ins Leere zu blicken und nicht irgendwelche Gegenstände anzuvisieren. Bist du mit geöffneten Augen zu leicht ablenkbar, kannst du sie auch völlig schließen.

Ich möchte eine weitere Möglichkeit vorschlagen, die man üblicherweise nicht unter Meditationsanweisungen findet: Wenn du magst, ziehe leicht die Mundwinkel nach oben. Thich Nhat Hanh sagt: »Manchmal ist Freude die Quelle deines Lächelns, aber manchmal ist dein Lächeln die Quelle deiner Freude.« Hierbei handelt es sich nicht nur um die Weisheitsperle eines Zen-Meisters, sondern auch um einen wissenschaftlichen Fakt, nachgewiesen durch die neurochemischen Veränderungen, die auftreten, wenn ein Mensch lächelt. Lächeln setzt Neuropeptide frei, die Stress abbauen und die Spiegel von Dopamin, Serotonin und Endorphinen erhöhen.[28] Diese wiederum lösen gute Gefühle aus, reduzieren Herzschlag und Blutdruck und können sogar Schmerzen lindern.

In einem Meditations-Retreat wirst du viele Haltungen und Hilfsmittel kennenlernen, die dich in deiner Praxis bestmöglich unterstützen sollen und die dir zeigen, dass jeder Körper andere Bedürfnisse hat. Der Buddha sagte: »Ob im Stehen, Gehen, Sitzen oder Liegen, solange man im Wachzustand ist, sollte man diese Achtsamkeit entwickeln! Dies bedeutet göttliches Verweilen hier und jetzt.«[29] Seine Worte scheinen dafür zu sprechen, dass es auch eine angemessene Meditationshaltung sein kann, sich bequem auf die Couch zu legen – solange man in dieser Haltung die wache Achtsamkeit des meditativen Geistes aufbringen kann.

Ich meditiere größtenteils auf einem Kissen auf dem Boden sitzend, in entspannter Haltung mit gekreuzten Beinen. Wenn ich müde bin oder mir kalt ist, wenn ich unterwegs bin oder mitten in der Nacht aufwache, meditiere ich auch schon mal sitzend im Bett, in einem Sessel, in einem Park oder sogar im Flugzeug. Die Routine des Meditierens ist wichtiger als deine Haltung oder der Ort.

---

28 *Ronald Riggio, PhD. 2012. »There's Magic in Your Smile: How Smiling Affects your Brain.« Psychology Today, 25. Juni.*

29 *Nalanda Institute Malaysia. 2007. Metta Sutta, Vers 9. Abrufbar unter: http://nalanda.org.my/e-library/mettasutta/verse9.php (abgerufen April 2023).*

Mein Lehrer, der Ehrwürdige René Feusi, greift den Rat des Buddhas zu aktiveren Meditationsmethoden auf. Er spricht sich lange Meditationen auf Band und hört sie dann, während er im Freien geht. Auf diese Weise ist er körperlich aktiv und genießt die Natur, während er seine Übungen absolviert. Geshe Tashi Tsering erzählte mir, in seiner Zeit als spiritueller Leiter des Jamyang Buddhist Centre in London sei er gerne meditierend durch die Straßen der Stadt gejoggt, denn viele analytische Meditationen – etwa über Vergänglichkeit, Mitgefühl und Leere – würden dadurch gewinnen, dass man Menschen und Dinge aus dem echten Leben betrachtet. In der Welt zu meditieren, dient als Erinnerung daran, dass es bei analytischer Meditation ausdrücklich darum geht, eigene Erkenntnisse zum Wesen der Realität in den persönlichen Alltag einzubauen.

Motivation

Hast du eine geeignete Haltung eingenommen? Der nächste Schritt beim »Aufwärmen« vor der Meditation besteht darin, deine Motivation festzulegen. Denke, ohne selbstkritisch zu sein, darüber nach, welche geistigen Eigenschaften du gerne weiter in den Hintergrund rücken möchtest und welche du gern stärker im Vordergrund hättest.

Eine Motivation für die Meditation festzulegen, zählt zu den zentralen Schritten, die aus etwas bloß Entspannendem etwas machen, was das Bewusstsein erweitert.

Eine Motivation gibt deiner Meditation darüber hinaus eine moralische Grundlage. Nach der buddhistischen Moral kann es etwas ganz Einfaches sein, etwa der Wunsch, bestmöglich zum Wohlergehen anderer beizutragen oder zumindest keinen Schaden anzurichten. Aus moderner, neurowissenschaftlicher Sicht bedeutet das: Gibt man sich zu Beginn einer Meditationssitzung eine positive Motivation vor, verstärkt das die neurologischen Bahnen im Gehirn, die dafür sorgen, dass man anderen Menschen in guter Absicht entgegentritt und sich für das Gute in der Welt einsetzt.

Zuflucht

Hast du deine Motivation festgelegt, kannst du darüber nachdenken, welche Ergebnisse du dir für deine Meditation wünschst – Buddhisten sprechen von *Zuflucht* und das ist auch das Thema von Kapitel 8. Zuflucht findest du beispielsweise in deinem eigenen Potenzial, ein bedeutsames, eingebundenes Leben zu führen, indem du für die Menschen um dich herum völlig präsent bist und ein besseres Verständnis deiner inneren und äußeren Realitäten erlangst. Wie würde dein Leben aussehen, wenn du mehr Großzügigkeit, mehr Geduld und mehr Mitgefühl an den Tag legen würdest? Wie wäre es, wenn du ein besseres Verständnis davon besäßest, welche Handlungen zu positiven Ergebnissen führen, und wenn dir das flüchtige und von wechselseitigen Abhängigkeiten geprägte Wesen der Realität ständig bewusst wäre?

Während du über diese Qualitäten nachdenkst und über dein Potenzial, sie zu erreichen, kann es hilfreich sein, ihnen eine visuelle Form zu geben. Beispielsweise kannst du dir vorstellen, wie ein warmes, helles Licht in dich hineinströmt, ein Licht, das mit diesen positiven geistigen Zuständen getränkt ist.

In der buddhistischen Tradition wurzelt die Zuflucht in den großen Lehrern ihrer Linie, allen voran der Buddha persönlich. Aber selbst in nicht-religiöser Form kann es hilfreich sein, über Menschen nachzudenken, historische Persönlichkeiten oder Zeitgenossen, die über die Qualitäten verfügen, die du für dich erstrebst. Denke an Menschen, die du kennst, seien es Pflegekräfte, Betreuerinnen und Familienangehörige, oder historische Figuren wie große Führungspersönlichkeiten, Vorkämpferinnen für Menschenrechte oder Autorinnen.

Aus Biografien der Menschen, die du bewunderst, wirst du häufig lernen, dass sie sich irgendwann auf eine Reise begeben haben – weg vom gewöhnlichen Denken und hin zu mehr geistiger Klarheit und Erfüllung und einem Streben nach einer besseren Welt. Der buddhistische Blick auf den menschlichen Geist besagt, dass wir alle über dieselben Kapazitäten verfügen, diese Qualitäten zu erreichen. Hast du das realisiert, hilft es dir, einen Pfad zu erkennen, der dich weg von einem gewöhnlichen Geist hin zu einem Geist führt, der offener ist, mehr Mitgefühl aufbringt und über mehr Weisheit verfügt.

Stabilisierende Meditation

Als Nächstes folgt eine stabilisierende Meditation zum Atem – eine Übung, die den Geist beruhigt und fokussiert. Deine Atemmeditation kann zehn Minuten dauern, fünf Minuten oder auch nur eine einzige. Beenden solltest du diese Phase jedenfalls, solange du noch frisch und wach bist (zum richtigen Zeitpunkt aufhören!), damit du ein positives Verhältnis zum Praktizieren aufbaust. Das Schlimmste, was dir passieren kann, ist, dass du das Meditieren hasst. Zudem fällt es leichter, etwas, an dem man Gefallen findet, auszubauen und sei es auch nur in winzigen Schritten, als sich ein unrealistisches Ziel zu setzen und es nach wenigen Tagen aufzugeben.

Analytische Meditation

Nach der stabilisierenden Meditation geht es weiter mit der analytischen Meditation, der aktiven Form von Meditation, die dich dabei unterstützt, falsche Gedanken abzulegen und gewollte Tugenden auszubilden. Die Themen einer analytischen Meditation reichen von Liebe, Mitgefühl und Geduld bis hin zu den Tiefen des Leids auf dieser Welt und selbst den Geheimnissen dessen, was während des Schlafs, der sexuellen Ekstase und im Tod geschieht.

Während du dem groben Umriss einer analytischen Meditation folgst, kannst du mithilfe eigener Kreativität und Fantasie das jeweilige Thema ausweiten. Das ist wie im Jazz, wo die Musizierenden die Melodie und den Rhythmus eines Lieds aufnehmen und dann ihre Persönlichkeit und ihren ganz eigenen Stil einfließen lassen. Beherrschst du die groben Züge, entwickelt sich die analytische Meditation in vielerlei Hinsicht zu einem Prozess des Improvisierens.

Danksagung

Den Abschluss einer Meditationssitzung bildet die *Danksagung*. Diese kann so aussehen, dass du deine Motivation bekräftigst und dich dafür bedankst, negative geistige Haltungen sanft erkannt, akzeptiert und losgelassen zu haben, während du nützliche Gedanken wahrgenommen und kultiviert hast. Du hättest deine Zeit nicht besser investieren können, also darfst du vollständige Zufriedenheit verspüren angesichts des Umstands, dass du deine Fähigkeiten, Gutes zu bewirken, ein klein wenig verbessern konntest.

Die Danksagung am Ende einer Meditationssitzung ist mehr als eine Wohlfühlveranstaltung für dich selbst. Sie trägt dazu bei, den Nutzen deiner Meditation über deine Zeit auf dem Kissen hinaus wirken zu lassen. Ähnlich wie Entspannung und Unterhaltung kann Meditation eine abgeschottete Form von angenehmem Eskapismus darstellen. Das wollen wir nicht, vielmehr soll der Nutzen des Meditierens in deinen Alltag einfließen, deshalb solltest du darauf hinarbeiten, dass deine Meditation dich dazu bringt, möglichst positiv und möglichst verbindend zu denken, zu reden und zu handeln. Die Kraft der Danksagung ist nicht mystisch oder magisch, sondern fällt unter die Grundsätze der Neuroplastizität. Erstrebenswerte Gedanken zu denken, festigt die damit verbundenen neuronalen Pfade und erhöht auf diese Weise die Wahrscheinlichkeit, dass diese Gedanken erneut vorkommen.

Gewöhne dir an, täglich zu meditieren

Neuroplastizität hilft uns auch zu verstehen, wie wir neue Gewohnheiten ausbilden, beispielsweise tägliches Meditieren. Aus neurologischer Sicht geht man davon aus, dass es etwa zwei Monate dauert, eine neue Gewohnheit zu verinnerlichen.[30] Während dieser Zeit musst du eine

30 *Phillippa Lally, Cornelia H. M. van Jaarsveld, Henry W. W. Potts und Jane Wardle. 2009. »How are Habits Formed: Modelling Habit Formation in the Real World.« European Journal of Social Psychology, 16. Juli, 40(6): 998–1009.*

bewusste Anstrengung unternehmen, um zu meditieren. Sei bescheiden, aber konsequent, was den Ort, die Zeit und die Dauer deiner Meditation angeht. Das kann dir dabei helfen, eine Routine zu entwickeln. Später, wenn du bereits seit einiger Zeit meditierst, wird es für dich etwas ganz Natürliches sein, dass du dich zum Meditieren hinsetzt – auch nicht anders als zu frühstücken, sich die Zähne zu putzen oder sich zu waschen.

Ort der Meditation

Wenn möglich, solltest du dir in deinem Zuhause einen speziellen Ort für deine Meditationen suchen. Vielleicht bist du ja in der glücklichen Lage, über einen Raum zu verfügen, den du leerräumen und für die Meditation reservieren kannst. Ansonsten räume eine Ecke des Schlafzimmers oder einen anderen Platz frei, an dem du ungestört eine Weile sitzen kannst. Du kannst auch unmittelbar nach dem Aufwachen oder vor dem Schlafengehen im Bett meditieren. Die meisten Menschen können sich beim Meditieren im Bett besser konzentrieren, wenn sie sich aufrecht auf ein Kissen setzen, ganz so, wie sie es beim Meditieren auf dem Fußboden machen würden.

Buddhisten meditieren vor einem Altar mit einer Buddhastatue oder einem Bild des Buddhas. Der Buddha steht für das Ideal, seine besten Eigenschaften zu perfektionieren. Ein Nicht-Buddhist kann dieses Ideal auf Bilder von Menschen und Orten übertragen, die ihn inspirieren. Es kann etwas ganz Simples sein, etwa die Stelle, wo man sein Zelt am liebsten aufschlägt, oder eine weit entfernte Galaxie. Es können Fotos sein von Lehrern, Anführerinnen, Humanisten, Aktivistinnen, Autoren, Künstlerinnen oder von der Oma. Auf traditionellen Altären stehen Kerzen, Weihrauch und Blumen als Gaben für die Wesen und Qualitäten, die man respektiert.

Sie machen greifbar, dass du entschlossen an das Ideal eines kontrollierten, mitfühlenden Geistes glaubst. Aber wenn es deine Praxis beflügelt, tut es möglicherweise auch ein Altar wie der, den ich als

Jugendlicher hatte – mit Kassetten meiner Lieblingsbands, mit Origami-Wesen, einem Foto von Franz Kafka und einer kleinen Discokugel. Es geht darum, dass es dich inspiriert und dass es *deinem* Geist förderlich ist.

Zeitpunkt der Meditation

Viele Menschen meditieren am liebsten morgens kurz nach dem Aufstehen. Häufig ist der Kopf dann am klarsten und das Konzentrationsvermögen am größten. Lebst du mit anderen Menschen zusammen, hat das morgendliche Meditieren den Vorteil, dass du vor allen anderen aufstehen kannst, um etwas Stille und Alleinsein zu genießen. Gehe ins Bad, spritze dir etwas Wasser ins Gesicht und lasse dich dann ungestört an deinem Meditationsort nieder.

Bist du kein Morgenmensch, steht es dir selbstverständlich frei, einen anderen Zeitpunkt zu wählen. Wenn du nicht morgens gleich nach dem Aufstehen meditierst, musst du allerdings damit rechnen, dass dir andere Dinge in die Quere kommen oder du einfach vergisst zu meditieren und dir auf diese Weise keine Regelmäßigkeit angewöhnst.

Dauer der Meditation

Meinen ersten Lehrer, Geshe Dakpa, fragte ich, wie lange ich meditieren solle. Er erwiderte, ich solle mit fünf Minuten täglich beginnen. Er gab mir einen kurzen Abriss zur analytischen Meditation, ähnlich der am Ende dieses Kapitels, und die habe ich ungefähr ein Jahr lang praktiziert. Anschließend wies er mich an, die Sitzungen auf 15 Minuten auszuweiten, was ich ebenfalls über einen längeren Zeitraum hinweg durchzuhalten vermochte. Jahr um Jahr steigerte ich die Dauer dann weiter. Es ist nicht so, als würde eine längere Meditationssitzung immer auch besser sein – idealerweise beendest du deine Sitzung, bevor du müde wirst oder, schlimmer noch, sie dich zu nerven beginnt. Fühlt es sich allerdings gut für dich an, gilt grundsätzlich, dass längere Meditationen die Wirksamkeit deiner Übungen erhöhen.

Mit der Zeit ist mir das Meditieren so sehr in Fleisch und Blut übergegangen, dass es heute schmerzhafter für mich ist, *nicht* jeden Morgen zu meditieren, denn der Nutzen ist so offensichtlich und bereitet den Boden für einen glücklichen, von Sinn erfüllten Tag. Wird die Zeit knapp, schlafe ich lieber etwas weniger, lasse die Dusche oder sogar das Frühstück weg, aber nicht die Meditation. Manchmal verkürze ich die Sitzung, aber völlig ausfallen lasse ich sie auf keinen Fall.

***

Eine zehnminütige Meditation

Jedes Kapitel in diesem Buch enthält eine kurze geführte Meditation. In diesem Kapitel stelle ich die Meditationssitzung vor und teile mit dir eine simple zehnminütige Übung, eine Abwandlung der üblichen Achtsamkeitsmeditation. Auch wenn du noch nie zuvor meditiert hast, solltest du sie leicht erlernen können. »Analytisch« werden die Meditationen, wenn es nicht mehr darum geht, aufmerksam auf deine Gedanken zu achten, sondern darum, sie aktiv zu analysieren, während sie dir durch den Kopf schießen.

Die Meditation ist so kurz, dass du zu ihr als anfängliche tägliche Übung zurückkehren kannst, als etwas, was du morgens nach dem Aufstehen praktizierst, abends vor dem Schlafengehen oder wenn du tagsüber eine Pause hast.

Diese erste Übung macht dich auch mit sämtlichen Abschnitten einer Meditationssitzung vertraut – Haltung, Motivation, Zuflucht, stabilisierende Meditation, analytische Meditation und Danksagung, mit der du die Erfahrungen aus der Meditation mit in den Alltag nimmst. Jede Phase trägt dazu bei, dir zu einer Meditationsroutine zu verhelfen, die über Entspannung hinausgeht und deinen Geist in Richtung seines größten Potenzials lenkt.

In den folgenden Kapiteln werde ich ausschließlich die analytische Meditation und spezielle Motivationen oder Danksagungen beschreiben. Die hier beschriebenen vorbereitenden Schritte – Haltung, Motivation, Zuflucht und Stabilisierung durch Atemmeditation – solltest du aber vor jeder in diesem Buch vorgestellten Meditation durchführen und im Anschluss deine Sitzung mit einer kurzen Danksagung komplettieren.

Es gibt einen weiteren Grund, warum ich mit dieser analytischen Variante zur Achtsamkeit beginne: So kannst du sie mit einigen tieferen Meditationen vergleichen, mit denen wir uns in Kapitel 4 befassen.

Haltung

Setze dich mit gekreuzten Beinen auf ein Kissen auf dem Boden oder mit ungekreuzten Beinen auf einen Stuhl, die Füße flach auf dem Boden. Richte deine Wirbelsäule auf, lege deine Hände mit den Handflächen nach oben in deinen Schoß. Eine Hand liegt auf der anderen, die Daumen berühren sich. Entspanne alle Muskeln in deinem Rücken, den Schultern, dem Gesicht und den Armen. Richte den Blick nach unten auf einen Punkt kurz vor dir. Schließe deine Augen zur Hälfte.

Motivation

Beschließe, deine Aufmerksamkeit für einige wenige Minuten nach innen zu richten, um deine natürlichen guten Eigenschaften in den Vordergrund zu rücken und störende Gedanken und Emotionen, die nichts mit deinem tiefergehenden Ich zu tun haben, schrittweise abzubauen und verschwinden zu lassen. Du tust dies für deine eigene Zufriedenheit, die du selbstverständlich verdient hast, sowie für die Zufriedenheit und das Wohlergehen der Menschen und der Welt um dich herum.

Zuflucht

Denke an all die guten Eigenschaften, die ein Mensch anstreben kann – Mitgefühl, Großzügigkeit, Geduld, Begeisterung … Wenn du magst, denke an Menschen, die du kennst oder von denen du gehört hast und die diese Eigenschaften leben. Führe dir vor Augen, dass sich mithilfe von Methoden wie der, die du gerade praktizierst, Tugenden stärken lassen. Genauso wie hoch realisierte Menschen besitzt auch du die Fähigkeit, deine Güte, Großzügigkeit, Geduld und Liebe zu stärken und gleichzeitig Wut, Verlangen, Verzweiflung und Gleichgültigkeit abzulegen.

Wenn du magst, visualisiere diese Qualitäten als Licht, das vor dir leuchtet. Lasse dich von diesem Licht einhüllen und es deinen Körper durchdringen, bis es mit deinem Geist verschmilzt.

Atemmeditation

Lenke deine Aufmerksamkeit einige Minuten lang auf deinen Atem – auf deine Nasenlöcher, während die Luft in deinen Körper hinein- und aus deinem Körper herausströmt. Egal, was an Gedanken, Erinnerungen, Plänen, Geräuschen, Empfindungen oder Störendem auftaucht – lasse alles von allein wieder verschwinden. Beschäftige dich nicht damit, schiebe es nicht von dir fort. Gedanken verschwinden auf natürlichem Weg und deine Aufmerksamkeit richtet sich wieder auf deinen Atem.

Analytische Meditation: Gedanken beobachten

Nun entspannst du dich und lässt alles zu, was in deinem Geist aufsteigt. Betrachte deine Gedanken aus der Entfernung und lasse dich nicht von ihnen verzehren. Du bist nicht deine Gedanken.

Versuche nun, deine geistigen Erfahrungen sanft zu analysieren. Während du weiterhin zulässt, dass Gedanken auf natürliche Weise aufsteigen und vorbeiziehen, beginnst du damit, deine Gedanken, während du sie erlebst, zu kategorisieren: Ist es eine Erinnerung, ein Plan, ein Verlangen, Liebe? Achte darauf, was dazu führt, dass sich dein Geist wohlfühlt und bei was er unruhig wird.

Danksagung

Indem du dir in der Meditation deiner Gedanken und Gefühle bewusst geworden bist, mögest du heute präsenter, offener und verbundener mit dir und anderen sein. Mögen deine guten Qualitäten der Güte, der Geduld und der Offenheit auf natürlichem Weg in den Vordergrund rücken. Und mögest du zu deinem und zum Wohle aller, mit denen du zu tun hast, verstörende Gedanken und Emotionen leichter loslassen können.

***

Kapitel 4

Was ist der Geist?

Von meinen ersten Gehversuchen in Sachen Meditation sind mir vor allem zwei in Erinnerung geblieben. Der eine war auf komische Weise ein Fehlschlag, der andere war profund. Der erste trug sich zu, als ich in den Zwanzigern und noch kein Buddhist war. Ich las ein Buch des vietnamesischen Zen-Meisters Thich Nhat Hanh, das meine Neugier so weit weckte, dass ich erstmals versuchte zu meditieren. Ich legte das Buch zur Seite, setzte mich auf mein Bett und schloss die Augen. Die Gedanken in meinem Kopf wurden etwas lauter und störender, ansonsten geschah nicht viel, also kletterte ich schon kurz darauf wieder vom Bett und machte mich an mein Tageswerk, wobei ich mich fragte: »Was habe ich verpasst?«

Der zweite Gehversuch folgte einige Jahre später während meines ersten Meditations-Retreats mit dem Ehrwürdigen René Feusi, der schon bald mein engster Lehrer wurde. Am ersten Tag des Retreats waren meine Ergebnisse gar nicht mal so anders als die von meinem Meditationsversuch auf dem Bett. Aber unter Anleitung des Ehrwürdigen René war es am Nachmittag des nächsten Tages, als habe sich schlagartig eine Tür zu einer anderen Dimension geöffnet, wo ich in einem gewaltigen leuchtenden Raum des Bewusstseins zur Ruhe kam. Ich verspürte ein überwältigendes Gefühl des Friedens und der Freude und ein weitläufiges Ich-Gefühl, das ich nicht verlieren wollte. Als ich schließlich meine Augen öffnete, stellte ich zu meiner Überraschung fest, dass die Meditationshalle leer war. Wie viel Zeit vergangen war, konnte ich beim besten Willen nicht sagen.

Diese beiden Meditationserfahrungen sind Beispiele für zwei unterschiedliche Wege, wie Buddhisten den Geist erforschen. Beim ersten Beispiel wird der Inhalt des Geistes untersucht, also unsere *geistigen Faktoren*, die Gedanken und Gefühle, die in unserem Geist aufsteigen. Beim zweiten Beispiel geht es darum, den Geist selbst – oder das *Bewusstsein* – zu erfahren, den Zustand, in dem Gedanken und Gefühle erscheinen.

Beide Formen von Meditation sind wichtig. Dass meine erste, amateurhafte Meditationssitzung kein Erfolg war, lag vermutlich vor allem daran, dass es mir an einem Grundgerüst mangelte, das mir hätte helfen können, meinen Geist besser zu verstehen. Ich erlebte meine Gedanken ganz naiv, identifizierte mich mit ihnen und grübelte über sie nach, wie wir es in unserem tagtäglichen Leben nun einmal tun.

Direkte Erfahrung des Geists

Eine zentrale Ansicht des Buddhismus besagt: Eine dauerhafte Quelle der Zufriedenheit findest du in deinem eigenen Geist. Sollte das tatsächlich zutreffen, dann wäre es hilfreich, zunächst einmal zu begreifen, wie der Buddhismus den Geist und die mentalen Faktoren definiert, die ihn passieren.

Buddhistische Modelle des Geistes können sich von wissenschaftlichen Modellen unterscheiden, was daran liegt, dass der Buddhismus diese Modelle nicht einzig anhand ihrer Genauigkeit bewertet, sondern auch danach, inwieweit sie uns dabei helfen, einen zufriedeneren Geist, engere Beziehungen und stärker von Mitgefühl geprägte Gemeinschaften zu entwickeln.

Ich halte die buddhistischen Modelle zum menschlichen Geist für hilfreich auf einer praktischen Ebene, sowohl beim Meditieren wie im Alltag, aber auch für ehrfurchtgebietend. In diesem Kapitel möchte ich versuchen, einen Eindruck von diesen Erfahrungen zu geben.

Zunächst einmal erkläre ich die mentalen Faktoren, die der Buddhismus als stets präsente Bestandteile des Geistes beschreibt. Dass ich sie kennengelernt habe, half mir dabei, zahlreiche schädliche Gedanken im

Keim zu ersticken und mehr Kontrolle über meine eigenen Konflikte und Abhängigkeiten zu erlangen.

Im Anschluss erkläre ich weniger bekannte Methoden, das eigene Bewusstsein direkt zu erfahren. Analytische Meditation ist mehr als der Versuch, sich davon zu überzeugen, dass man nicht die eigenen Gedanken ist. Das zeigt sie durch unmittelbare Erfahrungen wie dieser erste Blick auf mein Bewusstsein, den ich vor zwei Jahrzehnten mit meinem Lehrer erlebte. Meiner Erfahrung nach sollten die Menschen erst einmal einen kurzen Blick auf die subtilen – und wunderschönen – Aspekte ihres Geists werfen. Dann fällt es ihnen leichter, sich in einem größeren Zusammenhang zu sehen und zu erkennen, dass sie viel, viel mehr sind als die Summe ihrer Verlangen und Aversionen.

Derartige Meditationen, bei denen es um das Wesen des Geistes geht, gelten traditionell als etwas für Fortgeschrittenere, aber einige meiner Lehrer haben ihre Schüler frühzeitig an diese Meditationen herangeführt, weil sie eine Tür zum Geist öffnen können. Aus genau diesem Grund teile ich sie an dieser Stelle.

Fünf mentale Faktoren[31]

Der Mahayana-Buddhismus besagt, eine Kaskade aus fünf mentalen Faktoren begleitet jeden Moment des Bewusstseins. Anfangs dachte ich, diese Faktoren würden keine besondere Relevanz bei der Aufgabe spielen, meinen Geist zu verändern, aber dann lehrte mich jemand, diese Faktoren im tagtäglichen Leben einzusetzen.[32]

---

31 *In Sanskrit heißen diese fünf universellen mentalen Faktoren, die angeblich alle gleichzeitig in jedem bewussten Augenblick auftreten, Sparsa, Samjna, Vedana, Manasikara und Cetana. Übersetzt werden sie zumeist als Kontakt, Wahrnehmung, Gefühl, Aufmerksamkeit und Absicht. Siehe Alexander Berzin, »Mental Urge«, Study Buddhism by Berzin Archives: https://studybuddhism.com/en/glossary/mental-urge (abgerufen April 2023).*

32 *Ben Connelly. 2016. Inside Vasubandhu's Yogacara: A Practitioner's Guide. Somerville, MA: Wisdom Publications.*

Deine Sinne stellen *Kontakt* zur Außenwelt her, sei es durch Sehen, Hören oder Fühlen. Durch *Wahrnehmung* nimmt dein Geist dies auf, bündelt die Informationen, kategorisiert sie und benennt sie. Auch dein Geist hat ein *Gefühl* – eine Wahrnehmung ist angenehm, unangenehm oder neutral. Und dein Geist lenkt die *Aufmerksamkeit* fort von manchen Wahrnehmungen und hin zu anderen. Basierend auf dem Gefühl dessen, was du wahrgenommen hast – eine Person, einen Gegenstand oder eine Idee –, erfüllt dich die *Absicht* zu reagieren.

Vielleicht sagst du jetzt: »Ist doch egal, oder? Kontakt, Wahrnehmung, Gefühl, Aufmerksamkeit, Absicht – warum muss ich mir diese Liste merken?« Der Grund ist der, dass diese Sequenz dir dabei hilft zu begreifen, dass deine Gefühle durch frühere Konditionierung stark voreingenommen sind, dass sie oftmals übertrieben daherkommen und dass sie zu Worten und Taten führen können, die du später möglicherweise bereust. Und diese Sequenz hilft dir zu erkennen, wie du sie im Keim ersticken kannst.

Diese fünf mentalen Faktoren sind stets präsent und ich habe mir eine bequeme Abkürzung überlegt, dank der man praktischen Nutzen aus ihnen ziehen kann. Dazu greife ich auf den Punkt zu, von dem es heißt, hier ließe sich die ansonsten automatisch ablaufende Folge von Kontakt zu Absicht aufhalten, nämlich am Punkt »Gefühl«. Hier fügen sich Achtsamkeit und analytische Meditation sehr gut ineinander. Gelingt es dir, deinen Geist in dem Augenblick zu verlangsamen, in dem du angenehme, unangenehme oder neutrale Gefühle verspürst, kannst du bewusst wählen, wie du auf diese Gefühle reagieren möchtest, und folgst nicht automatisch den Absichten, die sie provozieren.

Wahrnehmung ist psychisch

Nicht nur auf unsere Gefühle und unser Verlangen wirken sich Voreingenommenheit und Übertreibungen aus. Das buddhistische Modell des Geistes erklärt, dass bereits auf der früheren Stufe der Wahrnehmung niemand von uns direkten Zugriff auf die physische Realität selbst hat, sondern nur vorgesetzt bekommt, was der Geist aus den verarbeiteten

Sinneswahrnehmungen herausliest. Aus diesen Interpretationen bauen wir uns dann ein Modell der Realität.

Licht ist nichts anderes als das Schwingen »unsichtbarer« elektromagnetischer Energie in unterschiedlichen Frequenzen. Strahlen diese Schwingungen durch deine Augen und regen dein Gehirn an, baust du dir im Geist die Illusion unterschiedlicher Farben. Außerhalb deines Geistes existiert kein Rot, Orange, Gelb, Grün oder Blau. Dasselbe gilt für Töne – von Natur aus »stumme« Unterschiede beim Luftdruck wandeln deine Ohren und dein Gehirn in die mentalen Konstrukte Geräusche, Wörter und Musik um.

Die von uns fabrizierte Realität ist eine »kontrollierte Halluzination«, zumindest beschreibt es der Neurowissenschaftler Anil Seth so.[33] Das Gehirn nimmt seine bestehenden Erwartungen an die Realität, vermischt sie mit den eingehenden Sinneswahrnehmungen und erschafft auf diese künstliche Weise eine virtuelle innere Realität.

Weil Wahrnehmung psychisch ist, können sich unsere Vorstellungen, unsere Erinnerungen und unsere Träume genauso real wie die Realität selbst anfühlen, die die Wahrnehmung aus unseren fünf Sinnen konstruiert. Aus diesem Grund spricht der Buddhismus von einem sechsten Sinn. Bei dem geht es nicht darum, tote Menschen zu sehen oder die Zukunft vorhersagen zu können, vielmehr geht es um die innere Fähigkeit des Geistes, Bilder, Töne und Gedanken auch ohne Beitrag der Sinne produzieren zu können.

Laut dem buddhistischen Modell der Wahrnehmung verfügt der menschliche Geist über die Fähigkeit, Objekte voneinander zu unterscheiden und den steten Strom an Stimulationen durch Sinne und Fantasie in eigenständige Pakete zu unterteilen, die wir als Gegenstände oder Konzepte kategorisieren.

Stellt man sich Wahrnehmungen als reine Ansammlung von Sinnessignalen vor, kann das zunächst verstörend sein, weil man beginnt zu

---

33 Anil Seth. 2021. Being You: A New Science of Consciousness. New York: Dutton.

begreifen, dass es dort draußen in der Welt keine »Objekte« gibt. Objekte sind nichts als bequeme Etiketten, die wir an ein Paket aus Sinnesstimulationen, Fantasien und Erinnerungen hängen. Diese Sammlung von Energie und Partikeln bin ich, die andere Sammlung bist du. Das ist köstliche Schokolade, das ist bittere Medizin. Das ist die angenehme Stimme meines Partners, das die an den Nerven zehrende Rede des Politikers, den ich nicht gewählt habe.

Wird uns bewusst, dass es der Wahrnehmung an objektiver Wahrheit mangelt, eröffnet sich uns eine weitere Möglichkeit, die starken Gefühle und Verlangen zu hinterfragen, die wir im Zusammenhang mit den Objekten verspüren, die wir wahrnehmen. Gleichzeitig gibt es uns die Gelegenheit an die Hand, sich für eine nützlichere Reaktion zu entscheiden.

Fühlen und Emotionen

Der mentale Faktor Fühlen bezeichnet unsere unmittelbare Reaktion (*angenehm, unangenehm, neutral*) auf von uns wahrgenommene Objekte, egal ob real oder eingebildet. Angenehme Gefühle sorgen dafür, dass wir die Erfahrung wiederholen möchten, die zu diesen Gefühlen geführt hat, unangenehme Gefühle bewirken das Gegenteil. Neutrale Gefühle lösen Gleichgültigkeit aus.

Der mentale Faktor Fühlen ist nicht deckungsgleich mit Emotionen, wie wir sie gemeinhin verstehen. Tatsächlich besitzt das psychologische System des Buddhismus keine exakte Entsprechung zum westlichen Begriff »Emotion«. Aus buddhistischer Perspektive handelt es sich bei Emotionen um Kombinationen aus dem ursprünglicheren mentalen Faktor Fühlen und den Gedanken, die den Faktor ausfüllen.

Absicht und Karma

Der mentale Faktor *Absicht* wird gemeinhin eher als Begehren oder Wille bezeichnet. Die Rede ist von dem Teil des Geistes, der uns dazu antreibt, als Reaktion auf ein Gefühl etwas zu tun (oder zumindest etwas tun zu wollen). Es ist die Absicht, die uns dazu bringt, uns vom Sofa zu erheben.

Im Buddhismus ist Absicht auch der zentrale Faktor bei der Erschaffung von *Karma*. Karma ist die Summe der Handlungen aus früheren Leben und wirkt sich auf die Erfahrungen im jetzigen Leben aus. Man kann Absicht auch auf eine praktischere Nähe bezogen verstehen, ohne dabei auf eine eventuelle Rolle des Karmas zurückgreifen zu müssen. Buddhisten und Wissenschaftler sind sich einig, dass unsere aktuellen Gedanken und Handlungen unsere künftigen geistigen Gewohnheiten stärken oder schwächen.

Der mentale Faktor Absicht wird im Buddhismus in Dutzende unterschiedlicher Zustände unterteilt, die uns aktiv werden lassen. Sie können sich als Entschlossenheit, als Wunsch oder als Groll manifestieren, aber es geht stets um Dinge, die uns in Richtung einer geistigen oder körperlichen Handlung drängen, unabhängig davon, ob wir den Akt tatsächlich ausführen.

Wurde die Absicht aktiviert, kann es schwerfallen, die Umsetzung aufzuhalten, denn sie verläuft nahezu automatisch. Können wir jedoch den Gedankenstrom auf der vorangehenden Ebene des Fühlens verlangsamen, gelingt es uns, sogar so starke Absichten wie Sucht, Gewalt oder Depression zu unterbinden – und ihre milderen Variationen ohnehin.

Der Geist ist von Grund auf gut

Untersuchst du im Verlauf einer analytischen Meditation deinen Geist, wendet sich deine Aufmerksamkeit häufig der Frage zu, ob die auftauchenden mentalen Faktoren negativ oder positiv sind und ob du bestimmte Gedanken gehen lassen und dafür andere ermutigen möchtest. Schädliche Gemütszustände werden als *Verblendungen* bezeichnet. Es handelt sich um Geisteszustände, die dir schaden, etwa Wut oder Abhängigkeit. Nützliche Gemütszustände sind solche, bei denen du Zufriedenheit, Selbstrespekt und Präsenz verspürst. Es können sanfte wie Mitgefühl und Güte sein oder starke wie Anstrengung und Ehrfurcht.

Beim Meditieren kannst du das Gefühl haben, als seien beunruhigende und wohltuende Gedanken gleichwertige Widersacher, die sich bekämpfen, wie man es manchmal in Zeichentrickfilmen sieht: Auf der einen Seite der Schulter einer Person sitzen kleine Engel, auf der anderen kleine Teufel. Doch eine der mächtigsten Behauptungen des Buddhismus lautet, dass unsere inneren Engel und Teufel alles andere als gleichauf sind.

Egal, wie viel du darüber gehört hast, dass der Buddhismus stark auf das Leiden fokussiert: Buddhisten vertreten die optimistische Auffassung, dass der Geist von Grund auf gut ist. Wohltuende Gemütszustände sind demnach diejenigen Zustände, die wir am tiefsten spüren, während beunruhigende Gemütszustände nur oberflächlich sind, mögen sie uns gelegentlich auch über den Kopf steigen. Es besteht keine Notwendigkeit, unsere Verblendungen zu bekämpfen oder zu verteufeln, wir müssen sie schlicht vorüberziehen lassen, ohne etwas zu tun, und die eher unserer Natur entsprechenden Zustände der Güte kultivieren.

Der Mensch sei grundlegend gut, sagen die Buddhisten und sprechen von unserer *Buddha-Natur*. Forschungsergebnisse von Wissenschaftlern wie Dacher Keltner und Robert Sapolsky stützen diese Vorstellung.[34] Die Ergebnisse weiterer Studien zeigen, dass der erste Instinkt der Menschen in einer sozialen Situation eher in Kooperation als in Eigensinn besteht.[35] Andere Fakten stammen aus Untersuchungen zu unserem schlechten Verhalten und zeigen, dass dieses größtenteils auf Probleme zurückgeht, die wir aufblähen oder uns eingebildet haben.[36]

Natürlich ist diese Forschung zum menschlichen Geist nicht ab-

34 *Dacher Keltner. 2009. Born to Be Good: The Science of a Meaningful Life. New York: W. W. Norton & Company.*

35 *Matthieu Ricard. 2016. Altruism: The Power of Compassion to Change Yourself and the World. New York: Back Bay Books.*

36 *Robert M. Sapolsky. 1994. Why Zebras Don't Get Ulcers. New York: Henry Holt and Company. Dt. Titel: Warum Zebras keine Migräne kriegen [München: Piper, 1996].*

schließend und selbst Buddhisten können Zweifel hegen, was den scheinbar idyllischen Glauben an den grundsätzlich guten Menschen anbelangt. Deshalb beschränken einige Schulen des Buddhismus ihren Optimismus auf die leichter zu vertretende Behauptung, dass der Geist wandelbar sei und dass dies bedeutet, er könne sich auch zum Besseren verändern.

***

Meditation zu mentalen Faktoren

Es heißt, mentale Faktoren würden mehr oder weniger automatisch auftauchen, bedingt durch unsere Gewohnheiten und Erfahrungen, durch unsere Erziehung, Kultur, Genetik und alle weiteren Aspekte, die die neuronalen Pfade des Gehirns und seine Tendenzen stärken oder schwächen.

Meditieren wir zu den mentalen Faktoren Wahrnehmung, Gefühl und Absicht, hilft uns das zu begreifen, wie aus ungetrübter Wahrnehmung angenehme und unangenehme Reaktionen werden. Verlangsamen wir diesen Prozess und akzeptieren unsere Gefühle voll und ganz, erlangen wir die Kontrolle darüber, ob wir die Absichten, die diese Gefühle normalerweise provozieren, tatsächlich freigeben und entsprechend handeln wollen.

Vorbereitungen

Nimm deine Meditationshaltung ein. Wähle die Motivation, schrittweise diejenigen Qualitäten deines Geists in den Vordergrund zu rücken, die Zufriedenheit, ein Gefühl der Verbundenheit und positives Handeln in der Welt auslösen können. Praktiziere dann Zuflucht und eine stabilisierende Atemmeditation.

Wahrnehmung

Richte deine Aufmerksamkeit nun auf den mentalen Faktor Wahrnehmung. Lasse sämtliche sensorischen Erfahrungen zu, die auf natürliche Weise in deinem Geist aufsteigen. Achte darauf, wie dein Geist Stimmen in der Entfernung wahrnimmt, die Möbel im Raum um dich herum, die Spannung in deinen Muskeln, den Luftzug auf deiner Haut. Achte zudem darauf, wie du diesen Paketen an Sinnesinformationen im Geist ein Etikett anhängst, damit jede Wahrnehmung getrennt und sauber als Geräusch, Empfindung oder Objekt kategorisiert werden kann.

Achte darauf, wie dein steter Gedankenstrom in separate Bündel aufgeteilt wird – hier eine Erinnerung, dort ein Plan, da eine Sorge. Betrachte deine Gedanken eine Minute lang durch diese Linse der Wahrnehmung.

Gefühl

Betrachte nun den mentalen Faktor Gefühl, ohne zu versuchen, das, was aufsteigt, zu kontrollieren. Lasse alles ganz natürlich in deinen Kopf und achte nur darauf, welches Gefühl mit jeder Wahrnehmung einhergeht. Sei es ein Geräusch, ein körperliches Gefühl, ein Gedanke oder eine Erinnerung – achte darauf, ob das damit einhergehende Gefühl angenehm, unangenehm oder neutral ist. Akzeptiere deine Gefühle vollständig, ohne dich allzu sehr mit ihnen zu identifizieren.

Absicht

Achte nun auf den Teil deines Geistes, der wegen deiner Empfindungen aktiv werden möchte. Vielleicht möchte er deinen Körper in eine bequemere Position bringen, vielleicht möchte er frühstücken oder die Mails checken. Dieser Teil deines Geistes erlebt nicht einfach nur Gedanken, Wahrnehmungen und Gefühle, sondern hat auch die Absicht zu handeln. Achte darauf, ob du für jeden Moment des Bewusstseins eine damit einhergehende Komponente des Drangs bemerkst, egal ob stark oder schwach. Es besteht keinerlei Notwendigkeit, deswegen aktiv zu werden.

Danksagung

Das, was du an Bewusstsein für die mentalen Faktoren deines Geistes hinzugewinnst, solltest du der Aufgabe widmen, kontrollierter auf Objekte, Gedanken und Erfahrungen in deinem Alltag zu reagieren.

***

Das Bewusstsein erfahren

Während meiner Studienzeit in den 1990er-Jahren war ich jede Woche im Campus-Buchladen und suchte nach Neuerscheinungen, die mir zu einem besseren Verständnis verhelfen könnten, was die Rätsel des Lebens anbelangt. Eines Tages stieß ich dabei zu meiner Freude auf ein Buch namens *Philosophie des menschlichen Bewusstseins* von Daniel Dennett. Das Buch ließ mich verwirrt zurück, denn es schien mir abzusprechen, dass meine subjektive Bewusstseinserfahrung überhaupt existiert. Später fand ich heraus, dass nicht nur ich nach der Lektüre verdutzt war. Nicht umsonst witzeln einige Kritiker heute, dass *Philosophie der menschlichen Bewusstlosigkeit* der passendere Titel für Dennetts Werk gewesen wäre.

Uns unsere subjektive Erfahrung abzusprechen, ergibt für mich keinen Sinn, denn die eine Sache, die wir alle mit Gewissheit wissen, ist doch die, dass wir existieren und uns dessen bewusst sind. Als das »schwere Problem des Bewusstseins« bezeichnet David Chalmers das Rätsel, vor dem ich stehe. Es geht um die Frage, wie bestimmte Prozesse, die wir im Gehirn beobachten können – Neuronen feuern, Blut fließt –, mit unseren subjektiven Bewusstseinserfahrungen von Farbe, Musik oder Freude zusammenhängen.

Für die Bewusstseinsmodelle des Buddhismus spielt die subjektive Erfahrung eine wichtige Rolle. Einige dieser Modelle stelle ich in diesem Abschnitt vor. Dass Buddhisten das Bewusstsein begreifen möchten, hängt auch damit zusammen, dass sie Zugang zu den unterschwelligen Ebenen erlangen möchten, wo man auf ein nicht-konzeptuelles Gefühl seiner selbst stößt, das unterhalb von Wahrnehmung, Gedanken und sogar Persönlichkeit liegt. Nicht wegen des Abenteuers oder aus Neugier heraus streben sie danach, sondern weil ihnen dieses Wissen einen dauerhaften Quell inneren Glücks bescheren kann.

Der Mahayana-Buddhismus kennt das Konzept von der *Kontinuität des Geistes*. Es handelt sich dabei um die Überzeugung, dass der Geist seit jeher existiert und bis ans Ende der Zeit weiter leben wird. Aus dieser Überzeugung erwächst die Verantwortung, den ständigen Veränderungen unterliegenden Geist in Richtung wahrer Zufriedenheit, wahrer Weisheit und wahren Mitgefühls zu entwickeln. Aber angenommen, du glaubst gar nicht an einen derart enormen Zeitrahmen deiner Existenz, kann es dir dann trotzdem gelingen, dasselbe Gefühl von Ehrfurcht und Verantwortung in deine Praxis einzubringen? Für mich hat es funktioniert, den jetzigen Augenblick zu nehmen und ihn bis auf seine subtilste Ebene herabzubrechen – den Geist im *Hier und Jetzt* zu erleben, ohne mir Gedanken darum zu machen, ob er vor diesem Augenblick existiert hat und ob er nach diesem Augenblick weiterhin existieren wird.

Zu diesem subtileren Aspekt des Geistes gelangt man auf zahlreichen Wegen und einige werde ich in den folgenden Abschnitten vorstellen. Jeder Weg geht mit einer geführten Meditation einher. Normalerweise sind es Praktizierende mit mehr Erfahrung, die diese Praktiken zum Wesen des Geistes in Angriff nehmen. Ich habe jedoch die Erfahrung gemacht, dass Menschen, die neugierig sind und über einen analytischen Verstand verfügen, gut auf diese Methoden ansprechen. Häufig gelingen ihnen bereits früh auf ihrer Meditationsreise kraftvolle direkte Erfahrungen zum subtilen Wesen des Geistes.

Der klare und wissende Geist

Laut einer buddhistischen Definition ist der Geist *klar* und *wissend*. Die Klarheit besteht darin, dass der Geist imstande ist, die Welt als Objekte des Bewusstseins zu reflektieren. Der wissende Aspekt besteht in der Fähigkeit, diese Objekte des Bewusstseins zu begreifen und sich mit ihnen zu beschäftigen. Beginnst du, diese beiden Aspekte deines Geistes zu erkennen und zu beobachten, stimmst du dich auch besser auf das umfassende Bewusstsein ein, in dem diese beiden Aspekte auftreten.

***

Meditation zum klaren und wissenden Geist

Zunächst öffne dich für alles, was dir durch den Kopf geht. Lasse dann die Gedanken los, die Gefühle und die Wahrnehmungen. Merke, wie das Wesen deines Geistes frei von Gedanken ganz klar ist, klar wie ein Spiegel oder transparent wie eine Linse. Wenn Gedanken, Gefühle und Wahrnehmungen auftreten, beobachte, dass sie wie Spiegelungen oder Brechungen innerhalb dieses klaren Geists wirken.

Beobachte nun die wissende Qualität des Geistes – eine direkte Art des Wissens, die über Kategorien und Konzepte hinausgeht. Wie auch immer du sie siehst, ruhe einen Augenblick in diesen klaren und wissenden Aspekten des Geistes.

Dein geistiger Raum

Nicht alle Menschen denken visuell, doch für diejenigen, die das tun, wird es möglicherweise den Anschein haben, als würden Wahrnehmungen, Gedanken und Gefühle innerhalb einer Art mentalen Raums auftauchen und verschwinden.

Objekte in diesem Raum kommen scheinbar aus einer Art geistigem Material, mit dem sie anschließend wieder verschmelzen – wie Formen, die aus einem 3-D-Drucker quellen und dann wieder eingeschmolzen werden. Es kann auch den Anschein haben, als würden diese Objekte schlagartig erscheinen wie holografische Spiegelungen. Schaue einfach mit offenem Geist zu und finde deine eigenen Metaphern für diese Erfahrung.

***

Meditation zu deinem geistigen Raum

Entspanne zunächst deinen Geist. Lasse Gedanken, Gefühle und Wahrnehmungen in der Entfernung verblassen. Lenke deine Aufmerksamkeit dann auf den Raum, in dem sie erscheinen. Untersuche diesen Raum voller Neugier und mit offenem Geist.

- Ist der Raum deines Bewusstseins hell oder dunkel?
- Ist er gut zu erkennen oder schwer einzusehen?
- Bleibt er, wie er ist, oder verändert er sich?
- Hat er eine bestimmte Größe?
- Befindet er sich innerhalb deines Schädels oder nimmt er deinen ganzen Körper ein?
- Füllt er den Raum, in dem du sitzt?
- Wenn du an deine Nachbarschaft, dein Land, den Planeten oder sogar das ganze Universum denkst, wächst er dann mit?
- Überlagert sich der Raum deines Geists mit anderen Geisten oder fühlt er sich abgetrennt von den anderen an?

Wie Objekte im deinem geistigen Raum erscheinen

Betrachte nun, wie Objekte in deinem geistigen Raum erscheinen. Was an Signalen von deinen Ohren kommt, deinen Augen, deiner Fantasie und aus deiner Erinnerung, wird in Formen, Geräusche und andere Wahrnehmungen übersetzt, die innerhalb deines Bewusstseins Gestalt annehmen.

Textur und Farbe des Geistes fließen in die Formen dessen ein, was du wahrnimmst. Beobachte, wie diese geistigen Objekte in deinem Bewusstseins aufsteigen und fallen. Du kannst jede dieser Erscheinungen näher heranholen und untersuchen, du kannst sie aber auch verblassen lassen.

***

Der Geist als Strom bewusster Augenblicke

Ein anderes buddhistisches Modell des Geistes beschreibt einen Strom bewusster Augenblicke, in denen Gedanken erscheinen, den Mittelpunkt besetzen, verblassen und schließlich verschwinden. Als Variation dazu kannst du beobachten, wie jeder neue Moment des Bewusstseins eine bestimmte Dauer zu haben scheint, was es dir erlaubt, diesen Augenblick zu halbieren. Du kannst das immer von Neuem wiederholen, bis du schließlich an einen Augenblick des Bewusstseins gelangst, der unteilbar scheint oder der schlicht unendlich klein wirkt.

Als ich diese Meditation das erste Mal lernte, fiel mir die Ähnlichkeit zur Infinitesimalrechnung auf. Bevor die Infinitesimalrechnung entwickelt wurde, konnten Mathematiker die Fläche unterhalb einer Kurve nur ungenau berechnen, indem sie sie in dünne Rechtecke aufteilten und diese dann addierten. Die Infinitesimalrechnung zeigte, dass man die Rechtecke unendlich einschrumpfen kann und auf magische Weise eine unendliche Zahl unendlich dünner Scheiben zu einer perfekten Antwort addiert.

Teilst du während der Meditation Augenblicke des Bewusstseins, bis sie kleiner und kleiner werden, kann es dir wie bei der Infinitesimalrechnung gehen und du gelangst an einen Punkt, an dem dir klar wird, dass ein Augenblick nur ein Etikett ist, das sich dein Geist ausgedacht hat. Wo ist der vorangegangene Moment hin? Von wo kommt der nächste Moment? Hat ein unendlich dünn geschnittenes Scheibchen Zeit keine Dauer? Oder wird es, wie auch immer, allgegenwärtig?

Dieser Durchbruch vom Logischen zum Erfahrenden ist die Essenz der analytischen Meditation. Mithilfe eines konzeptionellen Prozesses gelangst du zu einer nicht-konzeptionellen Erkenntnis über deinen Geist und die Realität. In diesem Fall lautet die Erkenntnis: Möglicherweise gibt es einzig den gegenwärtigen Augenblick.

Über den zeitlichen Aspekt des Geistes zu meditieren ist ein Weg, über dein Bewusstsein nachzudenken, der schlagartig dazu führen kann, dass du in einer unmittelbaren Erfahrung des Bewusstseins selbst landest.

Das ist nun keineswegs so zu verstehen, als sei das Bewusstsein nur eine Abfolge von Zeitscheiben, genauso wenig wie kein Wort das Objekt ist, das es beschreibt. Der Buddhismus bietet viele Möglichkeiten, eine unmittelbare Erfahrung des Bewusstseins zu machen.

Kindern fällt es manchmal leichter als uns Erwachsenen, zu Erkenntnissen zu gelangen. Eines Tages saßen wir beim Abendessen und ich fragte meine damals achtjährige Tochter, welches ihre liebste Tageszeit sei. Ihre Antwort: »Meine liebste Tageszeit ist jetzt, jetzt, jetzt, jetzt, jetzt, jetzt, jetzt, jetzt …«

***

Meditation zum Strom bewusster Augenblicke

Betrachte deinen Geist als Strom bewusster Augenblicke. Führe dir vor Augen, dass jeder Augenblick einen Anfang hat, der die Vergangenheit berührt, ein Ende, das die Zukunft berührt, und eine Mitte mit einer Dauer.

Teile einen Augenblick des Bewusstseins in zwei Teile. Halbiere dann eine Hälfte erneut. Wiederhole dies wieder und wieder, bis du zu einer Singularität an Zeit von unendlicher Dünne gelangst. Hier gibt es keine Vergangenheit, denn sie ist bereits vorüber. Eine Zukunft gibt es ebenfalls nicht, denn sie ist noch nicht da.

Lass deine Analyse ziehen und öffne dich für die direkte Erfahrung, das Mysterium des gegenwärtigen Augenblicks.

Die Pausen zwischen Gedanken

Während der Meditation siehst du deine Gedanken kommen und gehen. Manchmal fällt dir auf, dass zwischen dem Ende eines Gedankens und dem Beginn des nächsten eine kleine Lücke klafft und der Geist leer ist. Diese Augenblicke, in denen du »an gar nichts denkst«, stellen einen weiteren Ort dar, an dem du einen subtileren Aspekt deines Bewusstseins entdecken kannst, der üblicherweise unter Stimulationen, Sorgen und Plänen begraben ist. Es handelt sich um einen wunderschönen Teil des Geistes, den man nur selten zu sehen bekommt. Möglicherweise wirst du ein angenehmes Gefühl der Zufriedenheit spüren, frei von Verlustängsten und frei vom Streben nach Mehr. Es ist ein Gemütszustand, der zufrieden damit ist, einfach nur zu existieren und sich seiner bewusst zu sein.

Besuche ich ein Meditations-Retreat, erfahre ich gelegentlich längere Phasen dieses transzendentalen Gemütszustands ohne Gedanken. Bei diesen Gelegenheiten wird mir bewusst, dass ich nur mich selbst und sonst gar nichts benötige, um glücklich zu sein. Tatsächlich bin ich, wenn ich weniger habe, deutlich glücklicher – weniger Stimulation, weniger Interaktion, sogar weniger Gedanken. Ich brauche nur Zeit, mich nach innen zu wenden und das reine Bewusstsein zu erfahren.

***

Meditation über die Pausen zwischen den Gedanken

Entspanne deinen Geist und lasse die Augenblicke des Bewusstseins kommen und gehen.

Versuche, dir eventueller Pausen zwischen den Gedanken bewusst zu werden. Ruhe in diesen Augenblicken zwischen dem Greifen nach Objekten und Ideen und werde dir dieses subtileren Aspekts deines Bewusstseins bewusst.

Rückkehr zu alltäglichem Bewusstsein

Nachdem du zum Wesen deines Geistes meditiert hast, lenke dich sanft zurück zu den alltäglicheren Aspekten des Bewusstseins – deinen Sinnen, deinem Körper, dem Raum, den Gegenständen und den Menschen um dich herum. Lasse dabei aber die tieferen Aspekte deines Bewusstseins, die du während des Meditierens berührt hast, nicht völlig los.

Auch wenn sich dein Geist mit Gedanken, Plänen, Bewegungen und Arbeit füllt, versuche dich an das subtilere Bewusstsein zu erinnern, das unterhalb der alltäglichen Erfahrungen liegt und auf das du einen Blick werfen konntest. Wenn du auch im Alltag dieses feinere Bewusstsein in Erinnerung behältst, kann dies allem, was dir begegnet, ein schimmerndes Gefühl der Lebendigkeit und Präsenz verleihen.

Danksagung

Nutze alle Erkenntnisse, die du aus deinen Meditationen zum Geist gezogen hast, um deine Kenntnis von den subtileren Aspekten deines Bewusstseins schrittweise auszuweiten. Achte den Rest des Tages darauf, wie du dich selbst wahrnimmst und wie sich die Realität mit diesem tieferen Verständnis von deinem Geist und seiner Interaktion mit der Welt verändert.

***

Bedeutet immateriell übernatürlich?

Bislang haben diese Meditationen zum Bewusstsein die schwierige Frage, wie das Bewusstsein mit dem Gehirn zusammenhängt, kaum gestellt, geschweige denn beantwortet. Im Buddhismus gilt das Bewusstsein gemeinhin als immateriell und als etwas, das in irgendeiner Form den Tod des Körpers überdauert. Für wissenschaftliche Materialisten ist das Bewusstsein ein Nebeneffekt feuernder Neuronen und verschwindet mit dem Ableben. Ohne irgendetwas Übernatürliches einzugestehen, nehmen manche Forschenden eine Position irgendwo zwischen diesen beiden Extremen ein.[37] Sie sagen, die Informationen, die durch Neuronen strömen, verfügen auch abseits jener Neuronen über eine Realität. Diese

37 *Anil Seth. 2021. Being You: A New Science of Consciousness. New York: Dutton.*

Perspektive mag sich nicht von der Behauptung unterscheiden, Computer-Software unterscheide sich von der Computer-Hardware, obwohl sie von Schaltkreisen und Prozessoren abhängt.

Software als Analogie für geistige Aktivität gefällt mir, denn auch wenn Software über keine materielle Form verfügt, bestreitet niemand, dass Software existiert. Genau wie Gedanken ist Software ein sich ständig wandelnder Informationsfluss, der durch Computer-Hardware strömt, durch Eingabe- und Ausgabegeräte, wobei der menschliche Geist sie wahrnimmt und verändert. Niemand würde behaupten, Software sei bloß die Hardware, auf der sie läuft, oder das Speichermedium, in dem sie installiert ist, aber wir werden auch nicht verklärt und schwingen uns zu der These auf, bei Software handele es sich um ein metaphysisches Phänomen. Software sind schlicht immaterielle Informationen, die sich dynamisch verändern.

Das Problem: Der Begriff *immateriell* macht manche Menschen nervös. Viele hören es und nehmen an, hier kämen Religion oder das Übernatürliche ins Spiel. Aber ähnlich wie bei dem Beispiel mit Software und Informationen akzeptieren Wissenschaft und Psychologie schon heute zahlreiche immaterielle Phänomene, auch wenn wir uns dessen möglicherweise nicht bewusst sind.

Mathematik ist immateriell. Von der Arithmetik und Algebra bis hin zu den Gleichungen, die die Realität unterfüttern, gilt, dass die Mathematik auf den schulischen Arbeitsblättern oder in den fundamentalen Kräften der Natur nicht existiert. Dennoch funktioniert sie: Mathematik kann Probleme lösen, Prognosen abliefern und physische Realitäten besser beschreiben, als es Worte vermögen.

Der Physiker David Deutsch formuliert ganz klar: »Die Gesetze der Physik sind keine physischen Objekte.«[38]

Und wir alle glauben doch an die Liebe, oder? Aber auch die Liebe ist

---

38 *David Deutsch. 2011. The Beginning of Infinity: Explanations that Transform the World. New York: Viking.*

nicht materiell. Wo findet man sie? Existiert sie im Gehirn oder im Körper? Steckt sie in einem Liebesbrief oder im Klang der Worte »Ich liebe dich«? Wenn du rot wirst, weil dir jemand ein Herz-Emoji geschickt hat, ist das, was du in den roten und rosafarbenen Pixeln auf deinem Handy fühlst, Liebe?

Es gibt keine Messgeräte für Mathematik oder für die Liebe, genauso wenig existiert ein Bewusstseins-Detektor. Dennoch akzeptieren wir die Existenz der immateriellen Phänomene Mathematik und Liebe – nicht nur, weil sie uns dabei helfen, die Welt zu verstehen, sondern auch, weil sie sich real *anfühlen*.

Um zu sagen, dass der Geist separat vom Gehirn existiert, bedarf es also keines übernatürlichen Glaubens an Dinge wie eine Seele. Es heißt bloß, dass die Aktivität des Geistes nicht identisch mit den physikalischen Bestandteilen des Gehirns ist. Die ständiger Veränderung unterliegenden immateriellen Informationen des Geistes und die Hardware des Gehirns hängen vielmehr auf eine Art und Weise zusammen, die wir bislang nicht voll und ganz begreifen.

Manchmal verwenden Menschen den Begriff »spirituell« im Zusammenhang mit diesen immateriellen Aspekten der Realität. Ich mag diese Definition. Wenn ich den Begriff in diesem Buch verwende, meine ich das damit – spirituell nicht in einem religiösen oder übernatürlichen Sinn, sondern vielmehr als das vom gesunden Menschenverstand vorgegebene Verständnis, wonach die Existenz mehr ist als die materielle Realität. Wenn du magst, bezeichne es als »Informationen«. Wir finden diese spirituelle Realität in unserem Geist.

TEIL 2:
STUFEN DES WEGS

Kapitel 5

Die erste Stufe: Das kostbare Leben

Wenn du diese Worte liest, ist mit hoher Wahrscheinlichkeit davon auszugehen, dass du am Leben bist. Zugleich erlaubt es dir dein gesundheitlicher Zustand, wach und bewusst zu sein. Du verfügst über ein wenig freie Zeit, über einen Ort zum Ausruhen und wahrscheinlich lebst du in einem Land, in dem du frei auswählen kannst, was du lesen und was du glauben möchtest. Aus buddhistischer Sicht sind damit vielleicht bereits sämtliche Grundanforderungen erfüllt, die du benötigst, um die Früchte der analytischen Meditation zu genießen – um deine besten Eigenschaften zu fördern, um ein Leben voller sinnerfüllter Beziehungen aufzubauen und um die Welt in einen besseren Ort zu verwandeln. Thich Nhat Hanh hat das ganz wundervoll ausgedrückt:

> *»An jedem Morgen erwachen wir und haben 24 brandneue Stunden Leben vor uns. Was für ein kostbares Geschenk! Wir besitzen die Fähigkeit, so zu leben, dass diese 24 Stunden Frieden, Freude und Glück bringen, uns und anderen.«*[39]

Das ist die Essenz der ersten Stufe in *Erleuchtung für Skeptiker*: das kostbare Leben. Milliarden Menschen haben nicht das Glück, in den Genuss dieser grundlegenden Freiheiten Gesundheit, Sicherheit und Freizeit zu

---

39 Thich Nhat Hanh. 1991. Peace Is Every Step: The Path of Mindfulness in Everyday Life. New York: Bantam Dell. Dt. Titel: Ich pflanze ein Lächeln [München: Goldmann, 1992].

kommen. Wir, denen dieses Glück zuteilwurde, sollten uns jeden Tag daran erinnern. Das hilft uns, unseren Geist neu auszurichten, uns zu verdeutlichen, wie glücklich wir uns schätzen dürfen, und uns daran zu erinnern, wie viel Gutes wir erreichen können.

Das Beste aus unserem Leben zu machen, bedeutet nicht, dass wir uns wie Superhelden gebärden müssen. Der Dalai Lama sagte einmal: »Wann immer ich jemanden sehe, lächele ich … Ich glaube, manchmal ist es besser, ein lächelndes menschliches Antlitz zu sehen als ein meditierendes.«[40] Ein einfaches Lächeln und alltägliche Freundlichkeit können einen enorm positiven Einfluss auf die Welt um uns herum haben und eine alltägliche Ergänzung zur Kraft der Meditation darstellen.

Welchen praktischen Nutzen für deinen Geist hat es, über das kostbare Leben zu meditieren? Unter anderem trittst du Hoffnungslosigkeit, Apathie und Depressionen entgegen und förderst Dankbarkeit, Enthusiasmus und Staunen, denn es ermächtigt uns zu wissen, dass wir möglicherweise bereits über alles verfügen, was wir für ein zufriedenes und sinnerfülltes Leben benötigen.

Warum gibt es überhaupt etwas und nicht nichts?

Beim Meditieren zum kostbaren Leben geht es im traditionellen buddhistischen Ansatz nicht nur darum, den großen Wert des Lebendigseins zu würdigen, sondern auch darum, darüber nachzudenken, wie dieses Leben im Vergleich zu den vielen abschneidet, die ihm vorangegangen sind. Buddhisten denken darüber nach, wie ihr gutes Karma ihnen nach einer endlosen Kette vorangegangener Leben endlich eine Wiedergeburt als rationales, empathisches menschliches Wesen beschert hat und sie

---

40 *Seine Heiligkeit Dalai Lama mit Richard Layard. 2015. »Creating a Happier World: An Afternoon with the Dalai Lama and Friends,« gefilmt in London, 21. September. »Dalai Lama in Conversation with Richard Layard.« Action for Happiness, YouTube. Abrufbar unter: www.youtube.com/watch?v=q0HkBfCnPUc (abgerufen April 2023).*

nicht als ein von Instinkten getriebenes Tier zur Welt kamen, als gequältes Höllenwesen oder als eine rein von Vergnügen getriebene Gottheit.

Wenn du allerdings nicht buddhistisch erzogen wurdest, glaubst du vielleicht nicht an frühere Leben, Karma oder andere Reiche, und die Logik hinter dem ersten Lamrim-Thema ergibt für dich keinen großen Sinn. Du bist ein skeptischer Mensch und deine Überzeugungen basieren ausschließlich auf dem, was die heutige Wissenschaft und Psychologie zu beweisen imstande sind? Dann sind möglicherweise die Worte von Thich Nhat Hanh, jeden neuen Tag, an dem du am Leben bist, als Geschenk zu begreifen, eher etwas für dich. Es besteht die Möglichkeit, in den nächsten 24 Stunden Freude zu bescheren und dich mit anderen Menschen zu verbinden, denn unabhängig davon, ob du an Reinkarnation glaubst, ist das Leben ein kostbares Gut.

Tatsächlich mag das Leben denjenigen unter uns noch kostbarer erscheinen, die glauben, wir hätten nur dieses eine Leben und nicht eine unendliche Zukunft vor uns, in der wir versuchen können, es besser zu machen, sollte es nicht nach Wunsch verlaufen. Als Mittzwanziger hatte ich eine Erkenntnis, die mich ordentlich durchgerüttelt hat. Mir kam ein Zitat unter, das Voltaire zugeschrieben wird: »Zweimal geboren zu werden, ist nicht erstaunlicher als einmal geboren zu werden.« Als ich das las, wurde mir deutlich, dass allein schon die Existenz an sich ein viel größeres Wunder darstellt als die hypothetische Möglichkeit, wieder und wieder zu existieren.

»Warum ist da überhaupt etwas und nicht nichts?«, schrieb Gottfried Leibniz 1714 und formulierte die grundlegende Frage der Existenz damit noch deutlicher.[41] Beantworten können wird diese Frage vermutlich nie jemand, aber sie dient als Erinnerung daran, dass alles, für das wir in unserem Universum Beweise haben, »etwas« ist.

---

41 Gottfried Wilhelm Leibniz. 1890. »The Principles of Nature and Grace, 1714.« In: The Philosophical Works of Leibniz, ins Englische übersetzt und annotiert von George Martin Duncan, Article XXXII. New Haven, CT: Tuttle Morehouse & Taylor.

Robert Thurman ist der führende westliche Gelehrte, was den tibetischen Buddhismus angeht. Er unterstreicht diese existenzielle Wahrheit mit seinem trockenen Kommentar: »Die Idee, dass nichts etwas ist, ist schlichtweg irrational.[42] ›Nichts‹ ist ein Wort, das keinerlei Bezug hat. Es ist nur eine Verneinung. Es bedeutet ›etwas, das nicht da ist‹.«

Laut Definition ist »Nichts« Nicht-Existenz. Alles, was jemals jemand beobachtet hat, ist etwas. Ein weiterer Punkt in dieser ersten Stufe des kostbaren Lebens besteht also darin zu fühlen, wie wunderbar es ist, Teil des einzigen »Etwas« zu sein, das wir alle kennen – dem Leben auf unserem Planeten in all seiner glorreichen Vielfalt.

Das wissenschaftliche Wunder des Lebens

Der Anblick der unendlichen Vergangenheit und künftiger Leben erfüllt Buddhisten mit einem natürlichen Gefühl der Ehrfurcht und der Verantwortung. Lange habe ich mich schwer damit getan, ein wissenschaftliches Gegenstück zu diesem Gefühl zu finden. Ist es skeptischen Menschen möglich, dasselbe Maß an Ehrfurcht für ein endliches Leben aufzubringen?

Als ich über die wissenschaftlichen Ursprünge des Lebens nachdachte, stieß ich schließlich auf ein Gefühl des Staunens, das auf Leibniz' existenziellem Mysterium aufbaut. Ich bin in den 1980er-Jahren aufgewachsen und konnte damals nicht genug von der Fernsehserie *Unser Kosmos* bekommen, die der bekannte Astronom Carl Sagan moderierte. Er vermittelte mir erstmals einen Eindruck davon, wie gewaltig das Universum ist, und die Geschichte kam mir beeindruckender vor als jede religiöse Schöpfungsgeschichte. Wenn Sagan von »Milliarden und Abermilliarden« sprach, bekam ich eine Gänsehaut, während er schilderte, dass wir in einem unfassbar alten Universum leben und dass die Spanne, in der

---

42 Interview mit Scott Snibbe. 2021. »Ten Questions for Dr Robert Thurman (Part 1).« Podcast A Skeptic's Path to Enlightenment, Episode 41, 4. November. Abrufbar unter: www.skepticspath.org/podcast/10-questions-for-robert-thurman-part-1 (abgerufen April 2023).

wir Menschen die Fähigkeit entwickelten, zu wissen, zu denken und zu fühlen, einen verschwindend winzigen Bruchteil dieser Zeit ausmacht.

Unser Kosmos präsentierte den »kosmischen Kalender«, der die 13,8 Milliarden Jahre, die unser Universum alt ist, zu einem einzigen Erdenjahr komprimiert.[43] Dieser clevere Trick hilft dem menschlichen Geist zu begreifen, wie jung unsere Spezies ist. Bei diesem Kalender entspricht ein einzelner Tag 38 Millionen Jahren in der Existenz des Universums, eine Sekunde sind 500 Jahre. Der Urknall trug sich in der ersten Nanosekunde des 1. Januars zu und wir befinden uns gerade im allerletzten Augenblick des 31. Dezembers.

Januar bis September stehen für die mehr als neun Milliarden Jahre, die vergingen, bis sich schließlich unsere Sonne und das Sonnensystem aus dem Schutt früherer Sternenexplosionen bildeten. Alle schweren Elemente der Erde, darunter auch die Bausteine für das Leben, stammen von diesen Sternen, die längst explodiert waren, als unsere Sterne geboren wurden.

Kurz nach dem Entstehen der Erde tauchte einfaches Leben auf, das war vor 3,8 Milliarden Jahren. Drei weitere Monate, entsprechend weiteren 3,6 Milliarden Jahren, vergehen auf dem kosmischen Kalender, dann erscheinen die Dinosaurier und leben gerade einmal einen einzigen Kalendertag. Am folgenden Tag (weitere 38 Millionen Jahre für das Universum später) tauchen die Säugetiere auf und entwickeln sich mit der Zeit zu Affen, Menschenaffen und frühen Hominiden.

Der moderne Mensch taucht in diesem Szenario ausgesprochen spät auf, nämlich erst am Silvesterabend um 23 Uhr 52, in Echtzeit vor 200 000 Jahren. Die ältesten bekannten Aufzeichnungen sind 12 000 Jahre alt, was im kosmischen Kalender 23 Uhr 59 und 33 Sekunden am 31. Dezember entspricht. Die letzte Sekunde des Kalenders umfasst die vergangenen 500 Jahre der modernen Zivilisation, von Leonardo da Vinci bis zum Internet.

---

43 Siehe Neuauflage von Unser Kosmos, moderiert von Neil deGrasse Tyson. 2014. »Standing Up in the Milky Way.« Cosmos, Staffel 1, Episode 1, 9. März. FOX TV.

Nach allem, was wir bislang über die Entwicklung des Universums wissen, vergingen 13,8 Milliarden Jahre bis zum Auftauchen der Menschheit. Noch haben wir keine Beweise dafür, dass in den 100 Milliarden Sonnensystemen in unserer Galaxie und den 100 Milliarden weiteren Galaxien andere kreative, vernunftgetriebene Wesen wie wir existieren. Carl Sagan formulierte es poetisch: »In uns verfügt der Kosmos über einen Weg, sich selbst zu erkennen.« Damit wollte er ausdrücken, dass die Aufgabe der Menschheit im Universum möglicherweise darin besteht, als dessen Geist zu fungieren.

Mittlerweile leite ich Meditationen auf diese wissenschaftlicher ausgerichtete Weise, ausgehend von den tiefgreifenden Fakten, die mich als Jungen zum Staunen brachten. Ich denke dabei nicht nur über die kosmische Evolution von Galaxien, Sternen, Planeten und dem Leben nach, sondern auch über unsere verblüffende Intelligenz und unser Mitgefühl. Vielleicht denkst auch du hin und wieder über das Wunder des Universums und deinen wundersamen Platz darin nach, aber was geschieht, wenn du das jeden Tag machst und dich in dem Wunder des »Warum gibt es überhaupt etwas und nicht nichts?« erdest?

Übertragen wir das Zitat von Carl Sagan auf die Realität des Alltags – du bist ein Weg, dich selbst zu erkennen. Vielleicht besteht darin die große Verantwortlichkeit eines Menschenlebens – dass man sich wirklich seines Platzes im Universum nach 13,8 Milliarden Jahren kosmischer Evolution bewusst wird und das Beste daraus macht.

Was tust du morgens als Erstes nach dem Aufstehen?

Zum Wertschätzen deines kostbaren Lebens gibt es noch einen anderen, stärker erdenden Ansatz. Frage dich: »Was mache ich morgens nach dem Aufstehen als Erstes?« Bei den meisten von uns lautet die Antwort, dass wir zum Handy greifen. Und für viele von uns geht es dabei nicht darum, dringend der Menschheit zu helfen oder die App mit den geführten Meditationen aufzurufen. Nein, wir checken die Nachrichten, die sozialen Medien, die Sportergebnisse, die Aktienkurse oder ob Mails von der Arbeit gekommen sind.

Tauche ich vor dem Meditieren in derartige Ablenkungen ein, kann es geschehen, dass meine Zwänge und Ängste den Rest des Tages dominieren. Es fällt mir schwer, die Abfolge gedankenloser Impulse abzuschütteln, die in Gang kommt, wenn der Tag damit beginnt, dass ich meinem Hunger nach Informationen, Unterhaltung oder Lob nachgebe.

Beginne ich den Tag dagegen ruhig, mache mich mit meinen eigenen Gedanken vertraut, erlebe die schlichte Schönheit des Bewusstseins, lenke meine Geist in Richtung Stabilität und Befriedigung und gebe mir eine Motivation vor, die dem Tag Bedeutsamkeit verleiht, dann bin ich auch präsenter. Es fällt mir leichter, mich mit anderen Menschen zu verbinden, und ich treffe Entscheidungen, auf die ich stolz bin.

Die tibetische Tradition kennt ein kraftvolles Morgenritual, bei dem man sich daran erinnert, was für ein großes Glück es ist, einen weiteren Tag auf unserer Erde verbringen zu dürfen. Gleich nach dem Aufstehen denkst du: »Ich bin am Leben. Ich habe die Nacht überstanden. Das Leben gibt keine Garantien und viele Menschen sind gestern gestorben, sei es durch Unfall, Krankheit, Gewalt oder Alter.« Mit diesen ernüchternden Gedanken im Hinterkopf nimmst du dir vor, das Beste aus deinem Tag zu machen.

Zu erkennen, wie kurz ein Menschenleben ist, hilft dir dabei, Kleinlichkeit, Gedankenlosigkeit und zwanghaftes Verhalten abzulegen. Der Gedanke an unser aller Anfälligkeit kann dir helfen, den Blicken anderer Menschen mit Zuneigung und Respekt entgegenzutreten und so zu handeln, dass du und andere wirklich davon profitieren.

Du genießt etwas Sicherheit und Geborgenheit? Du hast das Glück, einen Job und etwas Geld auf der Bank zu haben? Dann verfügst du möglicherweise über alles, was du für ein glückliches Leben benötigst. Dass du dich mit Büchern und Lehrschriften über Selbstreflexion befasst hast, kann die Grundlage für das enorme Abenteuer darstellen, zu dem du mit der analytischen Meditation aufbrichst. Es geht darum, dass du die banalen Routinen des tagtäglichen Lebens hinter dir lässt, dir deiner selbst bewusst wirst und die Kontrolle über deinen Geist übernimmst. Es lohnt sich, jeden Morgen eine kleine Anstrengung aufzubringen und für einige Minuten in den eigenen Geist abzutauchen, zu erkennen, wer du hinter den Gedanken und externen Reizen tatsächlich bist, und, einfach, indem du wirklich präsent und bewusst bist, den Weg zu echter Zufriedenheit zu ebnen.

Auf diejenigen von uns, die in einer Kultur ironischer Distanz aufgewachsen sind, mag eine derartige Dankbarkeit rührselig wirken, aber Dankbarkeit zählt zu den am besten untersuchten Praktiken der positiven Psychologie und geht nachweislich mit vorteilhaften Resultaten einher. Studien an Menschen, die regelmäßig ihre Dankbarkeit zum Ausdruck bringen, zeigen, dass sie mehr Zufriedenheit erleben und mehr positive Emotionen, dass sie über mehr Resilienz verfügen, gesünder sind und stärkere Beziehungen führen.[44]

Über das kostbare Leben analytisch zu meditieren ist eine besondere Form davon, Dankbarkeit zu praktizieren, und hilft dir, deinen Tag in der Erkenntnis zu erden, dass dein Platz im Universum ein seltenes Gut ist und Ehrfurcht verdient. Es sollte für dich Anreiz sein, das Beste daraus zu machen.

Warum wir den Tag nicht nutzen

Quält sich jemand Tag für Tag durch ein Leben, das ihm einsam, schmerzerfüllt oder von Ungerechtigkeit dominiert vorkommt, mag es ihm albern erscheinen, sich anzugewöhnen, jeden Morgen mit einem »Danke für diesen weiteren Tag« zu begrüßen. Das verstehe ich. Während du Mühe hast, die Miete zusammenzubekommen, während du

44 *Summer Allen. 2018. »The Science of Gratitude: A White Paper Prepared for the John Templeton Foundation.« Berkeley, CA: Greater Good Science Center at University of California, Berkeley. Abrufbar unter: https://ggsc.berkeley.edu/images/uploads/GGSC-JTF_White_Paper-Gratitude-FINAL.pdf (abgerufen April 2023).*

unter einem cholerischen Vorgesetzten leidest, gerade eine Trennung hinter dir hast, krank bist, Ungerechtigkeit oder eine der vielen anderen Belastungen, die das Leben mit sich bringt, erdulden musst, hast du möglicherweise nicht das Gefühl, den philosophischen Wert des Lebens genießen zu können. Ich kenne derartige Phasen, in denen ein Problem nach dem anderen auf einen einprasselt. Vielleicht steckst auch du gerade mitten in so einer Phase.

Aber selbst wenn dein Leben im Augenblick ganz okay verläuft, wie kannst du dann selbstsüchtig 24 Stunden der Sicherheit und des Friedens schätzen, während Milliarden Mitmenschen unter Armut, Krankheit, Hunger, Krieg und Ungerechtigkeit leiden? Nicht jeder hat die Möglichkeit der friedlichen Selbstreflexion. Zudem leben viele Menschen in Ländern, wo es ihnen nicht erlaubt ist, frei zu studieren und die Ideen zu erörtern, über die du gerade liest. Ist es da wirklich angebracht, in einer Meditation zu entspannen und die Schönheit eines sicheren, privilegierten Lebens zu schätzen?

Deine Erziehung kann ebenfalls zur Hürde werden, wenn es darum geht, die kostbaren Gelegenheiten zu schätzen, die dir dein Leben bietet. »Ein Junge weint nicht«, »Brave Mädchen tun so etwas nicht« … viele von uns wurden derartige Werte beigebracht, dabei entfremden sie uns von unserer Fähigkeit, auszudrücken – oder auch nur zu wissen –, was wir denken und fühlen.

Wann immer die primitiveren Regionen deines Gehirns die Steuerung von Körper und Geist übernehmen, fällt es dir vielleicht schwer, das Potenzial zu erkennen, das jeder einzelne Augenblick dir bietet. Dieser instinktlastige Teil des Gehirns ist genetisch für die Savannenlandschaften optimiert, in denen unsere Vorfahren lebten und in denen es darum ging, zu töten oder getötet zu werden.[45] In unserer modernen

45 *Robert M. Sapolsky. 1994. Why Zebras Don't Get Ulcers. New York: Henry Holt and Company. Dt. Titel: Warum Zebras keine Migräne kriegen [München: Piper, 1996].*

Welt der Supermärkte und Smartphones leben wir mit einem höheren Maß an Sicherheit, aber wenn sich jemand in der Kassenschlange vordrängelt oder wenn deine Chefin deine Arbeit als »ganz okay« bezeichnet, können diese alten, vom Ego getriebenen Instinkte dafür sorgen, dass wir uns ganz genauso bedroht fühlen, als wenn uns ein Tiger in die Enge getrieben hätte. Vor Wut schlagen wir blind um uns oder erstarren vor Furcht zur Salzsäule.

Der primitive Teil deines Gehirns kann dich auch dazu treiben, zwanghaft Vergnügen zu suchen und im Übermaß zu essen, zu trinken oder Drogen zu nehmen und gedankenlos körperlichen Vergnügungen hinterherzujagen, sei es mit deinem nächsten Sexualpartner oder durch Adrenalinschübe. Oder er treibt dich dazu an, unerbittlich den nächsten Deal abzuschließen oder die nächste Beförderung einzufahren.

Ich teile diese Erkenntnisse aus persönlicher Erfahrung. Dies alles sind Wege, wie wir gedankenlos durch das Leben stolpern können, ohne die Möglichkeiten zu schätzen, die dieses Leben uns eröffnet.

Doch selbst wenn du das Glück hast, frei zu sein von den harschen Schwierigkeiten, die Armut, Krieg, Unterdrückung, Abhängigkeit, schwere Krankheit oder chronische Schmerzen mit sich bringen, mag dir trotzdem etwas fehlen, das entscheidend dazu beiträgt, deinem Leben hier und heute Bedeutung zu verleihen.

Der Grund? Viele von uns können weiterhin weder das Interesse noch die Zeit für Selbstreflexion aufbringen. Das ist die letzte Hürde auf dem Weg zu einem sinnerfüllten Leben voller Zufriedenheit und Verbindung. Auch wenn wir über genügend Geld verfügen, relativ gesund sind, ein sicheres Zuhause haben und etwas Freizeit, füllen viele von uns ihr Leben mit dem endlosen Angebot verfügbarer Unterhaltungsmöglichkeiten. Oder wir fühlen uns getrieben, die Abende und Wochenenden durchzuarbeiten, anstatt uns einfach daran zu erfreuen, dass wir am Leben sind und die Gesellschaft von Menschen genießen können, die uns lieben.

Es ist eine der entmutigendsten Situationen, in die man geraten kann – man führt ein Leben, in dem einem das allergrößte Leid erspart geblieben ist, entwickelt ein Interesse an den tiefgründigsten Fragen des Lebens, nimmt sich aber niemals die Zeit, ihnen auf den Grund zu gehen. Man unternimmt niemals die Anstrengung, etwas darüber zu lernen, wie man tatsächlich ein glückliches und sinnerfülltes Leben führen kann. Aus diesem Grund besteht den Buddhisten zufolge ein kostbares Leben nicht nur darin, ein gesundes und intelligentes menschliches Wesen zu sein, das mit bescheidenen Mitteln an einem sicheren Ort lebt, sondern auch darin, das Interesse und den inneren Antrieb aufzubringen, sich ernsthaft mit den Geheimnissen der Existenz auseinanderzusetzen.

***

Meditation über das kostbare Leben

Wenn wir über das kostbare Leben meditieren, hilft uns das, Ehrfurcht für unseren Platz im Universum aufzubringen, Dringlichkeit angesichts der kurzen Lebensspanne und Begeisterung zu spüren für die Möglichkeiten, die wir in jedem neuen Tag entdecken.

Vorbereitungen

Beginne mit Haltung, Motivation, Zuflucht und einer stabilisierenden Meditation zum Atem. Bist du schon vor längerer Zeit aufgestanden, kannst du dir in deiner Motivation vorstellen, dass du gerade erst aus dem Bett gekommen bist. Denke: »Ich bin sehr dankbar für einen weiteren Tag des Lebens, dafür, dass ich diesen Körper habe, dass ich über einen sicheren Platz zum Schlafen verfüge, dass ich ein bescheidenes Maß an Bequemlichkeit und Sicherheit genieße und dass Familie und Freunde an meiner Seite stehen. Möglicherweise habe ich bereits alles, was ich zum Glücklichsein benötige. Mit diesen wenigen Minuten könnte ich nichts Besseres anfangen, als mich nach innen zu wenden und zu verstehen, wer ich unter den Stimulationen, dem Stress, den unterhaltsamen Ablenkungen und den Gedanken tatsächlich bin. Ich lerne den innersten Kern meines Bewusstseins kennen und erforsche das Mysterium, hier und jetzt am Leben und bewusst zu sein.«

Das kostbare Leben

Wenn du über das kostbare Leben meditierst, denke über dein Glück nach. Natürlich hast auch du es keineswegs immer leicht, aber übe dich einen Augenblick in Dankbarkeit für das, was du hast – dafür, dass du am Leben und bei Bewusstsein bist; für deinen Körper und seine Sinne, die dich die Schönheit der Welt schätzen lassen; für die Ressourcen, die du hast – Nahrung, ein Dach über dem Kopf, Sicherheit, Geborgenheit, Gesundheit, Bildung, Arbeit, Familie und Freunde.

Sei als Nächstes dankbar dafür, dass du Interesse daran gefunden hast, über das Streben, über den Konkurrenzkampf und über die unterhaltsamen Ablenkungen hinauszugehen. All diese Dinge haben ihren Platz im Leben, aber es gibt noch mehr. Sei dankbar dafür, dass du in Kontakt gekommen bist mit Ideen, Lehrern und Freunden, die innere Zufriedenheit hoch einschätzen und die über den Wert einer Existenz nachsinnen, die aus mehr als dem Anhäufen materieller Dinge besteht.

Sei nicht nur dankbar dafür, dass du neugierig bist und interessiert daran, die tiefsten Quellen für den Sinn des Lebens zu entdecken, sondern auch dafür, dass du eine Anstrengung unternommen hast, nach Selbsterkenntnis zu streben, Bücher zu lesen, Lehrern zuzuhören, durch Meditation zu einem inneren Abenteuer aufzubrechen, auf aufrichtige Weise zu beleuchten, was sich in deinem Geist zuträgt, und herauszufinden, wie du zufrieden sein kannst und wie du für andere Menschen von echtem Nutzen sein kannst.

Sei dankbar, wenn du über das Wesentliche verfügst, was du zum Leben und Überleben benötigst, anders als die vielen anderen, die Armut erleben, Krankheit, Krieg, Naturkatastrophen, die aus politischen, rassistischen oder sexistischen Gründen unterdrückt werden oder die unter einer unstillbaren Sucht nach Essen, Sex, Drogen, Macht, Bekanntheit oder Geld leiden.

Vielleicht verfügst du über alles, was du benötigst, um glücklich zu sein. Nun musst du bloß die Anstrengung unternehmen, den heutigen Tag in dem Bewusstsein deines kostbaren Lebens zu leben und all das in Erinnerung zu behalten, für das du dankbar bist.

Das wissenschaftliche Wunder des Lebens

Denke nach über deine Verbindung zum Universum. Du sitzt im Mittelpunkt eines Universums, das 13,8 Milliarden Jahre alt ist und 100 Milliarden Galaxien umfasst. In unserer Galaxie, der Milchstraße, gibt es mindestens 100 Milliarden Sonnensysteme. Schätzungen besagen, dass in mindestens 100 Millionen dieser Sonnensysteme erdähnliche Gesteinsplaneten eine Sonne umkreisen. Im Zentrum eines dieser Sonnensysteme steht unsere Sonne, 4,5 Milliarden Jahre alt. Auf dem dritten Planeten, der Erde, gibt es seit mindestens 3 Milliarden Jahren Leben. Im Laufe dieser Zeit hat das wissenschaftliche Wunder der Evolution aus simplen chemischen Verbindungen Zellen, Würmer, Fische, Schlangen, Dinosaurier, Säugetiere und Affen geformt. Die Menschheit betrat die Bühne zum Ende der Geschichte hin, vor etwa 200 000 Jahren. Rund 10 000 Generationen an Menschen sind gekommen und gegangen – unzählige erlitten Not und Elend, starben bei der Geburt, mussten Hunger, Gewalt und Angst ertragen.

Und dann wirst du geboren.

Auf unserer Welt gibt es Beeinträchtigungen und Unannehmlichkeiten und Ungerechtigkeit, aber dennoch hast du das Glück, in einer Welt zu leben, die für uns Menschen so sicher ist wie nie zuvor und die so viel Überfluss bietet wie nie zuvor.[46]

Noch gibt es keine Beweise dafür, dass irgendwo sonst im Universum Leben existiert. Was, wenn die Menschheit den Höhepunkt der

46 *Stephen Pinker. 2011. The Better Angels of Our Nature: Why Violence Has Declined. New York: Viking. Dt. Titel: Gewalt: eine neue Geschichte der Menschheit [Frankfurt, M.: S. Fischer, 2011].*

kosmischen Evolution darstellt, den einzigen Weg für das Universum, sich selbst zu erkennen? Wenn es eine dermaßen unfassbar seltene und kostbare Sache ist, über Intelligenz zu verfügen und sich seiner selbst bewusst zu sein, wie solltest du dann deinen Tag verbringen? Was ist der beste Weg zu Zufriedenheit, zu einem Leben in Würde, mit Bedeutung und Verbindung?

Eventuell musst du gar nicht mehr tun als das, was du ohnehin gerade tust – den Blick nach innen richten, deinen Geist erforschen und durch Dankbarkeit und Selbsterkenntnis die wahren Ursachen von Zufriedenheit im Hier und Jetzt kultivieren. Schon bald gehst du hinaus in den Tag, um deine Verbindungen zu deinen Mitmenschen zu vertiefen und unsere zerbrechliche, wunderschöne Welt für alle anderen, mit denen du sie teilst, ein klein wenig besser zu machen.

Verharre eine Minute in diesen Gedanken und in deiner tiefen Verbundenheit zum ganzen Universum und zur ganzen Geschichte, zu deiner Dankbarkeit dafür, dass du am Leben bist. Wie machst du das Beste aus diesem Tag?

***

Kapitel 6

Die zweite Stufe: Umarme die Vergänglichkeit

Stephen King wurde einmal gefragt, wovor die Menschen die größte Angst hätten. Seine Antwort überraschte mich. Der erfolgreichste Horror-Autor aller Zeiten nannte weder Serienmörder noch Ertrinken noch Krebs, nein, nicht einmal der Tod rangierte ihm zufolge auf Platz 1. Er sagte, die meiste Angst hätten die Menschen vor Veränderung.

Es gehört zu den größten Paradoxen des Buddhismus, dass der Weg zu einem glücklichen und friedlichen Geist angeblich darin besteht, über die Gewissheit nachzudenken, dass alles zerfällt. Zum ersten Mal hörte ich dies einen Tag nach den Terroranschlägen vom 11. September 2001. Ich besuchte damals meinen Bruder in Boston. Sein Lehrer Geshe Tsulga bot einen Vortrag an für Menschen, die angesichts dieser Tragödie trauerten. Ich studierte den Buddhismus erst seit einem Jahr und war überrascht, dass dieser große tibetische Lama sich nicht auf Achtsamkeit oder Mitgefühl fokussierte, also die beiden buddhistischen Themen, die die Menschen im Westen für ganz besonders hilfreich erachten. Stattdessen sprach er nahezu ausschließlich über die Vergänglichkeit.

Zu Beginn erklärte Geshe Tsulga, niemand von uns habe sich vorstellen können, dass die Zwillingstürme des World Trade Centers einstürzen würden – nicht heute, nicht in 100 Jahren. Hätten wir tief in unseren Geist hineingehorcht, hätten wir vermutlich angenommen, dass sie ewig stehen würden. Und trotzdem waren diese Gebäude eingestürzt und hatten viele unschuldige Menschen mit in den Tod gerissen. Er lud uns ein, unser Herz für die Menschen zu öffnen, die litten, und für die Ängste, die viele von uns durchmachten. Er sagte, das Geschehene sei aber auch eine wichtige Erinnerung daran, dass nichts gewiss ist und dass sich alles im steten Wandel befindet. Jeder von uns hätte am Vortag in diesem Gebäude sein können. Und jeder von uns könnte bereits morgen tot sein. Wie wollen wir mit diesem Wissen den heutigen Tag leben? Verbringen wir unsere Zeit wirklich auf die sinnvollste Art und Weise? Gilt das auch für die Ziele, die wir verfolgen?

Nach dieser hoch emotionalen Einführung in das Thema fiel es mir schwer, nicht auf Geshe Tsulgas Ratschlag zu hören, zur Vergänglichkeit zu meditieren. Als ich später begann, selbst Meditation zu lehren, stellte ich fest, dass dieses Thema bei vielen Schülern mehr Anklang fand als jedes andere Thema. Mit der Zeit entwickelte es sich zur allerersten Übung, die ich mit Personen teilte, die noch nie versucht hatten zu meditieren, denn für eine Meditation zur Vergänglichkeit benötige ich keinerlei Glauben. Sie ist ein unverstellter Blick auf die Realität und verleiht deinem Leben mehr Sinn und Dringlichkeit.

Wir alle haben umwälzende Veränderungen erlebt – eine Finanzkrise, einen Krieg, einen viel zu frühen Todesfall. Momente wie diese rütteln die meisten von uns durch. Aber beobachte einmal Menschen, die seit Jahren zur Vergänglichkeit meditiert haben: Sie sind bei derartigen Gelegenheiten nicht nur nicht überrascht, sie sind auch unmittelbar bereit, sich auf jede Weise, die ihnen zur Verfügung steht, helfend einzubringen.

Vergänglichkeit zu verstehen, hilft uns persönlich, wenn wir unsere Arbeit verlieren, Trennungen durchmachen oder plötzliche Krankheiten, denn sie erinnert uns daran, dass selbst die schwierigsten Probleme, mit denen wir es zu tun haben, Veränderungen unterliegen. Angesichts gewaltiger Herausforderungen wie gesellschaftlicher Ungerechtigkeit, Krieg und Klimawandel verleiht uns die Vergänglichkeit Mut, wenn wir uns verdeutlichen, dass auch diese Probleme nicht so statisch und hoffnungsraubend sind, wie es den Anschein haben könnte.

Über Vergänglichkeit zu meditieren, ist jedoch nicht bloß eine Medizin, die wir einnehmen, um uns für schwierige Momente zu wappnen. Vielmehr fördert die Meditation Dankbarkeit, Resilienz und Mut in unserem Alltag. Sie hilft uns, uns daran zu erfreuen, wie die Dinge in Wirklichkeit sind, anstatt darunter zu leiden, dass sie nicht so sind, wie wir sie gerne hätten. Sie hilft uns zu erkennen, dass Wandel nicht nur möglich ist, sondern eine Wahrheit darstellt, die die gesamte Realität durchdringt. Ausgerüstet mit diesem Wissen können wir akzeptieren, dass Veränderung unvermeidlich ist, und wir können einen Wandel anstoßen, der die Welt zum Besseren verändert.

Der Bogen der Veränderung

Wenn du über die Vergänglichkeit meditierst, beginne mit den großen, leicht zu erkennenden Veränderungen – Bomben fallen, Krankheiten breiten sich aus, Beziehungen zerbrechen. Aber auch Kriege enden, Kranke erholen sich und Menschen verlieben sich neu.

Vergänglichkeit zu fokussieren hilft uns, ein Objekt nicht nur einfach so zu betrachten, wie es sich in diesem Augenblick darstellt, sondern entlang seines gesamten Zeitstrahls, von seinen Anfängen bis zu seinem Untergang.

Denke an den Ort, an dem du lebst – oder vielleicht an den Platz, an dem du gerade sitzt. Dutzende Menschen haben Jahre damit verbracht und viel Geld dafür ausgegeben, die Idee dafür zu entwickeln, die Planungen durchzuführen und das Ganze zu bauen. Und irgendwann wird das alles wieder weg sein. Vielleicht zerfällt der Ort langsam, vielleicht brennt er nieder, wird überflutet oder bricht in sich zusammen. Gehst du die Straße entlang, sieh dir jede Struktur an, an der du vorbei gehst, und stelle dir den Tag vor, an dem jemand die Idee hatte, an dieser Stelle zu bauen. Stelle dir vor, wie viel Mühe und Geld in den Bau geflossen sind. Stelle dir auch den Augenblick vor, in dem das Gebäude einstürzt, sei es morgen oder in Hunderten Jahren.

Wofür auch immer du dein hart verdientes Geld ausgibst – für ein

Handy, für Kleidung, für ein Auto –, es geht alles mit der Zeit kaputt, geht verloren oder wird gestohlen. Vielleicht wirst du seiner auch einfach leid. Beim Kauf eines neuen Smartphones machst du dir normalerweise keine Gedanken darum, welche Gefühle du ihm in einigen Jahren entgegenbringen wirst, wenn es langsam und zerkratzt ist und dir der Sinn nach etwas Neuem steht. Wenn du dir das nächste Mal ein neues Handy zulegst, versuche dir den Tag vorzustellen, an dem es so alt und abgenutzt sein wird, dass du auch dieses Gerät ersetzt.

Egal, wer dein Land regiert und ob du die Person magst oder hasst – ihr Ende ist bereits in Sicht. Eine Person in einer Machtposition mag heute vom ganzen Volk geliebt werden, aber schon morgen verliert sie ihr Amt, sei es durch Abwahl, weil sie wegen eines Skandals zurücktreten muss, weil sie eine Revolution stürzt oder weil sie stirbt. Jahrzehntelang herrschte Saddam Hussein im Irak wie ein König, aber nachdem sein Regime gestürzt worden war, verwandelte er sich in einen gesuchten Flüchtling, den man schließlich und krank und hungernd in einem Erdloch hockend entdeckte.

Auch Gesellschaften und Kulturen verändern sich – und zwar schneller, als du vielleicht glaubst. Die durchschnittliche Kultur hält sich nur rund 350 Jahre.[47] Es ist ein ernüchternder Gedanke: So wie die Römer, Ägypter und die Azteken einst von der Bildfläche verschwanden, so werden auch die heutigen Zivilisationen unweigerlich kollabieren, entweder langsam durch sanfte Evolution oder rasch durch Eroberungen, Revolten oder Katastrophen. Sorgen mich die kleinen Verluste und Probleme in meinem eigenen Leben, kehre ich gelegentlich zu dieser allumfassenden Wahrheit zurück, dass auch unsere Zivilisation selbst ein Verfallsdatum hat und eines Tages bröckeln wird.

---

47 *Luke Kemp. 2019. »The Lifespans of Ancient Civilizations.« BBC Future, 20. Februar. Abrufbar unter: www.bbc.com/future/article/20190218-the-lifespans-of-ancient-civilisations-compared (abgerufen April 2023).*

Kleinteilige Veränderung

Vergänglichkeit ist für heutige Meditierende auch deshalb so ein gutes Thema, weil wir heute viel besser als vor 2500 Jahren verstehen, wie sich die physische Realität auf unsichtbare Weise verändert.

Die Chemie lehrt uns, dass Materie nicht fest und unwandelbar ist, sondern aus Molekülen besteht, die sich in einem fort kombinieren, teilen und auflösen. Die Atome dieser Moleküle schwingen unsichtbar als probabilistische Wolken summender subatomarer Teilchen. Einigen Lesarten zufolge besteht das, was wir als »Materie« bezeichnen, zu 99,99 Prozent aus leerem Raum. Auf diese kleinteilige und ungewöhnliche Weise stellt Wandel das grundlegende Wesen der Materie dar.

Veränderungen an Körper und Geist

Dein Körper unterliegt ständigen Veränderungen. Das ist die intimste Form der Veränderung, aber selbst das stete Schlagen deines Herzens ist etwas, dessen du dir vermutlich normalerweise gar nicht bewusst bist. Versuche nun, deine Aufmerksamkeit darauf zu richten. Lege eine Handfläche auf deine Brust, um deinen Herzschlag zu spüren – stete Veränderung im Mittelpunkt deiner Existenz. Dein Herz pumpt Blut durch deine Adern, im Minutentakt strömt es einmal durch deinen ganzen Körper. Atem fließt in deine Lungen und aus ihnen heraus. Von deinen Fingerspitzen jagen Nervenimpulse zum Gehirn und zurück.

Die lebenden Organe in deinem Körper sind ständig in Bewegung, arbeiten, wandeln um. Jede Sekunde sterben Millionen deiner Zellen und werden durch Millionen neugeborene Zellen ersetzt.[48] Zellen sind vollgepackt mit Molekülen, die sich hektisch drängeln. Und genau wie leblose Materie ist dein Körper auf seiner alleruntersten Ebene ein Summen subatomarer Teilchen.

So wie niemand zweimal in denselben Fluss steigen könne, sei auch

48 *Mark Fischetti und Jen Christiansen. 2021. »Our Bodies Replace Billions of Cells Every Day.« Scientific American, April 1.*

niemand zweimal derselbe Mensch, erklärte Heraklit. Wir wissen inzwischen, dass das mehr als eine Metapher ist. Im Verlauf eines einzigen Jahres werden 98 Prozent sämtlicher Atome im menschlichen Körper ausgetauscht.[49] Also selbst aus Sicht der Physik bist du an deinem nächsten Geburtstag in jeder Hinsicht ein ganz anderer Mensch als an deinem vorangegangenen.

Auch die bewusste Welt deines Geists unterliegt ständigen Veränderungen. Im Verlauf eines Tages – manchmal innerhalb weniger Sekunden – durchläuft dein Geist zahlreiche Gemütszustände. Eben noch warst du glücklich, nun bist du schlagartig traurig. Eben noch plagten dich Reuegefühle aus längst vergangenen Zeiten, nun bist du in aufregenden Plänen für die Zukunft gefangen. Du kannst von Liebe für deinen Partner erfüllt sein und Augenblicke später überwältigen dich Wut oder Verärgerung. Und wenn du die verborgensten Ebenen deines Geists untersuchst, wirst du feststellen, dass mentale Ereignisse genau wie Materie in winzig kleine zeitliche Abschnitte unterteilt sind.

Wir alle sind auf unserer eigenen Heldenreise

Von Jesus Christus bis zu Luke Skywalker – die Heldenreise ist fester Bestandteil von Mythen, in denen es um Wachstum und Abenteuer geht. Aber wir alle sind die Helden unseres eigenen Lebens.[50] Wir erkennen das möglicherweise nur selten an, aber wir alle wurden geboren und wir alle werden eines Tages sterben. In der Zeit dazwischen erfahren wir alle unsere eigenen Kämpfe, Konflikte, Triumphe und Lieben.

Wir alle haben jeden Tag mit Menschen zu tun, insofern wäre es eine kraftvolle Meditation zur Vergänglichkeit, wenn du dir bei jedem Menschen den Augenblick seiner Geburt vorstellst. Stelle dir die Schmer-

---

49 David Kestenbaum. 2007. »Atomic Tune-Up: How the Body Rejuvenates Itself.« All Things Considered, NPR. 14. Juli.

50 Joseph Campbell. 1949. The Hero with a Thousand Faces. New York: Pantheon Books. Dt. Titel: Der Heros in tausend Gestalten [Frankfurt a. M.: S. Fischer, 1953].

zen der Mutter vor, ihre Erschöpfung und ihre Freude darüber, ein zerbrechliches neues Wesen, dessen Überleben von ihr abhängt, in die Welt gebracht zu haben. Versuche dir dann vorzustellen, wie diese Person irgendwann sterben wird – allein oder im Kreise ihrer Lieben, aufgewühlt oder ganz friedlich. Besonders hilfreich ist diese Technik, wenn du wütend auf jemanden bist, denn es hilft, den Disput zu relativieren. Stelle dir das Lebensende dieser Person vor – in einem Krankenhausbett oder zuhause, nach einem langen Leben oder einem kurzen, einem Leben voller Tugend oder voller Fehltritte, ein Leben, das umgeben von Freunden endet oder still und leise ganz allein. Versuche dir dann vorzustellen, wo sich diese Person gerade auf ihrer Reise von der Wiege zur Bahre befindet. Welche Träume, Ziele und Enttäuschungen mag diese Person gehabt haben, welche Augenblicke der Einsamkeit und der Intimität hat sie wohl erlebt.

Ohne diese Art der Reflexion können dir die Menschen um dich herum wie Charaktere aus einem Videospiel erscheinen – reine Hindernisse oder Handlanger für deine Lebensagenda. Ein derart starrer, egozentrischer Blick auf die Menschen um dich herum ist nicht nur unzutreffend, du kapselst dich damit auch ab. Alle Menschen verändern sich ständig und sie alle schätzen ihr kostbares Leben genauso, wie du deines schätzt. Sie alle durchleben eine epische Heldenreise.

Jeder Augenblick ist neu

Akzeptierst du Veränderung, eröffnet das alle nur denkbaren Möglichkeiten. »Jeder Augenblick ist neu«, gehört zu den eindringlichsten buddhistischen Lehren, die mir je zuteilwurden. Ich bin nicht dieselbe Person, die ich gestern war. Vielleicht *fühlt* es sich an wie derselbe Konflikt oder dasselbe Verlangen, aber dieser Augenblick ist neu und ich habe heute die Möglichkeit, anders zu handeln oder zu antworten.

Aus logischer Sicht ergeben all diese Argumente Sinn, aber der Mensch ist ein Gewohnheitstier, was dazu führt, dass wir uns an Dinge klammern, als ob diese sich nicht ändern würden. Wir glauben irrtümlicherweise, dass unser Partner uns immer in Verzückung versetzen wird, dass etwas, das uns jetzt gerade verführerisch erscheint, uns immer Vergnügen bereiten wird, oder dass eine Person, die uns jetzt gerade auf die Nerven geht, bis in alle Ewigkeit nerven wird.

Wir klammern uns an negative Gedanken über uns selbst: »Ich neige nun einmal zu Wutausbrüchen« oder »Ich bin ein Betrüger«. Genauso klammern wir uns an positive Gedanken (»Ich bin ein netter Mensch.«), aber wenn es um unsere Gedanken und Gefühle geht, lässt sich nur eines mit Gewissheit sagen: Sie passieren uns vorübergehend. Wir sind nicht diese Gedanken und Gefühle. Wir können Wut spüren, Liebe, Stolz oder Scham, aber auch diese Gefühle sind vergänglich.

Jahre sind vergangen, seit ich den Vortrag von Geshe Tsulga gehört habe, und inzwischen kann ich sagen, dass das Studium der Vergänglichkeit mir durch viele der schlimmsten Konflikte und Unglücke meines Lebens geholfen hat. Ich erinnere mich, dass ich es akzeptierte, dass die starke Anziehung, die meine damalige Partnerin und ich füreinander empfunden hatten, schwand und unsere Beziehung zum Ende kam. Ich erinnere mich, wie ich meine Verzweiflung losließ, nachdem ich in einer finanziellen Katastrophe alles verloren hatte, mir jedoch klar wurde, dass meine Tragödie mir die Gelegenheit zur Veränderung eröffnete – und dass es, wenn man am Boden liegt, im Grunde nur eine Richtung geben kann, nämlich nach oben, auch wenn das einige Zeit in Anspruch nehmen mag. Ich erinnere mich, dass ich erkannte, wie sinnlos es gewesen war, meinem Vater mein Leben lang zu grollen, wenn man sich überlegte, wie kurz das Leben war und welches Geschenk unsere Beziehung war. Endlich konnte ich den Groll ablegen.

Niemand kann mit Gewissheit sagen, in welche Richtung sich Dinge verändern werden, aber wir können uns sicher sein, *dass* sie sich ändern werden. Im Buddhismus gilt dies nicht als religiöse Binsenwahrheit, sondern als empirisch belegbarer Fakt. Alles, was wir im Universum kennen, ist vergänglich – unser Körper, unser Besitz, die Umwelt, Beziehungen, Gefühle, Gedanken und Pläne.

Begreifst du die Vergänglichkeit, wirst du besser imstande sein, Möglichkeiten bewusst zu nutzen, Konflikte loszulassen und Trauer zu überwinden. Du öffnest dich der Kraft, im Hier und Jetzt zu sein, und wirst besser darin, tiefe Bindungen zu dir selbst und anderen aufzubauen. Wir stehen heute vor enormen globalen Herausforderungen wie strukturelle Ungerechtigkeit und Klimawandel, und manchmal lässt uns das mit einem Gefühl der Hilflosigkeit zurück. Doch du kannst das bewährte Werkzeug der Vergänglichkeit dazu nutzen, deinen Geist fortzusteuern von Angst und Furcht, hin zu selbstbewusstem Auftreten und zielgerichtetem Handeln. Die Vergänglichkeit zeigt, dass sich eine Situation noch so verzweifelt anfühlen mag, dies jedoch oftmals genau der Augenblick ist, ab dem die Dinge besser werden. Die Welt durchläuft natürliche Höhen und Tiefen und die Menschen richten ihre Anstrengungen darauf, Lösungen zu finden.

***

Meditation über Vergänglichkeit

Vorbereitungen

Beginne mit Haltung, Motivation, Zuflucht und einer stabilisierenden Meditation zum Atem. In deiner Motivation kannst du bekräftigen, dass deine guten Eigenschaften deine natürlichen und grundlegendsten Eigenschaften sind, dass störende Gedanken und Gefühle vorübergehend sind, dass dein Geist lernfähig ist und dass du durch Meditieren zulassen kannst, dass deine natürliche Güte, Wärme und Großzügigkeit schrittweise immer stärker durchscheinen.

Die Vergänglichkeit des Körpers

Werde dir deines Körpers bewusst. Denke der Reihe nach an die einzelnen Körperteile – die Füße, die Beine, die Hände, die Arme, den Rumpf, den Hals, den Kopf, die Augen, den Mund, die Nase, die Ohren, die Haut ... sie stellt die Grenze zwischen dir und der Welt dar.

Beginne, die Veränderungen in deinem Körper zu fühlen – spüre dein Herz schlagen, Blut durch deine Adern fließen, Atem in die Lunge und aus der Lunge strömen, Nervenimpulse von den Fingerspitzen und Zehen zum Gehirn und zurück jagen.

Versuche, dir die unterschwelligen Veränderungen vorzustellen, die in den Milliarden Zellen deines Körpers stattfinden – den Blut-, Haut-, Magen- und Hirnzellen, die sich bewegen, die sich verändern, die sich reproduzieren. Jede Sekunde sterben Millionen Körperzellen, jede Sekunde werden Millionen neuer Zellen geboren. Und jede dieser Zellen besteht wiederum aus zahllosen Teilen, aus Atomen und subatomaren Teilchen, aus Energiewolken, die schwingen und ineinander stürzen.

Die Vergänglichkeit des Geistes

Richte deine Aufmerksamkeit nun auf deinen Geist, in den ständig neue Gedanken, Wahrnehmungen, Gefühle, Erinnerungen, Pläne, Ängste und Wünsche strömen. Betrachte deinen Geist eine Minute lang mit Abstand und ohne den Versuch zu unternehmen, deine Gedanken zu kontrollieren. Registriere, wie neue Gedanken auftauchen und wieder verschwinden. Beobachte und kategorisiere sie, ohne dich an sie zu binden und ohne sie wegzuschieben.

Die Vergänglichkeit der Außenwelt

Stelle dir die Welt direkt um dich herum vor – das Kissen, auf dem du sitzt, die Wände, die Decke, die Möbel und den dich umgebenden Raum. Stelle sie dir auf diejenige Weise vor, wie sie der Wissenschaft zufolge existieren – als summende Wolken energiegeladener Partikel, die deine Sinne fälschlicherweise als feste Formen wahrnehmen.

Denke an all deinen Besitz, deine Kleidung, dein Handy, dein Auto, dein Zuhause (sofern du das Glück hast, all dies zu besitzen). Jedes dieser Objekte unterliegt Veränderungen, nichts ist von Dauer. Stelle sie dir alt vor, verblichen, abgenutzt, zerstört – dein Zuhause abgerissen, dein Auto in der Schrottpresse, dein Telefon recycelt, deine Kleidung zerlumpt und zerfetzt. Inwieweit verändert diese Vorstellung deine Gefühle diesen Gegenständen gegenüber?

Selbst wenn Dinge ein Leben lang halten, kann es sein, dass du ihrer leid wirst, dass du sie weggibst oder sie in einer Kiste landen, wo sie dann jahrelang verstauben, weil du sie ganz vergessen hast.

Rufe dir in Erinnerung, dass Vergänglichkeit nicht nur dadurch sichtbar wird, dass sich Dinge abnutzen, dass sie kaputt gehen oder dass du sie über hast. Vergänglichkeit ist etwas, was in jedem Augenblick geschieht und was sich in winzigsten Veränderungen an den Molekülen, Atomen und Teilchen eines Gegenstands zuträgt.

Die Vergänglichkeit von Menschen und Beziehungen

Denke nun an die Menschen in deinem Umfeld, deine Familie, deine Freunde, deine Bekannten, Fremde, die dir auf der Straße oder im Geschäft begegnen. Sie alle wurden geboren. Stelle dir den umwälzenden Augenblick vor, als ihre Mütter sie zur Welt brachten. Und jeder von ihnen wird sterben. Stelle sie dir auf dem Totenbett vor, allein oder umgeben von Menschen, die sie lieben. Auch sie verändern sich jetzt gerade in diesem Augenblick, ganz genauso wie dein eigener Körper und dein Geist.

Deine Freundschaften, deine romantischen Beziehungen, deine beruflichen Verbindungen – sie alle sind ebenfalls in stetem Fluss. Denke zurück an Freunde und romantische Partner, die für dich einst zu den wichtigsten Menschen in deinem Leben zählten, heute aber nur entfernte Bekannte oder womöglich sogar Feinde sind. Beziehungen können aufgrund von Konflikten, Enthüllungen oder Entfremdung ein Ende finden. Vielleicht habt ihr euch satt oder langweilt euch gegenseitig, vielleicht entfremdest du dich auch nur langsam von Menschen, die dir einstmals so viel Freude bereitet haben.

Aber irgendwo dort draußen in der Welt gibt es in diesem Augenblick möglicherweise eine atmende und lebende Person, die dir noch völlig fremd ist, die aber deine beste Freundin wird, deine klügste Lehrerin oder deine Partnerin für den Rest deines Lebens.

Veränderung bedeutet Fluss

Denke still einen Augenblick über die Vergänglichkeit nach. Lasse alles in den Sinn kommen, was dir in den Sinn kommen will – Gegenstände, Personen, Beziehungen, deinen Körper, deinen Geist, Gedanken, Bedauern, Pläne, Politiker, Klimawandel, soziale Ungerechtigkeit oder die Gesellschaft insgesamt. Wende auf alles davon die Logik der Vergänglichkeit an. Wenn du einen Blick auf das klare und starke Gefühl erhaschen kannst, dass irgendeines dieser Dinge stetem Wandel unterworfen ist, beende die Analyse und bleibe bei dieser Erfahrung, die sich mit Worten nicht beschreiben lässt.

Unvermeidlich wird diese Erfahrung irgendwann verblassen. Wenn das geschieht, analysiere auf intellektuelle Weise die Vergänglichkeit deines Körpers, deines Geistes oder eines anderen Objekts. Kehrt das Gefühl der Vergänglichkeit zurück, tauche wieder darin ein.

Vergiss nicht: Alles Unangenehme und alles Verstörende ist nicht von Dauer. Die Dinge könnten sich sogar zum Besseren wenden. Auch was schön ist oder angenehm, wird sich mit der Zeit verändern oder verschwinden, bietet also auch kein dauerhaftes Glück. Und dennoch eröffnet das Leben immer wieder von Neuem vergängliche Möglichkeiten, Schönheit, Bedeutung und Nähe zu finden.

Danksagung

Ich wünsche dir, dass du die Fortschritte, die du beim Erkennen der Vergänglichkeit der Realität gemacht hast, mit in den Tag nehmen kannst. Wenn du etwas Angenehmes genießt – sei es eine leckere Mahlzeit, einen Spaziergang im Wald oder die Berührung deines Partners –, versuche voll und ganz darin aufzugehen. Du wirst nicht immer derartiges Vergnügen erfahren, möglicherweise ist es sogar das allerletzte Mal.

Versuche zu genießen ohne zu klammern und ohne dich nach einer Wiederholung zu sehnen. So oft ruinieren wir Schönes, indem wir bereits das nächste Mal planen oder uns fragen, ob wir jemals wieder in den Genuss kommen werden.

Erkennst du, dass externe Dinge dir kein dauerhaftes Glück und keine dauerhafte Befriedigung verschaffen werden, wird deine Verbundenheit geringer, aber du wirst sie möglicherweise mehr genießen können. Die Schule des Mahayana-Buddhismus besagt: Wenn du die Vergänglichkeit des Genusses erkennst, kannst du ihn umso mehr schätzen.

Sich zu wünschen, dass ein Vergnügen ewig anhält, ist unrealistisch, ebenso der Wunsch, dieses Vergnügen wieder und wieder zu wiederholen. Ohne diese Wünsche kannst du ein Vergnügen völlig und unmittelbar als das genießen, was es in Wirklichkeit ist – vergänglich.

***

Kapitel 7

Die dritte Stufe: Das mentale Zusammenspiel von Ursache und Wirkung

In dem Film *The Tree of Life* gibt es einen unglaublichen Moment: Eine trauernde Mutter betet zu Gott, weil sie den sinnlosen Tod ihres jungen Sohns verstehen will. Plötzlich wechselt die Szenerie zum Urknall vor 13,8 Milliarden Jahren.

Wir sehen, wie das Universum langsam entsteht, wie Materiewolken verschmelzen, wie sich Sterne bilden und wie Planeten verschmelzen. Ein Blitzschlag gibt den Startschuss für Leben auf der Erde, das sich immer weiter entwickelt. Wir verlangsamen und zoomen heran an einen Fluss, wo vor 70 Millionen Jahren ein wütender Velociraptor dabei ist, einen sanften pflanzenfressenden Dinosaurier zu töten. Doch aus welchen Gründen auch immer, der Jäger überlegt es sich anders und wendet sich von seiner Beute ab. Erleben wir gerade den ersten Akt der Gnade auf unserem Planeten?

Aber dann schaut dieser mitfühlende Dinosaurier zum Himmel hinauf, wo gerade ein Asteroid durch die Atmosphäre jagt. Er tötet den Dinosaurier und den Großteil des Lebens auf Erden. Schließlich kehren wir in die heutige Zeit zurück. Der bildgewaltige Rückblick hat uns die Antwort auf die Frage der Mutter gegeben, warum ihr Sohn sterben musste. Für diese Antwort war es erforderlich, die gesamte Geschichte des Universums noch einmal zu rekapitulieren.

Ich glaube, Regisseur Terrence Malick will mit dieser beeindruckenden Sequenz sagen, dass alles im Universum in einer endlosen Abfolge von Ursache und Wirkung miteinander verbunden ist. Fragen wir, warum etwas geschieht, gelangen wir zu der Erkenntnis, dass alles sich auf alles andere auswirkt und dass dies bis zum Anbeginn der Zeit zurückgeht.

Suchen wir in unserem Leben nach Ursache und Wirkung, müssen wir möglicherweise eine ähnliche Reise in die Vergangenheit antreten und untersuchen, wie sich unsere Eltern auf unseren Geist ausgewirkt haben, unsere Kultur, unsere Erziehung, die Medien, die Evolution und sogar – ganz wie in diesem Ehrfurcht einflößenden Rückblick in *The Tree of Life* – die Entstehung des Universums selbst.

Karma, Schicksal oder Zufall?

Seit Jahrtausenden plagen sich Menschen mit der Frage: »Warum geschehen schlimme Dinge in der Welt?« »Karma«, beantwortet der Buddhismus diese Frage, wobei Karma eine unsichtbare Naturgewalt ist, welche die Antriebe steuert, die uns in den Sinn kommen. Aus Kapitel 4 weißt du bestimmt noch, dass die Absicht zu den fünf allgegenwärtigen mentalen Faktoren gehört. Wir leben diese Absichten nicht immer aus, aber wenn wir es tun, ist unser Handeln nach buddhistischer Auffassung entweder konstruktiv oder destruktiv und legt die Saat für späteres Glücklichsein oder Unglücklichsein.

Die buddhistische Auffassung von Ursache und Wirkung klingt bis hierhin ähnlich wie die Ergebnisse der neurowissenschaftlichen Forschung. Diese zeigen, dass unsere Gedanken und unsere Handlungen künftigen Neigungen zu ähnlichen Gedanken und ähnlichen Handlungen den Weg bereiten. Neuronen, die zusammen aktiv sind, reagieren bevorzugter aufeinander. Doch das Karma-Prinzip im Buddhismus geht über das Konditionieren von Gedanken hinaus und erklärt, dass externe Einwirkungen wie Unfälle, Krankheiten oder Armut auch mit vergessenen schlechten Taten zusammenhängen, die diese Menschen in früheren Leben begangen haben. Karma gilt als Kraft, die so real wie die Schwerkraft ist, die sich sowohl auf Materie als auch auf den Geist auswirkt und die mehrere Leben benötigt, um zu erklären, warum guten Menschen Böses widerfährt.

Das soll nicht heißen, dass es so etwas wie Karma auf keinen Fall geben kann.

Für viele Dinge, die im Universum vorkommen, haben wir keine eindeutige Erklärung und Karma bietet eine Antwort auf Augenhöhe mit »Gottes Wille«, »Glück« oder »Zufall«. Die wissenschaftliche Methode konnte die Existenz von Karma bislang nicht bestätigen. Möglicherweise entzieht sich ein Konzept wie Karma der unumstößlichen Bestätigung oder Widerlegung durch ein wissenschaftliches Experiment.

Interessanterweise ist Determinismus in der heutigen Wissenschaft in etwa genauso umstritten wie Karma. Determinismus ist die Idee, dass es einen vorbestimmten Weg gibt, der vom Urknall bis zu jedem heutigen Ereignis führt. Einstein glaubte an ein vorhersehbares Universum (möglicherweise ähnlich wie in der legendären Rückblende von Terrence Malick), aber Einstein unterlag in den Debatten mit Quantentheoretikern. Heute überwiegt in der Physik die Meinung, Zufall und nicht Determinismus sei die Wurzel des Universums.[51] Aber selbst wenn das Determinismus-Lager recht haben sollte: Wäre es angesichts einer überraschenden Entwicklung ein größerer Trost, die Hände in die Luft zu werfen und »Urknall« zu rufen anstatt »Karma«?

Wir können die gewaltige Menge an Ereignissen, die sich um uns herum zutragen, nicht vorhersagen, geschweige denn kontrollieren, aber der von Mitgefühl ergriffene Dinosaurier in *The Tree of Life* liefert einen Hinweis, was die praktische Umsetzung von Ursache und Wirkung anbelangt – dass es uns möglich ist, unseren Geist zu steuern. Es ist egal, ob du an Karma glaubst oder nicht, der Buddhismus bietet eine spezifische Methode, bewusste Kontrolle über das *geistige* Zusammenspiel von Ursa-

---

51 Joshua Moritz. 2022. »The Ineffable Purpose of Randomness.« John Templeton Foundation. Abrufbar unter: www.templeton.org/news/the-ineffable-purpose-of-randomness (abgerufen April 2023).

che und Wirkung zu erlangen. Er eröffnet Wege, unseren Geist zu Gedanken und Handlungen zu dirigieren, die uns und anderen von Nutzen sind und die zu einem Leben voller Sinn und Verbundenheit führen – ja, sogar zu einer besseren Welt.

Psychologisches Karma

In seinem Buch *Samsara, Nirvana, and Buddha Nature* macht Seine Heiligkeit der Dalai Lama deutlich, wie das Verhältnis von Karma im Buddhismus zum wissenschaftlichen Verständnis von Ursache und Wirkung passt.[52] Zusammengefasst erklärt seine Heiligkeit eindrücklich, dass die Gesetze der Physik, wie die Wissenschaft sie heute begreift, die Ereignisse im natürlichen Universum bestimmen. Geistige Ereignisse dagegen – also wie Menschen handeln, reagieren und Entscheidungen fällen – werden stärker durch innere karmische und psychologische Gesetze bestimmt als durch physische Kräfte und Partikel: »Karma kommt ins Spiel, wenn es um die Absichten fühlender Wesen geht, um ihre Zufriedenheit und ihr Leid.«

Aus diesem Verständnis von Ursache und Wirkung auf geistiger Ebene erwächst die buddhistische Moralvorstellung. Wir möchten glücklich sein und wir möchten nicht leiden. Einige Handlungen führen zu Zufriedenheit, andere führen ins Leid. Die Liste dessen, was nicht als Tugend (oder als »Sünde«) gilt, sieht beim Buddhismus ähnlich aus wie bei anderen Religionen und ethischen Konzepten – Töten, Stehlen, sexuelles Fehlverhalten, Lügen und so weiter. *Warum* dies Untugenden sind, ist darin begründet, dass unsere Handlungen nicht nur anderen schaden, sondern auch *uns selbst* dauerhaften psychologischen Schmerz zufügen. Grundsätzlich gesagt bedeutet dies: Schaden wir anderen, schaden wir auch uns selbst und stören unseren Geist, sodass es schwer für uns wird,

---

52 Bhiksu Tenzin Gyatso (Dalai Lama XIV) und Bhiksunī Thubten Chodron. 2019. Samsara, Nirvana, and Buddha Nature: Volume 3, The Library of Wisdom and Compassion. Somerville, MA: Wisdom Publications.

Glück zu empfinden. Um diesen Schmerz zu heilen, müssen wir Wiedergutmachung leisten – bei denen, die wir verletzt haben, und durch inneres Aufarbeiten.

Wissenschaftliche Untersuchungen bestätigen immer stärker, welch wichtige Rolle die Moral im menschlichen Verhalten spielt.[53] Sie erkennt an, dass der Mensch ein soziales Wesen ist, dem seine Mitmenschen wichtig sind und das Mitgefühl empfindet, wenn andere Menschen in Not sind. Die Wissenschaft findet mehr und mehr Belege für altruistisches Verhalten bei Mensch und Tier. Die Fakten zeigen, dass diese vermeintlich edle Gemütshaltung evolutionär von Vorteil ist und zum Überleben einer Spezies beiträgt, denn Gemeinschaften, in denen man sich wechselseitig unterstützt, schneiden im Allgemeinen deutlich besser ab als Gemeinschaften, die sich aus selbstsüchtigen Individuen zusammensetzen.

Das ist eine Erklärung dafür, warum es uns ein gutes Gefühl bereitet, anderen Menschen zu helfen, und warum wir uns schlecht fühlen, wenn wir anderen schaden: Die Evolution besitzt möglicherweise eine karmaartige Voreingenommenheit, die prosoziales Verhalten fördert. Robert Thurman formuliert es poetisch, wenn er auf den vor Leben überquellenden Planeten verweist, auf dem wir leben, und sagt, das Universum sei voreingenommen zugunsten von Bindung und gegen Trennung.[54] Wenn wir für unseren Planeten sorgen und anderen Wesen helfen, sind das verbindende Handlungen; die Umwelt zu vergiften oder jemandem das Leben zu nehmen dagegen sind trennende Handlungen.

Spezielle Meditationen, die uns dabei helfen, Dinge abzulegen, die wir bedauern, und die unsere Fähigkeiten stärken, Gutes zu bewirken, sind aus buddhistischer Sicht wichtig, um diese Verbindung zu uns selbst und zu anderen aufrecht zu erhalten. Ohne eine derartige tägliche Praxis

---

53 *Matthieu Ricard. 2016. Altruism: The Power of Compassion to Change Yourself and the World. New York: Back Bay Books.*

54 *Robert Thurman. 2021. Wisdom Is Bliss: Four Friendly Fun Facts that Can Change Your Life. Carlsbad, CA, und New York: Hay House.*

können die kleinen und großen Schlechtigkeiten des Lebens gären und wachsen und unser Verhalten negativ einfärben. Zwanghaft schlagen wir um uns oder ziehen uns in uns selbst zurück. Selbst unsere Wahrnehmung der Welt ändert sich – freundlich gemeinte Worte kommen bei uns als Kritik an, wenn wir übelgelaunt sind, und Erfahrungen, die uns früher Freude bereitet haben, haben ihren Reiz verloren. In der Zeit vor Podcasts und Playlists hörte ich im Auto Radio. Dabei fiel mir auf, dass an manchen Tagen jedes einzelne Lied schrecklich war. Am nächsten Tag wiederum fand ich einen Song nach dem nächsten großartig. Mir wurde schließlich bewusst, dass das nicht an den Liedern lag, sondern an meiner Stimmung. Meine Haltung gegenüber der Welt änderte sich abhängig davon, wie ich sie wahrnahm.

Egal ob bewusst oder unbewusst – wir wissen, wie sich unser Tun auf unsere Stimmung auswirkt. Handeln wir freundlich und großzügig, fühlen wir uns gesund und entspannt. Und wir fühlen uns wütend und aufgebracht, wenn wir grob und eigensüchtig agieren. Es ist hilfreich, darauf zu achten, welche Handlungen bei uns einen positiven Gemütszustand bewirken und welche einen negativen. Wenn wir das wissen, können wir im nächsten Schritt diejenigen Handlungen kultivieren, die Zufriedenheit und Freude auslösen.

Willst du die Kontrolle über die Abläufe von Ursache und Wirkung in deinem Kopf übernehmen, stehen dir zahlreiche meditative Vorgehensweisen zur Verfügung und bringen dich auf Kurs in Richtung Zufriedenheit und Selbstrespekt. Auf gewisse Weise ist das der Sinn des ganzen buddhistischen Pfads. Eine Methode, die im Alltag funktioniert, ist die Kombination aus Achtsamkeit und Mitgefühl. Weniger bekannt ist die Methode, täglich Freude und Selbstverzeihen zu praktizieren. Bei beiden handelt es sich um praktische, unreligiöse Wege, deine Handlungen jeden Tag zu bewerten und zu verarbeiten. Ein Glaube an unsichtbare karmische Kräfte ist dafür nicht erforderlich.

Achtsamkeit und Mitgefühl

Die Kombination aus Achtsamkeit und Mitgefühl kann sehr effizient bei der Behandlung von Problemen in Echtzeit eingesetzt werden. Achtsamkeit hilft dir dabei, dir deiner Gefühle und reaktiven Triebe in einer bestimmten Situation bewusst zu werden. Das erlaubt es dir, innezuhalten und deine Reaktion bewusst auszuwählen, anstatt zwanghaft auf einen Trigger zu reagieren. Die Fähigkeiten, die es braucht, um achtsam zu bleiben, erarbeitest du dir langsam, indem du deinen Geist beobachtest und seine Zustände benennst. Das geschieht während der Meditation, wenn es wenig äußere Reize und Konflikte gibt.

Wirst du dir deiner Gefühle bewusst, bevor du auf sie reagierst, kannst du mithilfe des Mitgefühls diejenige Reaktion auswählen, die am positivsten ist. In Kapitel 11 findest du unterschiedliche Meditationen zum Mitgefühl, aber hier schon einmal eine einfache Vorgehensweise: Übe gesunde Wege ein, auf deine Trigger zu reagieren. Spiele ein Szenario in deinem Kopf wieder und wieder durch und reagiere auf die Weise, die dir die liebste wäre. Auf diese Weise erschaffst du eine neue, nützlichere Gewohnheit, die du, wenn der Trigger später wieder in Erscheinung tritt, mit Worten und deinem Körper umsetzt.

Ich will dir ein Beispiel aus meinem eigenen Leben geben: Ich stelle mir vor, dass meine Partnerin gereizt oder kühl reagiert. Anstatt mich darüber zu ärgern, frage ich: »Was bewegt dich gerade?« Mit einem einzigen Satz habe ich die Kette aus Ursache und Wirkung geändert, die uns sonst vielleicht in einen Streit geführt hätte, stattdessen habe ich meiner Partnerin nun angeboten, ihre eigene Abfolge von Ursache und Wirkung mit mir zu teilen.

Noch wirksamer kann der Versuch sein zu verstehen, welche endlose Kette von Ursache und Wirkung zu den negativen Handlungen eines Partners, eines Elternteils, deiner Vorgesetzten, einer Politikerin oder eines anderen Menschen geführt hat. Biologie und Konditionierung wirken sich enorm darauf aus, wie Menschen handeln. Wie wurde eine Person von ihren Eltern behandelt? Wie sind die Eltern miteinander umgegangen? Was hat die Person aus der Schule mitgenommen, aus der Arbeit und aus den Tausenden Stunden Fernsehen, die sie seit ihrer Kindheit gesehen hat? Wie hat sich ihr Nervensystem im Laufe von Millionen Jahren derart entwickelt, dass eine kleine Kränkung als genauso gefährlich wahrgenommen wird wie ein attackierender Löwe?

Denke über nerviges Verhalten hinaus. Denke über größere Fragen in der Welt nach, bei denen Ursache und Wirkung eine Rolle spielen. Wie bestimmen Kräfte, die vor langer Zeit in Gang gesetzt wurden, heute darüber, wen eine Krankheit befällt und wen nicht, welche Gemeinden von Katastrophen heimgesucht werden, wer reich wird, wer in Armut geboren wird, wer gewählt wird und wer Opfer der vielen Ungerechtigkeiten wird, die auf dieser Welt an der Tagesordnung sind? Wie viel davon hat irgendetwas mit dem zu tun, was jetzt gerade geschieht? Wie viel davon kannst du kontrollieren?

Mit Übung erlangst du ein besseres Verständnis von Ursache und Wirkung. Das hilft dir zu erkennen, dass es unlogisch ist, wütend auf eine Person zu sein, weil sie dir Schaden zugefügt hat. Genauso könntest du wütend auf die Schwerkraft werden, weil du hingefallen bist. Lernst du, dein eigenes Verhalten zu erkennen und zu verändern, wird dir bewusst, dass hinter den Handlungen der Menschen eine längere Kette von Ursache und Wirkung steht, die nur wenig mit dem unmittelbaren Konflikt zu tun hast, in dem du dich jetzt gerade wiederfindest. Mit Übung wird es dir leichter fallen, dir selbst und anderen zu verzeihen, denn du erkennst, dass die schädlichen Handlungen anderer Menschen im Allgemeinen nicht auf nackte Feindseligkeit zurückgehen, sondern Resultat einer endlosen Abfolge von Ursachen und Wirkungen sind.

***

Meditation zu mitfühlender Ursache und Wirkung

Rufe dir jemanden in Erinnerung, der dir wehgetan hat oder dessen Handeln dich ärgert. Es ergibt Sinn, Abstand zu einer Person zu halten, die dich ernsthaft verletzt hat, und dabei gegebenenfalls den Schutz in Anspruch zu nehmen, den dir z. B. dein Arbeitgeber oder das Gesetz bieten. Aber der Großteil der Verletzungen, die wir Tag für Tag erleiden, sind kleinerer Natur und wir können sie beim Meditieren verarbeiten, denn wenn Menschen etwas tun, das uns aufregt, hat das oftmals nur wenig mit uns zu tun.

Versuche, Ursache und Wirkung hinter dem Verhalten dieser Person zu erkennen. Selbst wenn sie noch zu wütend sind, agieren Menschen, die Schaden anrichten, aus dem Wunsch heraus, glücklich zu sein. Sie haben nur leider eine falsche Vorstellung davon, was glücklich macht, also führt ihr Handeln nicht dazu, dass sie glücklich werden, sondern es erfüllt sie nur mit noch mehr Schmerz. Versuche, ihnen Zufriedenheit und geistige Stabilität zu wünschen. Wären sie wirklich glücklich, würden sie vermutlich aufhören, dir und anderen Menschen Schaden zuzufügen.

Stelle dir vor, inwiefern die Welt ein besserer Ort wäre, wenn alle Menschen, sogar deine Feinde, das besäßen, was sie benötigen – Gesundheit, Sicherheit, Wohlstand, Zuneigung, die Kontrolle über ihren Geist. Wie würde die Welt aussehen, besäßen alle Menschen die Weisheit, so zu handeln, dass für sie selbst und für andere die wahren Auslöser von Zufriedenheit gegeben wären?

***

Selbstkontrolle und Selbstakzeptanz

Im Buddhismus gilt die Selbstkontrolle als Schlüssel dafür, die Auslöser von Zufriedenheit zu erschaffen und die Gründe für die Auslöser von Unzufriedenheit loszulassen. Fortschritte werden in Stufen erzielt. Zunächst einmal geht es darum, den eigenen Körper zu kontrollieren. Der Großteil von uns hat diese erste Stufe als Kind gemeistert – wenn wir Schmerzen haben oder nicht das bekommen, was wir wollen, können wir den Trieb unterdrücken, mit körperlicher Gewalt zu reagieren und um uns zu schlagen.

Die nächste Stufe der Selbstkontrolle bezieht sich auf die verbale Ebene. Die meisten von uns beherrschen dies bis zu einem gewissen Grad, allerdings nicht vollständig.

Selbst an meinen allerbesten Tagen sage ich gedankenlos Dinge, die ich bedauere. Ich tue anderen auf kleine und nicht ganz so kleine Weise weh, manchmal unbeabsichtigt, häufig jedoch aus Unachtsamkeit, Selbstsucht oder nicht verarbeiteten Schmerzen heraus. Manchmal überrascht es mich selbst, wie sehr mich eine kleine Kränkung verletzt, Besser begriffen habe ich das durch den Psychologen Bessel van der Kolk, der sagt: »So etwas wie eine Überreaktion gibt es nicht.«[55] Wir reagieren schlicht auf andere Ereignisse als diejenigen, mit denen wir gerade konfrontiert sind. Wir reagieren auf frühere Schmerzen oder Traumata, die wir nicht völlig verarbeitet haben.

Nach Körper und Sprache folgt Level drei: die Kontrolle über den Geist zu erlangen. Das ist deutlich schwieriger als die beiden vorangegangenen Aufgaben. Die buddhistische Tradition erklärt, selbst hochgradig realisierten Wesen seien Gefühle wie Wut und Verlangen nicht fremd, aber sie lassen diese Gedanken ziehen, ohne sich an sie zu klammern, ihnen nachzugeben und entsprechend zu handeln und ohne zu werten.

---

55 *Bessel van der Kolk. 2022. Advanced Master Program on the Treatment of Trauma (Videokurs). The National Institute for the Clinical Application of Behavioral Medicine, Storrs, CT.*

Beherrschst du die Achtsamkeit, kannst du unangenehme Gedanken als etwas sehen, das vom sie beobachtenden Geist getrennt ist, und kannst unerwünschte Gedanken schlicht verblassen lassen, ohne dass sie dir oder anderen Schaden zufügen.

Ich finde diesen Blick auf die Selbstakzeptanz ausgesprochen profund. Er ermöglicht es uns zu akzeptieren, was auch immer an Gedanken durch unseren Geist zieht, ohne dass sie die Kontrolle über unseren Körper und unser Reden übernehmen, wo sie so viel Schaden anrichten können.

Tägliche Übung des Selbstverzeihens

Diese Meditation zu Ursache und Wirkung ist eine praktische Methode, schädliche Handlungen zu verarbeiten, wie wir sie Tag für Tag begehen. Es kommt immer wieder vor, dass wir nicht die Wahrheit sagen oder zu harsche, spalterische oder unverantwortliche Äußerungen von uns geben. Zwar begehen die meisten von uns als Erwachsene keine körperlichen Akte der Gewalt, dennoch fügen wir uns und anderen körperlichen Schaden zu, sei es durch harsche Mimik, einschüchternde Gestik und Haltung, den übermäßigen Genuss von Lebensmitteln oder schädlichen Substanzen oder indem wir der Umwelt schaden. Im Verlauf des Tages rechtfertigen wir unser Handeln vielleicht vor uns selbst, aber wenn wir unseren Geist ganz genau betrachten, stellen wir fest, dass alle diese Handlungen Bindungen zerstören und uns enttäuscht zurücklassen. Dieses Gefühl kann sich zu Selbsthass auswachsen.

Schaue ich zurück auf die Ereignisse, die ich in meinem Leben am meisten bedauere, handelt es sich um Dinge, die ich ohne nachzudenken tat oder sagte, ausgelöst von Gehässigkeit, Wut oder Schmerz. Ich spreche von Taten, die anderen Schaden zufügten und zum Teil sogar eine gute Beziehung zerstörten. Vielleicht geht es dir ja ähnlich. Wenn wir einen Mitmenschen verletzt haben, was fangen wir mit der Scham an und der Schuld? Wir rechtfertigen uns möglicherweise gegenüber anderen.

Selbst unsere Freunde werden uns wohl sagen, was wir getan haben, sei gerechtfertigt gewesen, aber tief im Inneren wissen wir, dass wir falsch gehandelt haben. Der Schmerz, einen Mitmenschen verletzt zu haben, schwindet nicht.

Hier ist die psychologische Herangehensweise des Buddhismus bezüglich Ursache und Wirkung von Nutzen. Mein tibetischer Lehrer Geshe Dakpa lehrte uns, wie wir uns von den psychologischen Schmerzen früherer Missetaten befreien, und erklärte, wenn es darum gehe, die Fehler des Tages zu verarbeiten, bestehe der erste Schritt in aufrichtigem Bedauern. Ich fragte ihn: »Was ist der Unterschied zwischen Bedauern und Schuldgefühlen?« Er gab eine ganz simple Antwort: Bedauern heißt, aufrichtig anzuerkennen, dass eine deiner Handlungen schädlich war, und sich ehrlich zu wünschen, es nicht wieder zu tun. Schuldgefühle dagegen seien der Gedanke, man sei ein schlechter Mensch. Man verurteilt sich oder hasst sich sogar dafür, etwas Falsches getan zu haben.

Immer, wenn ich etwas getan habe, was ich bereue, denke ich an die Worte von Geshe Dakpa. Natürlich sind meine Schuldgefühle und meine Scham dadurch nicht wie weggeblasen, aber hat sich in der Ruhephase vor dem Zubettgehen die erste Welle starker Emotionen erst einmal gelegt, kann ich eine ehrliche Liste der Dinge des Tages erstellen, die ich bedauere, und ich kann einüben, was ich stattdessen besser gesagt oder getan hätte.

Als ich anfing, die folgende Meditation anzuleiten, bei der es darum geht, die Fehltritte des Tages zu verarbeiten, habe ich eines festgestellt: Menschen, die sich ohnehin bereits selbstkritisch gegenüberstehen, kann diese Meditation weiter runterziehen, anstatt ihnen einen gesunden Ausweg zu eröffnen. Bevor ich also anfange, meine Missetaten zu zählen, füge ich eine weitere Meditation hinzu, die normalerweise getrennt ist. In dieser Meditation *für Freude* gehst du all das Gute durch, das du getan hast, und baust dir auf diese Weise ein gesundes Selbstwertgefühl auf. Ich glaube, die meisten von uns erkennen nicht an, wie viel Gutes wir in der Welt bewirken, und kauen stattdessen unproduktiv auf unseren wenigen bedauerlichen Taten herum. Um dem entgegenzuwirken, kannst du abends vor dem Zubettgehen darüber nachdenken, was du an diesem Tag alles Gutes getan hast. Genieße das gute Gefühl eine Weile und reflektiere dann offen und ehrlich über die Worte und Taten, die du bedauerst. Bei den meisten von uns wird es in erster Linie um Worte gehen, um im Gefühl der Wut getane Äußerungen oder um Klatsch über Personen, die wir nicht mögen. Bei anderen kann es aber auch um Taten gehen, um kleinere und nicht so kleine Handlungen, beispielsweise darum, Steuern zu hinterziehen oder unseren Partner zu betrügen.

Im nächsten Schritt des psychologischen Reinemachens geht es darum, diese Taten aufrichtig zu bedauern, und zwar auf eine Art und Weise, die frei von Scham und Selbsthass ist. Die meisten schädlichen Handlungen sind das Ergebnis schlechter Angewohnheiten und wir meditieren nun bewusst in der Absicht, positivere Seinsweisen zu verstärken. Frage dich ehrlich und ohne dich deswegen schlecht zu fühlen: »Was hätte ich in dieser Situation lieber getan, welche Worte hätte ich lieber verwendet, wie hätte ich lieber gehandelt?« Stelle dir dann in deiner Fantasie vor, diese Dinge getan zu haben, und übe sie ein für den Fall, dass du erneut in eine derartige Situation gerätst.

Fühlst du ein gesundes Maß an Bedauern, praktizierst du eine ritualisierte Form der analytischen Meditation, in deren Verlauf du dir selbst vergibst. Dieser Schritt wird zumeist als *Reinigung* bezeichnet, aber es fühlt sich weniger religiös an, von einer *Verzeihens-Meditation* zu sprechen und genau das ist es in Wirklichkeit auch: Es geht darum, dass du dir selbst verzeihst. Wie die Meditation zur Vergänglichkeit aus Kapitel 6 erfordert auch diese Verzeihens-Meditation von dir keinerlei religiösen Glauben, auch wenn du dir ein helles Licht vorstellen sollst, das deinen Geist und deinen Körper reinigt.

Die meisten Menschen sind sehr stark optisch ausgerichtet, insofern kann eine Visualisierung bei der psychologischen Heilung helfen. Anfangs fand ich die Vorstellung, mir mich und meine guten Qualitäten als ein Licht vorzustellen, doch ein wenig abgefahren. Das roch mir zu sehr nach New Age. Aber ich überlegte mir, die Licht-Idee in elektromagnetische Strahlung umzumünzen, und mir wurde klar, dass die Macht der Menschen, die Realität wahrzunehmen, Gegenstände zu bewegen und das Leben zu erhalten, sämtlich auf dieser allgegenwärtigen Energie beruht. Unsere Muskeln sind elektrische Motoren, unsere Zellen werden von elektromagnetischen Feldern betrieben und wir nehmen die Welt um uns herum durch das elektromagnetische Spektrum wahr.

Wenn es dir also einen zu religiösen Beigeschmack hat, dir dich als Licht vorzustellen, dann denke daran, dass unsere Fähigkeit, die Realität wahrzunehmen und zu beeinflussen, nahezu vollständig auf dem Kontinuum elektromagnetischer Energie beruht, in das wir eingetaucht sind. Ein doch etwas seltsamer Gedanke, aber auf wunderbare Weise wahr.

Nach der Visualisierung kommt der letzte Schritt bei dieser Übung im Selbstverzeihen. Dabei geht es darum, einen Vorsatz zu fassen, nämlich die Dinge, die du bedauerst, für einen gewissen Zeitraum nicht zu wiederholen. Abhängig davon, um was es geht, kannst du dich verpflichten, es einen Tag lang, eine Stunde, eine Minute oder auch nur eine Sekunde lang nicht zu wiederholen – wähle das Ziel, das dir erreichbar erscheint. Üblicherweise praktizierst du diese Meditation vor dem Zubettgehen, du kannst also etwas mogeln und dich verpflichten, die negative Handlung bis zum Aufwachen am nächsten Tag nicht zu wiederholen. Bei dem ganzen Prozess geht es darum, sich selbst gegenüber sanft zu sein und mithilfe von vernünftigen Vorsätzen Stärke aufzubauen, ähnlich wie die Anonymen Alkoholiker und ihr Vorsatz, von Tag zu Tag zu denken (»nur für heute«).

Vielleicht kannst du dir über den Umweg des Englischen die Abläufe besser einprägen – im Englischen beginnen die vier Schritte nämlich alle mit dem Buchstaben R (Rejoicing, Regret, Remedy, Resolve). Das Ergebnis ist eine vierstufige Meditation zum Selbstverzeihen ähnlich der, wie sie die meisten Anhänger des tibetischen Buddhismus zum Ende des Tages hin praktizieren.

Die Übung hilft dir, den Kopf klar zu bekommen und am nächsten Morgen als dein bestmögliches Ich aufzuwachen (außerdem dabei, besser zu schlafen). Sie hilft dir auch dabei, dich zu entschuldigen oder, soweit möglich, auf andere Weise Wiedergutmachung zu betreiben. Ich finde es ausgesprochen hilfreich, den Tag so zu beenden. Die Übung lässt mich friedlich zu Bett gehen und am nächsten Tag mit dem Vorsatz aufwachen, Gutes in der Welt zu bewirken, frei von Schuld, Scham oder unrealistischen Versprechungen, dass ich von nun an immer perfekt sein werde.

***

Meditation zu Ursache und Wirkung

Indem du über Ursache und Wirkung meditierst, übst du, deine Taten des Tages einer Überprüfung zu unterziehen. Erfreue dich am Positiven und verzeihe dir alles, was du bedauerst. Bei diesem Prozess der Selbstreflexion übernimmst du die Kontrolle über Angewohnheiten, die üblicherweise unbewusst ablaufen und die uns durch Evolution, die Gesellschaft, die Medien und Erziehung eingeprägt wurden. Nun übernimmst du das Ruder und steuerst deinen Geist in Richtung konstruktiverer Gedanken und Taten.

Üblicherweise macht man diese Übung abends. Dieser Zeitpunkt hilft dir, das Geschehen des Tages zu verarbeiten und Dinge gehen zu lassen. Du kannst aber auch morgens oder zu einem anderen Zeitpunkt meditieren und die Ereignisse der vorangegangenen 24 Stunden Revue passieren lassen.

Vorbereitungen

Nimm deine Meditationshaltung ein und vollführe dann als Vorbereitung die Motivation, die Zuflucht und die Atemmeditation.

Freude

Freude bedeutet, dass du über gute Taten nachdenkst. Gehe deinen Tag durch, vom Augenblick des Erwachens bis zum Augenblick, an dem du dich zum Meditieren niedergelassen hast. Versuche, alles Gute zu katalogisieren, was du getan hast. Vielleicht hast du jemanden angelächelt und dieser Person damit einen schönen Tag bereitet. Freue dich über Mahlzeiten, die du gekocht hast, über das, was du für deine Familie geleistet hast und was du bei der Arbeit gut gemacht hast.

Manchmal bereitet dir das Leben ein Geschenk und du kannst jemandem ein klein wenig mehr helfen. Hast du der Person vor dir an der Supermarktkasse die fehlenden Cents geschenkt und für diesen kleinen Akt der Großzügigkeit unverhältnismäßig viel Dankbarkeit zurückbekommen? Hast du einer obdachlosen Person, an der Hunderte Menschen achtlos vorbeigingen, Lebensmittel geschenkt und sie hat dir aufrichtig gedankt? Hast du einer Freundin geholfen, indem du ihr bei einem langen Spaziergang einfach nur zugehört hast, während sie sich alles von der Seele redete?

Gehe eine Minute lang alles durch, was du heute getan hast. Erfreue dich an deinen guten Handlungen und der positiven Kette von Ursache und Wirkung, die aus diesen Aktionen erwächst, auch wenn du vielleicht niemals davon erfahren oder sie zu Gesicht bekommen wirst.

Bedauern

Weiter geht es mit Bedauern. Etwas zu bedauern, ist nicht dasselbe wie sich deswegen schuldig zu fühlen. Schuld ist das Resultat dessen, dass du dich selbst verurteilst und dich wegen etwas, was du getan hast, für eine schlechte Person hältst. Bedauern bedeutet, aufrichtig anzuerkennen, dass etwas, was du getan hast, dir oder anderen geschadet hat. Es bedeutet, dir aufrichtig zu wünschen, dass du es nicht getan hättest, und es bedeutet, dich zu bemühen, es nicht wieder zu tun.

Rufe dir vom vergangenen Tag eine bestimmte Handlung, die du bedauerst, ins Gedächtnis. Versuche, sie möglichst deutlich zu sehen – was ist geschehen, wie hast du dich gefühlt. Diese eine Handlung kann stellvertretend für alles andere stehen, was du vom vergangenen Tag bedauerst. Überlege dir, wie sehr du es bevorzugt hättest, es nicht getan zu haben. Stelle dir vor, was du hättest stattdessen tun können – was hättest du anderes gesagt, wie hättest du anders gehandelt, was hättest du nicht gesagt oder nicht getan? Schaden anzurichten, lässt sich häufig am einfachsten vermeiden, indem man stille Zurückhaltung übt.

Abhilfe

Begreife, dass deine Handlungen Teil einer bewussten und unbewussten Konditionierung sind, das Ergebnis der reaktiven Evolution des menschlichen Geists, Spuren, die deine Eltern hinterlassen haben, deine Bildung, deine Arbeit und die Medien. Nicht alle Teile deiner früheren Konditionierung sind hilfreich. Vielleicht hat man dich gelehrt, dass Rache gerecht ist, dass Wut dir Macht verleiht oder dass man es nur zu etwas bringt, wenn man an sich selbst denkt. Derartige Botschaften sind aber nicht in deinem besten psychischen Interesse.

Um Abhilfe zu erschaffen, was dein Bedauern angeht, musst du die logische Ebene verlassen. Stelle dir vor, dein Körper wird mit Energie geladen und verwandelt sich in eine hohle Hülle aus Licht. Ein heller Lichtpunkt materialisiert sich und wächst über dem Scheitelpunkt deines Kopfs. Das Licht ist wie eine kleine Sonne und stellt die Essenz all dessen dar, was gut und sanft ist, liebevoll, großzügig, geduldig und verzeihend. Du hast das Gefühl, dass das Licht dich kennt und alles über dich weiß – es kennt sämtliche deiner Geheimnisse und alles, was dir leid tut. Und dennoch fühlst du dich geliebt, akzeptiert und verstanden, während du in diesem Licht badest. Deine wahren guten Seiten werden gesehen, ganz so, wie ein guter Freund dich sehen würde.

Stelle dir vor, wie sich aus dieser glühenden Kugel eine leuchtende Flüssigkeit in deinen Körper ergießt. Sie fühlt sich warm und reinigend an. Visualisiere dein Bedauern als Dunkelheit, die von dem fließenden Licht zusammengepresst wird und ebenfalls eine flüssige Form annimmt, dunkel und zäh wie Rohöl. Das reinigende flüssige Licht drückt diese Dunkelheit zusammen und füllt deinen Körper von oben bis unten mit einem klaren Licht. Die Dunkelheit wird unten aus deinem Körper herausgedrückt. Spüre, wie du deine beunruhigenden Gedanken, Wörter und Taten loslässt. Es wird dir verziehen, sie werden dich nicht länger quälen. Das Licht erfüllt deinen ganzen Körper von Kopf bis Fuß, während die letzten Reste Negativität aus dir herausfließen. Du bist nun frei von diesen Taten und hast dir voll und ganz verziehen.

Ruhe in dem Gefühl, von Licht und Güte erfüllt zu sein. Du fühlst dich erneuert. Deine Güte ist größer als all die Dinge, die du bedauert und losgelassen hast. Deine Güte ist dein wahres Wesen.

Vorsätze

Stelle dir erneut vor, was du besser getan oder nicht getan hättest, gesagt oder nicht gesagt hättest. Stelle dir dann vor, auf die entsprechende Weise reagiert zu haben. Das Vorstellen legt die Grundlage dafür, dass du zu einem späteren Zeitpunkt so reagierst, wie du es gerne getan hättest.

Nimm dir vor, nicht erneut auf diese Weise, die du bedauerst, zu handeln, und zwar für eine möglichst vernünftige Zeitspanne – sei es nun ein Tag, eine Stunde, eine Minute oder auch nur eine Sekunde.

Gehst du nach dem Meditieren ins Bett, ist es ein Leichtes, sich vorzunehmen, die Handlung nicht zu wiederholen, bis du am nächsten Tag aufstehst.

Danksagung

Entschließe dich bei der Danksagung am Ende der Meditation, dir stärker bewusst zu werden, wie dein Kopf im Alltag funktioniert. Anstatt automatisch zu reagieren und sich von vorprogrammierten Angewohnheiten leiten zu lassen, versuche, achtsam und mitfühlend zu handeln und den besten Handlungsweg zu wählen – der auch darin bestehen kann, überhaupt nicht zu handeln. Du solltest darauf hinarbeiten, dass Verzeihen, Sanftmut, anderen einen Vertrauensvorschuss einzuräumen, Ruhe angesichts eines Konflikts zu bewahren und die Erkenntnis, dass hinter allem eine gewaltige Kette aus Ursache und Wirkung steht, die nichts mit dir zu tun hat, Schritt für Schritt deine natürliche Reaktionen werden sollten.

Meditierst du am Abend, kannst du nun zu Bett gehen und dich in dem Wissen entspannen, dass du Frieden mit dir selbst geschlossen hast. Vielleicht liest du noch, siehst fern oder gehst direkt zu Bett, mit reinem Gewissen und beseelt von dem guten Gefühl davon, was du alles an Positivem in der Welt bewirkst. Du weißt um die Kette von Ursache und Wirkung, die uns alle dazu bringt, Dinge zu tun, die wir bedauern.

***

Kapitel 8

Die vierte Stufe: Was machst du, wenn du allein bist?

Was tust du, wenn du allein bist? Wenn du besorgt bist, Schmerzen hast oder ängstlich bist, wenn dich Gelüste oder Abhängigkeiten plagen? Auf dem buddhistischen Weg wenden wir uns in solchen Augenblicken einem Ort zu, den wir als *Zuflucht* bezeichnen. Traditionell gibt es drei äußere Formen von Zuflucht, in denen ein Buddhist Zuflucht findet – der historische Buddha (ein erleuchtetes Wesen), der Dharma (seine Lehren) und der Sangha (seine Gemeinschaft). Die Zuflucht eines Buddhisten ähnelt sehr stark der Verehrung, die ein Physiker möglicherweise Newton und Einstein entgegenbringt, der Gesamtheit wissenschaftlichen Wissens und der Gemeinschaft lebender Forscher und Forscherinnen.

Zu den einleitenden Schritten der Meditation gehört die Zuflucht. In der Meditation von Kapitel 3 habe ich eine simple Zuflucht-Übung vorgestellt. Sie richtet sich an Nicht-Buddhisten und im Mittelpunkt stehen die besten Eigenschaften der Menschen und dein eigenes Potenzial, sie zu verkörpern. Buddhisten sprechen bei Letzterem von der *inneren Zuflucht* – eine Quelle von Stärke und Unterstützung, auf die du zugreifen kannst, wann immer du sie benötigst.

Bei den Meditationen zum Wesen des Geists (Kapitel 4) hast du möglicherweise einen kurzen Blick auf dieses tiefe Gefühl der Stabilität und die Fähigkeit für Gutes werfen können, von der es heißt, sie liege im innersten Zentrum unseres Wesens.

Aber »Zuflucht« ist nicht nur eine optimistische Umschreibung deines größten Potenzials. Zu den Markenzeichen der analytischen Meditation gehört es, einen unverstellten Blick sowohl auf uns selbst als auch auf die Realität zu werfen und zu einer Zufriedenheit zu gelangen, die deutlich tiefer geht als eine Zufriedenheit, die auf unkritischem Glauben fußt.

Wir können sanft mit uns umgehen und unsere Mängel vollständig akzeptieren, während wir gleichzeitig ehrlich beurteilen, welche unsere Angewohnheiten uns langfristige Zufriedenheit bringen können und welche nur mehr Schmerz verursachen.

Wir alle verfügen bereits über Zufluchtsorte und einige davon könnten auf dieselbe Weise funktionieren wie Meditation, indem sie uns helfen, Stress loszuwerden, das Gute im Leben zu umarmen und unseren Charakter zu stärken. Also beginnen wir diese Phase der Zuflucht mit einer ehrlichen Einschätzung dessen, was wir tun, wenn niemand zusieht.

Sport, Kreativität und Natur als Zuflucht

Körperliche Betätigung, Kunst und Musik haben viel mit Meditieren gemein und stellen gesunde Wege dar, Schmerzen zu verarbeiten, Stress abzubauen und darüber nachzudenken, wer man ist und wer man sein möchte. Zu laufen, Gitarre zu spielen oder ein Bild zu malen können Rituale sein, bei denen du Körper und Geist verbindest, deine Sorgen und Pläne aus dem Kopf bekommst und dich voll und ganz der Bewegung, dem schöpferischen Prozess oder der Natur hingibst. Ich habe Freunde, die bezeichnen Wandern, Yoga, Singen, Surfen oder Nähen als ihre spirituelle Praxis. Wie alles andere auch können sich Sport und Kunst in kompetitive, ego-getriebene Aktivitäten verwandeln. Aber einige der sanftmütigsten und positivsten Menschen, die ich kenne, meditieren überhaupt nicht und finden ihre Verbindung zum Universum – und sich selbst – durch die Musik, die Kunst oder die Natur. Aus buddhistischer Sicht hängt alles von deiner Motivation ab. Werden Aktivitäten wie diese mit Achtsamkeit und einer mitfühlenden Motivation kombiniert, werden sie zu Meditationen.

Selbst Mönche und Lamas nutzen Kunst und Sport als Formen von

Meditation. Bei einem Interview erzählte mir Dzigar Kongtrul Rinpoche, ihm helfe seine abstrakt-expressionistische Malerei dabei, »mich nicht an meine Schöpfung zu binden«.[56] Und Lama Kunga Rinpoche ist begeisterter Golfer. Er hat mir gesagt, dass der Sport gut für den Körper ist und ebenso gut dafür, Konzentration zu entwickeln. Die Zeitschrift *Golf Digest* veröffentlichte unter der Überschrift »Gutes Karma, schlechtes Golf« einen Bericht über Lama Kunga, in dem er entzückende Weisheiten teilt, etwa: »Die Ursprünge des Leids liegen in der Wut, der Frustration und der Befangenheit. Wenn Sie Golf spielen, wissen Sie, wovon ich spreche.«[57]

Arbeit als Zuflucht

Einige von uns stürzen sich in die Arbeit, wenn sie allein sind. Das ist die Art Zuflucht, der auch ich mich üblicherweise zuwende, wenn ich viel freie Zeit vor mir habe. Jetzt zum Beispiel – ich schreibe dieses Kapitel an einem sonnigen Sonntagnachmittag. Ich liebe es, die Grenzen meiner Fähigkeit auszuloten, etwas von Wert zu produzieren und engere Verbindungen zu Kollegen aufzubauen, die ein Ziel mit mir teilen. Mir gefällt auch, wie ich während der Arbeit mein Zeitgefühl verliere, meinen Sorgen, meinem Verlangen und sogar meinem Gefühl eines unabhängigen Selbst entkomme. Manchmal habe ich das Gefühl, ich würde buchstäblich zu einem Kunstwerk, einem Buchkapitel oder einem Computerprogramm. Der intensive Fokus, den ich bei der Arbeit habe, hilft mir auch dabei, die punktgenaue Konzentration zu trainieren, die beim Meditieren erforderlich ist.

Natürlich kann auch Arbeit zur Sucht oder zur Fluchtmöglichkeit werden. Man kann sich bis zum Burnout abrackern und man kann auf

---

56 *Interview mit Scott Snibbe. 2021. »Dzigar Kongtrul Rinpoche on Patience, Compassion, and Art.« Podcast A Skeptic's Path to Enlightenment, Episode 54, 23. Februar. Abrufbar unter: www.skepticspath.org/podcast/54-dzigar-kongtrul-rinpoche (abgerufen April 2023).*

57 *Josh Sens. 2002. »Good Karma, Bad Golf.« Golf Digest, November.*

ein Ziel hinarbeiten, das anderen Schaden zufügt. Der »rechte Lebenserwerb« ist ein zentraler buddhistischer Grundsatz, von dem auch ich gelegentlich abgeschweift bin. Es war ein furchtbares Gefühl, an Projekten zu arbeiten, an die ich nicht glaubte, denn es wirkte sich schmerzhaft auf meine Stimmung und mein Verhalten aus. Selbst meiner Familie ging es nicht gut damit.

Praktisch alles an Arbeit, was keinen Schaden anrichtet und etwas Positives zur Welt beiträgt, erfüllt die buddhistischen Ansprüche bezüglich eines rechten Lebenserwerbs. Was jedoch Arbeit in eine Übung in Charakterbildung oder sogar in eine Form der Meditation verwandelt, ist die Motivation, das Wohlergehen der Menschen auf jede dir zur Verfügung stehende Weise zu verbessern.

Zu Beginn einer Meditationssitzung strebst du danach, zum Wohle anderer zu wirken. Das kannst du auch tun, bevor du mit deiner Arbeit beginnst.

Wenn du dich ausdrücklich auf diese Weise motivierst, kann dies zu der Erkenntnis führen, dass du dir eine andere Beschäftigung suchen musst. So war es vor einigen Jahren bei mir, als ich bei einem Unternehmen kündigte, dessen Gebaren ich moralisch nicht vertretbar fand. In buddhistischen Zentren motivieren wir uns wechselseitig laut, bevor wir ein Arbeitstreffen beginnen. »Möge dieses Treffen anderen von Nutzen sein« klingt vielleicht ein wenig kitschig, aber ich glaube, wenn wir bei meinem alten Arbeitgeber eine derartige Motivation laut ausgesprochen hätten, hätten wir deutlich mehr Gutes in der Welt bewirkt – und zahlreiche Probleme vermieden.

Unterhaltung als Zuflucht

In unserer heutigen Gesellschaft gibt es wohl keine größere Zuflucht als die Unterhaltung. Eine zentrale Rolle spielen dabei unsere Handys als Portal zu sofortiger Zerstreuung. Musik, Videos, Social Media oder die Nachrichten – Entertainment ist ein Weg, den Geist mit externen Reizen zu fluten. Verstehen wir uns nicht falsch: Auch ich liebe all diese Dinge.

In Kapitel 11 stelle ich sogar eine als *Universalisieren* bezeichnete Meditationsmethode vor, die jede Form von Vergnügen in eine profunde Meditation verwandelt, die dein Herz für andere öffnet. Mit Blick auf meinen alltäglichen Geist muss ich allerdings gestehen, dass meine Motivation, Zuflucht in Unterhaltung zu suchen, nicht immer ganz so rein ist.

Um ganz ehrlich zu sein: Ich wende mich vor allem aus Gewohnheit den Unterhaltungsmöglichkeiten zu. Habe ich einen freien Moment, greife ich zum Handy, um die Zeit mit etwas Neuem zu füllen, etwas Stimulierendem oder etwas Lustigem. Ist das Entertainmentangebot allerdings meine ständige Zuflucht, bringe ich mich um die Freude, einfach im Hier und Jetzt zu sein, offen für das, was in mir und um mich herum lebendig ist. Kennst du den buddhistischen Spruch »Tu nicht einfach was, sitz herum«? Der kommt mir gelegentlich in den Sinn, wenn ich wieder einmal zum Smartphone greife.

Sex als Zuflucht

Eine weitere mächtige Zuflucht ist Sex. Ausgehend von meinen eigenen Erfahrungen mit Sex – und denen einiger Freunde –, halte ich es für wichtig, dieses Thema offen anzusprechen. Spüre ich ein starkes sexuelles Verlangen, versuche ich, mir meiner selbst bewusst zu werden und dieser Erfahrung auf den Grund zu gehen. Manchmal geht mein sexuelles Verlangen mit einem Gefühl der Unvollständigkeit einher, das mir in jungen Jahren dadurch eingepflanzt wurde, wie meine Eltern Zuneigung zeigten (oder eben nicht zeigten), oder durch Kindheitstraumata. Frage dich, ob es womöglich ein Gefühl von Unzulänglichkeit, Unsicherheit oder Flucht ist, das dich in Richtung Sex drängt.

Sex kann eine tiefgehende Verbindung zu einem anderen Menschen darstellen, ein großzügiges Ritual, das Körper und Geist involviert. Aber die Routine des Sex kann auch zu einer gedankenlosen Transaktion verkommen, bei der du am Körper eines anderen Menschen dein Verlangen stillst. Es kann sogar ausbeuterischer Sex werden, bei dem du deine Bedürfnisse dermaßen stark fühlst, dass du bereit bist, mit Zwängen zu arbeiten und Macht auszuüben. Du opferst das Wohlergehen eines anderen Menschen, um deine eigenen Gelüste zu stillen.

In der Pornografie schwingen Elemente dieser Schäden mit, denn sehr viele der online abrufbaren Bilder und Videos sind nicht das Ergebnis bedeutungsvoller Verbindungen, sondern resultieren aus der Verzweiflung der Darstellerinnen und der Ausbeutung durch die Macher der Aufnahmen. Ich denke nicht, dass wir das Leiden hinter dem Entstehen ausbeuterischer Pornografie ignorieren können – und dass wir dazu beitragen, dieses Leiden fortzuführen, indem wir diese Produkte konsumieren.

Und selbst wenn es sich um nicht ausbeuterische Pornografie handelt, selbst wenn sie von glücklichen, zustimmenden Erwachsenen produziert wurde, kann ein aufgezeichneter Geschlechtsakt etwas völlig Abgekoppeltes sein vom eigentlichen Zweck, eine Verbindung zu einem anderen Menschen aufzubauen. Der Akt wird vielmehr zu einer einsamen Aktivität. Ein Trick der Evolution lässt uns auf die Bilderfolge eines Videos reagieren, als handele es sich um eine reale Verbindung zu einem lebenden Gegenüber. Bei Pornografie geht es mir wie bei Junkfood – es bleibt möglicherweise ein Restgefühl der Unzufriedenheit zurück, welches das Verlangen keineswegs stillt, sondern nur noch verstärkt. Neurowissenschaftliche Forschung zeigt, dass Pornosucht Probleme wie Aggressionen, schlechtes Urteilsvermögen und Enthemmung nach sich ziehen kann.[58]

Suchtmittel als Zuflucht

Wir alle haben Suchtmittel, die uns als Zuflucht dienen. Kaffee zählt zu den häufigsten. Meine sind grüner Tee und Eiscreme. Alkohol, psychedelische Drogen, Schokolade – nichts davon ist zunächst einmal hilfreich oder schädlich. Diese Substanzen lassen sich auf gesunde Weise

58 Donald L. Hilton und Clark Watts. 2011. »Pornography Addiction: A Neuroscience Perspective.« Surgical Neurology International, 21. Februar, 2: 19.

verwenden, therapeutisch oder in Ritualen der Verbindung oder zur Erweiterung des Geistes. Wenn du diese Mittel konsumierst, lohnt es sich jedoch, deinen Geist im Blick zu behalten.

Mir gefällt die buddhistische Herangehensweise an das Thema Essen sehr gut. Eine Mahlzeit wird hier zu einer spirituellen Übung. Es gibt keinen universellen buddhistischen Segen, aber bevor du eine Mahlzeit zu dir nimmst, kannst du ein Gefühl der Dankbarkeit für die zahlreichen Menschen beschwören, die dafür verantwortlich waren, dass diese Mahlzeit auf deinem Teller gelandet ist. Du kannst dir sogar all die Milliarden Jahre Evolution vor Augen führen, die diese Vielfalt an Pflanzen- und Tierleben auf unserem Planeten hervorgebracht haben. Im Grunde war das gesamte Universum erforderlich, um dir diese eine Mahlzeit auf den Teller zu können. »Möge uns dieses Essen von Vorteil sein, auf dass wir anderen von Vorteil sein können.« Das ist der kürzeste Segen, den ich kenne, und er kombiniert geschickt die wechselseitige Abhängigkeit und Dankbarkeit. Er motiviert dich, dich gesund zu ernähren und eine Kraft für das Gute in der Welt zu sein.

Natürlich kannst du gedankenlos, selbstsüchtig oder zwanghaft essen, trinken und Drogen konsumieren. Das kann dir enormes Vergnügen bereiten und dein Gehirn kann dich glauben lassen, dass immer größere Mengen dieser Substanzen auch immer größeres Vergnügen bedeuten. Aber stelle diese These auf die Probe und du wirst feststellen, dass das nicht wahr ist. Zu viel von etwas, das dir Freude bereitet, sorgt dafür, dass die Freude schwächer und schwächer wird.[59] Es wird dich körperlich krank machen und psychisch aushöhlen.

Mir verleiht es ein gutes Gefühl, wenn es mir gelingt, im Umgang mit Suchtmitteln Selbstkontrolle walten zu lassen. Ich mag es, eine Wahl zu haben und nicht von meinen Trieben dominiert zu werden. Eine bud-

59 *K. M. Sheldon und S. Lyubomirsky. 2021. »Revisiting the Sustainable Happiness Model and Pie Chart: Can Happiness be Successfully Pursued?« Journal of Positive Psychology, 16(2): 145–54.*

dhistische Lehrerin erklärte mir einmal ihren Standpunkt, wonach sich wahre Freiheit dadurch äußert, dass man frei davon ist, verzweifelt seinen Wünschen hinterherzujagen, und nicht dadurch, dass man ihnen endlos nachgibt.

Sämtliche menschlichen Wesen als Zuflucht

Was einem häufig in den Sinn kommt, wenn man allein ist, sind andere Menschen, egal ob man nun gerne an sie denkt, sie vermisst oder sich über sie ärgert. Lama Yeshe sagte, wenn man erfolgreich den buddhistischen Pfad praktiziert, führt dies dazu, dass die Beziehungen stärker werden. Eine tiefe und herzliche Beziehung aufzubauen, könnte zu den bedeutsamsten Errungenschaften in unserem Leben zählen. Schaue ich auf mein Leben zurück, sind es die Liebe, die Güte und der Respekt anderer Menschen, die mir am meisten dabei geholfen haben, als Mensch ausgeglichener und präsenter zu werden. Praktisch alles andere, was von Wert im Leben ist, erhalten wir von anderen Menschen, sei es Nahrung, ein Dach über dem Kopf und Sicherheit bis hin zu dem Wissen, wie man spricht oder arbeitet.

Der Mahayana-Buddhismus kennt sogar einen noch umfassenderen Weg, Zuflucht in anderen Menschen zu finden, einen Weg, der darüber hinausgeht, den direkten Nutzen zu schätzen, den man aus seinen Mitmenschen zieht. Diese größte aller Zufluchten geht sogar über den Buddha und seine Lehren hinaus und schließt *die Gesamtheit aller menschlichen Wesen* ein, nicht nur jene, die dir Nutzen bringen. Die Logik dahinter: Ohne eine Vervollständigung aller Freunde, Feinde und Fremden gäbe es nicht nur niemanden, den du lieben und umsorgen könntest, es gäbe auch niemanden, für dessen Schmerz du Mitgefühl aufbringen könntest, und niemanden, dessen nerviges Verhalten die Grenzen deiner Toleranz auslotet. Tatsächlich hat sich Lama Zopa Rinpoche einmal beschwert, dass ihn alle zu freundlich behandelten. So wenige Menschen würden seine Geduld auf die Probe stellen, dass er kaum Gelegenheit finde, die so wichtige Tugend der Geduld weiterzuentwickeln.

Bei einer traditionellen analytischen Meditation zur Zuflucht in allen menschlichen Wesen stellst du dir alle Menschen vor, die du kennst. Jedem einzelnen bist du dankbar dafür, dass sie dir helfen, deine Liebe, deine Güte und dein Mitgefühl zu erweitern. Diese Dankbarkeit weitest du dann auf alle Menschen auf der Erde aus, auch auf jene, die du niemals kennenlernen wirst, und jene, die Schaden anrichten, denn sie helfen dir, Geduld zu entwickeln, Toleranz und Mitgefühl. Außerdem hat jedes menschliche Wesen Anspruch auf ein sicheres, gesundes und würdevolles Leben.

Wer verdient deinen Respekt?

Bei den einzelnen Schritten der 8-Stufen-Meditation habe ich ein Thema vorsätzlich ausgeklammert, das traditionell den Auftakt des Lamrims darstellt – die sogenannte *Verehrung des Gurus*, bei der man uneingeschränkt Zuflucht in der Person sucht, die die buddhistischen Lehren verkörpert und sie dir näherbringt. Mit der Guru-Verehrung tat ich mich schwer, als ich begann, den tibetischen Buddhismus zu studieren. Um mich herum verneigten sich alle vor den tibetischen Lamas in ihren Jedi-Roben und ich fragte mich, ob ich es ihnen gleichtun solle.

In der westlichen Kultur vertreten wir die gesunde Auffassung, dass wir alle einen gleich großen Anspruch auf Leben, Freiheit und das Streben nach Glück haben. Heutzutage jedoch ist die Gesellschaft gespalten und Gleichheit bedeutet, dass niemand von unserer Kritik, unserem Urteil und unserer Verachtung ausgenommen ist. Das macht es schwer, Personen in Autoritätspositionen ohne Skepsis entgegenzutreten.

Doch wenn du so privilegiert bist, jemanden wie den Dalai Lama persönlich kennenlernen zu dürfen, kann diese Erfahrung dir beweisen, dass es durchaus möglich ist, grenzenlose Liebe und grenzenloses Mitgefühl für die gesamte Menschheit zu empfinden und jede Person, die du kennenlernst, zu behandeln, als handele es sich um das wichtigste menschliche Wesen der Welt. Einen derartigen Menschen kennenzulernen, kann dein Herz von der Vorstellung überzeugen, dass manche Menschen tatsächlich unseren uneingeschränkten Respekt verdienen. Aber wie gelangt man an diesen Punkt, ab dem man jemandem derart vollständig vertraut? Und was, wenn dein Vertrauen missbraucht wird?

Der Lamrim beleuchtet in seinem allerersten Punkt der Guru-Verehrung Sorgen, was Autorität und Missbrauch anbelangt. Er empfiehlt, jemanden *zwölf Jahre lang* sorgfältig zu studieren, bevor man sich von dieser Person in spirituellen Dingen unterrichten lässt. Es gibt eine lange Liste an Eigenschaften, auf die du während dieser Probezeit achten sollst, um festzustellen, dass diese Person tatsächlich dein Vertrauen verdient. Auf dieser Liste stehen Dinge wie geistige Stabilität, moralisches Verhalten und Mitgefühl. Autoritätspersonen sind angehalten, ihren Worten auch Taten folgen zu lassen.

Einer meiner buddhistischen Lehrer sagte uns zum Thema Guru-Verehrung einmal, wir sollten nicht nur bei der Auswahl eines spirituellen Führers sehr sorgfältig vorgehen, sondern auch bei anderen Personen, die uns anleiten oder führen sollen, sogar bei unserem Yoga-Lehrer oder einem Kunden bei der Arbeit. Er begründete dies damit, dass wir ihnen ähnlicher werden würden. Vielleicht macht dir das Angst, wenn du einen Augenblick lang mit deinen derzeitigen Vorgesetzten vor dem inneren Auge darüber nachdenkst. Eventuell beschließt du sogar, dir einen neuen Chef zu suchen. Ähnlich war es bei mir einige Male, wenn ich für Leute arbeitete, die sich skrupellos verhielten. Zum Glück trifft aber das Gegenteil ganz genauso zu: Chefs und Mentoren, die Fürsorge walten lassen oder konstruktiv sind, helfen dir, die von ihnen verkörperten guten Qualitäten zu stärken.

Ein weiterer wichtiger Punkt, den einer meiner Lehrer ansprach: Niemand zwingt dich, alles zu tun, was dir dein Guru sagt. Das ist von zentraler Bedeutung, denn es wird in Machtpositionen – selbst bei buddhistischen Lehrern – immer Menschen geben, die ihre Macht missbrauchen. Denke gründlich über die Anweisungen deines Lehrers nach, aber lasse dir davon nicht dein Gefühl für Richtig und Falsch vernebeln, von Gesund oder Ungesund oder von dem, was für dich in diesem Augenblick möglich oder unmöglich ist. Sei ganz besonders kritisch, was Ratschläge angeht, die deine körperliche Integrität betreffen.

Die Grundregeln sind abgesteckt: Schaue dir potenzielle Lehrer einige Jahre lang an und gehe mit ihren Ratschlägen kritisch um. Vor diesem Hintergrund kannst du über den Wert von Respekt nachdenken. Hier ist wichtig anzuerkennen, dass manche Menschen auf dieser Welt realisierter als du oder ich sind und über mehr Verständnis verfügen. Möglicherweise sind sie es sogar wert, dass man sich vor ihnen verbeugt. Mir persönlich fiel dies schwer, denn meine Eltern waren Rebellen und haben mich so erzogen, dass ich jedweder Autorität misstrauisch gegenüberstehe. Menschen wie der Dalai Lama, Papst Franziskus, Anne Frank, Wangari Maathai[60] oder Nelson Mandela verdienen jedoch in der Tat unseren Respekt. Und ständig kommen weitere Kandidaten und Kandidatinnen hinzu, sei es Malala Yousafzai, Greta Thunberg oder MacKenzie Scott[61]. In meinem Privatleben verehre ich Mütter und Künstler, Ausbilder und Erfinder und natürlich meine buddhistischen Lehrer.

Wenn es in deinem Leben Menschen gibt, die du für bewundernswert hältst, kann es hilfreich sein, sie in deinen Zufluchtsübungen zu visualisieren. So stellen sie eine greifbare Verkörperung der Eigenschaften dar, die du bei dir selbst fördern möchtest, sei es Weisheit, Mitgefühl oder geistige Stabilität.

Der Geist als Zuflucht

Wir haben nun eine ganze Reihe externer Quellen für eine Zuflucht betrachtet – Essen, Sex, Fernsehen, ein gutes Buch, ein Glas Wein, eine Freundin oder eine persönliche Heldin. Wenden wir uns nun der inneren Zuflucht zu. Hier, in unserem eigenen Geist, finden wir eine ständig prä-

---

60 *Anm. d. Übers.: Die kenianische Umweltaktivistin erhielt 2004 als erste Afrikanerin den Friedensnobelpreis.*

61 *Anm. d. Übers.: Durch ihre Scheidung von Amazon-Chef Jeff Bezos wurde Scott zu einer der reichsten Frauen der Welt. Sie hat angekündigt, weite Teile ihres milliardenschweren Vermögens zu spenden.*

sente Quelle des Selbstrespekts, des Trosts und der Freude. Thich Nhat Hanh sagt, Zufriedenheit komme aus einem »inneren Zuhause«, das du entdeckst, indem du dich selbst akzeptierst und indem du lernst, dich selbst zu lieben und zu heilen.[62] Dann bist du imstande, Augenblicke des Glücks einfach dadurch zu erschaffen, dass du präsent und achtsam bist.

Ein guter Ausgangspunkt, zur inneren Zuflucht deines Geistes zu gelangen, ist die Freude-Übung aus Kapitel 7, bei der du dir vor Augen führst, was du alles Gutes in der Welt bewirkst. Denke im nächsten Schritt über deine angeborene Fähigkeit nach, gut zu sein, und darüber, wie weit verbreitet Güte und Mitgefühl in unseren Gesellschaften sind. Auch wenn es die Nachrichten vielleicht anders erscheinen lassen: Die meisten Menschen leben in Harmonie miteinander.[63] Ein gesundes, verbundenes Leben zu führen ist für uns Menschen ganz natürlich, zumindest dann, wenn wir nicht gestresst sind. Laut Buddhismus sind die am tiefsten sitzenden Eigenschaften des Geistes Leichtigkeit, Offenheit und Freude. Es sind schlechte Angewohnheiten, Gedankenlosigkeit oder äußere Konditionierung, die uns davon fortführen, aber dem können wir entgegenwirken, indem wir uns eine gesunde Zuflucht suchen.

Die grundlegende Güte des Geistes ist eine Zuflucht, die uns jederzeit offensteht und keine ausgeklügelten Vorbereitungen erfordert. Sie ist kostenlos und ständig verfügbar. In Kapitel 4 haben wir gesehen, dass wir in der Klarheit, der Offenheit und der Wandlungsfähigkeit des Geistes innere Zuflucht finden können. Wenn wir auswählen, welche Gedanken wir fördern und welche wir gehen lassen möchten, arbeiten wir an unserer Achtsamkeit und können unseren Geist wirksam in Richtung Zufriedenheit, Bedeutung und Sinn steuern. Das ermöglicht es uns, für uns selbst und für andere von größtmöglichem Nutzen zu sein.

---

62 *Thich Nhat Hanh. 2014. How to Love. Berkeley, CA: Parallax Press. Dt. Titel: Einfach lieben [München: O.W. Barth, 2016].*

63 *Stephen Pinker. 2011. The Better Angels of Our Nature: Why Violence Has Declined. New York: Viking. Dt. Titel: Gewalt: eine neue Geschichte der Menschheit [Frankfurt, M.: S. Fischer, 2011].*

***

Meditation zum Geist als innere Zuflucht

Sind wir Ängsten, Schmerzen oder Verlangen ausgesetzt, suchen wir gerne extern nach Trost. Diese Meditation befasst sich mit drei Quellen der Zuflucht, die uns jederzeit und überall zur Verfügung stehen – Zuflucht in den besten Eigenschaften der Menschheit und unserem eigenen Potenzial, sie zu verkörpern; Zuflucht in Menschen, die uns helfen, sei es durch ihre Güte oder in der Weise, wie sie uns fordern; und Zuflucht in der Klarheit unseres inneren Bewusstseins.

Vorbereitungen

Nimm dir in der Motivation vor, durch die Meditation eine gesunde, stabile Grundlage der inneren Unterstützung zu erschließen, auf die du zugreifen kannst, wann immer du sie benötigst.

Zuflucht in unseren besten Qualitäten

Stell dir auf der Höhe deiner Stirn einen winzigen Lichtpunkt vor, einen kleinen Stern, der knapp außerhalb deiner Reichweite ist. Das Licht, das von diesem Punkt ausgeht, erfüllt dich mit den allerbesten Eigenschaften des Menschen – Liebe, Mitgefühl, Geduld, Großzügigkeit, Freude, geistiger Stabilität, Weisheit. Kennst du Menschen, die diese Qualitäten verkörpern, stelle dir vor, dass ihr Geist in dem Licht mitschwingt.

Lasse diesen Lichtpunkt auf dich zutreiben, bis das Licht über deinem Kopf zum Stehen kommt. Dein Körper verliert seine materielle Form und wird zu einer Hülle aus Licht. Der mit all den guten Eigenschaften getränkte Lichtball schmilzt durch den Scheitel und hält dort inne. Er erfüllt deinen Körper mit weißem Licht, damit dieser fähig ist, ausschließlich Gutes zu bewirken.

Das Licht fließt herab zu deiner Kehle, wo es innehält, rot wird und deinen gesamten Körper mit seinem Licht flutet. Dein Reden wird klar und du weißt den Menschen um dich herum stets das Nützlichste zu sagen, sei es sanft oder mit Nachdruck.

Schließlich fließt das Licht zu deinem Brustkorb herab und wird blau. Erneut erfüllt es deinen ganzen Körper. Stelle dir vor, dass dieses Licht deinen Geist klärt und du die vollständige Kontrolle über deinen Geist erhaltst und ihn ausschließlich zum Guten steuerst.

Lasse zu, dass dein Herz mit Respekt und Wertschätzung für all deine guten Qualitäten erfüllt ist.

Zuflucht in allen Lebewesen

Erweitere deine Wertschätzung auf die guten Eigenschaften aller Menschen, die du liebst und bewunderst und die dich lieben und respektieren.

Erweitere deine Dankbarkeit auf hilfreiche Fremde – die Menschen, die unser Essen anpflanzen und zubereiten, die unsere Straßen reparieren, die für unsere Sicherheit und unseren Schutz sorgen, die unsere Schulen und Krankenhäuser betreiben. Denke darüber nach, wie der absolute Großteil der Menschheit den Großteil ihrer Tage einander von Nutzen ist, sei es in kleinen Dingen oder in großen.

Denke dann über den Nutzen nach, den du selbst aus Konflikten und Herausforderungen ziehst. Natürlich solltest du bei ernsthafter Gefahr fliehen oder Schutz suchen, aber die Menschen, die dir auf die Nerven gehen und die deine Ansichten hinterfragen, helfen dir auch, das Maß an Geduld und Mitgefühl zu entwickeln, das es braucht, um ein tolerantes, warmherziges Mitglied der menschlichen Rasse zu sein.

Zuletzt denke an die Fähigkeit jedes einzelnen Menschen, sich zu wandeln und seinen Geist zu einer Zuflucht zu erweitern. Unser aller Geist unterliegt Veränderungen und wir alle besitzen die Fähigkeit, unsere Güte, unsere Weisheit und unser Mitgefühl zu stärken.

Zuflucht im Geist

Wende dich jetzt der Quelle innerer Zuflucht in deinem eigenen Kopf zu. Ganz tief drinnen sitzt dort eine heilsame Zufriedenheit, die daraus resultiert, dass man schlicht präsent und bewusst ist. Anstatt deinen Schmerz und dein Leid zu leugnen oder abzulehnen, akzeptiere voll und ganz, was du durchlebst. Akzeptierst und verstehst du deinen eigenen Schmerz, stößt du auf eine Stille und eine Freude, die die Grundlage sämtlicher geistiger Erfahrungen bilden – sogar Erfahrungen wie Einsamkeit, Angst und Furcht.

Lenke deine Aufmerksamkeit nach innen, ohne dabei den Wunsch zu verspüren, deinen Geist in eine bestimmte Richtung zu beeinflussen. Lasse zu, dass Gedanken auftauchen, bleibe aber auf Distanz zu ihnen. Beobachte, wie sie in deinem Bewusstsein aufsteigen, in den Mittelpunkt rücken und dann wieder verblassen. Akzeptiere deine Gefühle, ohne über sie zu urteilen. Selbst bei Ängsten, Einsamkeit oder Schmerzen gibt es keine Notwendigkeit, sie von dir fortzuschieben. Akzeptiere und beobachte sie einfach und bewahre dabei einen stabilen Geist.

Gib gleichzeitig deinem Herz Gelegenheit, sich zu öffnen. Umarme deine Gedanken wie die Geständnisse eines lieben Freunds. Betrachte die Ursachen und die Wirkungen, die jeden Gedanken in dein Bewusstsein geführt haben. Bringe dir selbst Mitgefühl entgegen, während du dein Verlangen besser begreifst, deine Schmerzen und deine Sehnsüchte.

Erkenne an, dass Gemütszustände vergänglich sind. Dein Geist verfügt stets über die Fähigkeit, sich zu verändern. Diese Wandelbarkeit ist seine natürliche Quelle der Kraft. Gefühle sind nicht von Dauer. Sie erscheinen, verwandeln sich und verschwinden wieder. Und wenn du noch so stark leidest – diese Gefühle sind bereits dabei zu verblassen.

Indem du Distanz zu deinen Gedanken wahrst, erkennst du, dass unterhalb dieser Gedanken ein ständig präsenter Teil von dir existiert, der sich in Worten nicht beschreiben lässt. Lenke deinen Geist fort von den gröberen Gedanken hin zu diesem tieferliegenden, ständig präsenten Teil deiner selbst, der klar und unverstellt ist. Dieser Teil des Geistes lässt alles in sich entstehen, ohne dass er selbst sich dadurch verändert. Nach Ansicht der Wissenschaft liegt klarer Weltraum hinter allem, was sich innerhalb des Universums befindet. Genauso gibt es am

Fuße sämtlicher geistigen Erfahrungen einen offenen, unverstellten Aspekt des Geistes.

Versuche eine Minute lang, dich mit diesem tieferen Teil deiner Selbst zu verbinden, zu dem du gelangst, wenn du ruhig und für dich bist. Möglicherweise gelingt das nicht gleich bei der ersten Sitzung und möglicherweise dauert es länger als eine Minute. Es steht dir frei, dich länger darauf zu konzentrieren. Was du an zusätzlicher Zeit aufzubringen bereit bist, könnte dir Erfahrungen bescheren, wie du sie noch nie zuvor hattest.

Werde dein eigener bester Freund

Vielleicht fühlst du dich wohl, wenn du allein bist, empfindest innere Zufriedenheit – oder zumindest die Möglichkeit, dich so zu fühlen. Eventuell hast du dich bei anderen Gelegenheiten bereits so gefühlt – beim Lesen, Kochen, Musikhören, beim Spazierengehen oder in deine Arbeit vertieft. Es kann eine große Freude sein, einfach für sich zu sein und sich selbst auf der tiefsten Ebene zu erfahren. Es ist weniger die bestimmte Aktivität, die dich glücklich macht, als vielmehr ein Pfad zu einem inneren Glück, das immer für dich da ist. Auch das Meditieren kann ein zuverlässiger Weg zu diesem Glück sein, der dadurch entsteht, dass du mit dir im Einklang bist.

Blicke nun nach außen zu den Menschen in deinem Leben. Die Freude, die sie dir bereiten, und der Trost, den sie dir bieten, spiegelt deine eigene Fähigkeit wider, präsent und bewusst zu sein. Diese Fähigkeit ist immer bei dir. Manche sagen, das größte Geschenk, das du einem Menschen machen kannst, ist deine Aufmerksamkeit. Es ist zugleich auch das größte Geschenk, das du dir selbst machen kannst. Je mehr du auf diese Weise meditierst, desto mehr wirst du dir bewusst, dass du zum Glücklichsein nichts weiter benötigst als ein wenig Zeit für dich.

Bei der Meditation zur inneren Zuflucht geht es darum, dass du dich selbst akzeptierst und lernst, bei allem zu bleiben, was dir in den Kopf kommen mag. Du sollst tiefer in deine Psyche eintauchen, um zu verstehen, wer du unter deinen Gedanken, Gefühlen und Wahrnehmungen bist. Du lernst dich selbst besser kennen, du lernst dich zu lieben und du wirst dein eigener bester Freund.

Danksagung

Kehrst du aus der Selbstreflexion zurück, wirst du über mehr Energie für andere verfügen. Wenn du konsequent übst, wirst du glücklich sein, wenn du allein bist, und du wirst glücklich sein, wenn du in Gesellschaft anderer bist. Du bist glücklich, wenn das Leben dir frohe Botschaften übermittelt, und du bist glücklich, wenn Probleme auftreten. Wahres Glück kommt von tief innen und Meditation ist ein Weg, beständig stabiles Glück zu finden, das nicht von Menschen, Besitz, Suchtmitteln, Sex, Zerstreuung, Sport oder anderen externen Einflüssen abhängig ist.

***

Kapitel 9

Die fünfte Stufe: Bin ich wichtiger als alle anderen im Universum?

Was die buddhistische Haltung zum Quell allen menschlichen Leids angeht, so hat Robert Thurman dies einmal so klar und unterhaltsam erklärt, wie ich es nie zuvor gehört habe. Er sagte, unser Problem sei Folgendes: Alle Menschen, die wir kennen, alle Menschen, die wir je kennengelernt haben oder von denen wir gehört haben, alle Menschen auf dem Planeten und auch sonst alle Lebewesen auf der Erde sind fest davon überzeugt, ein klein wenig wichtiger zu sein als alle anderen.

Stelle dir doch kurz selbst die Frage: Bist du aufrichtig davon überzeugt, dass das Glück, die Ziele und die Beziehungen anderer Menschen tatsächlich genauso wichtig sind wie deine eigenen? Dass ihr Leid und ihre Qualen dieselben Folgen haben?

Thurmans Darstellung war so einfach – und so komisch –, dass ich häufig zu ihr zurückkehre, wenn ich frustriert bin, mich ärgere, mich eine Begierde packt oder ich auf andere Weise in meinen Problemen feststecke, in meinen Bedürfnissen und meinen Zielen. Natürlich muss, in der Theorie, das Leben anderer Menschen genauso kostbar sein wie meines. Und vergleiche ich die pure Menge an »anderen« mit mir als Individuum, ist der Schluss unumgänglich, dass die Summe all ihrer Sorgen wichtiger als meine eigenen paar Träume und Probleme sein sollte. Aber aus irgendeinem Grund fällt es mir schwer, von dieser logischen Wahrheit zu einer von Herzen kommenden Überzeugung zu gelangen, dass alle anderen ganz genauso bedeutsam sind wie ich.

Warum über das Leid nachdenken?

Die in diesem Kapitel besprochene Stufe wird zumeist als *Leiden* bezeichnet. Das geht auf die allererste Lehrrede des Buddhas zurück, die *vier edlen Wahrheiten*. Robert Thurman spricht lieber von den *vier Fakten*, eine Formulierung, die auch ich bevorzuge, denn es klingt die empirische, wissenschaftliche Herangehensweise des Buddhas an die Realität durch.[64] Die Erklärung für das Leiden, seine Ursachen und seine Abhilfe sind Experimente, die man im eigenen Leben durchführen kann.

Gleich mit Leiden zu beginnen, klingt doch nach miserablem Marketing für den Buddhismus, oder? Den meisten von uns missfällt es, überhaupt über Leid nachzudenken. Aber indem wir unsere Irritationen und unsere Enttäuschungen begreifen, finden wir nicht nur die wahren Grundlagen für unsere eigene Zufriedenheit, wir öffnen unser Herz auch für das Leid anderer Menschen. Der Mahayana-Buddhismus lehrt: Solange wir eigennützig agieren, können wir niemals wirklich glücklich sein. Erst wenn wir unser Herz für das Leid anderer öffnen, werden auch wir liebevoller und zufriedener.

»Leben bedeutet Leiden«, ist die traditionelle Übersetzung für den ersten der vier Fakten. Allerdings ist »Leiden« möglicherweise nicht die allerbeste Übersetzung für den Sanskrit-Begriff *dukkha*. Es klingt wie ein hässliches Wort, das sich Kinder auf dem Schulhof um die Ohren hauen, tatsächlich jedoch ist *dukkha* ein komplexer Begriff, der eine breite Spanne an Konzepten umfasst. Eine bessere Übersetzung wäre »unbefriedigend« – dass der niemals endende Wandel, mit dem wir es im Leben zu tun haben, unbequem ist. Es ist unvermeidlich, dass Probleme entstehen und selbst in einem angenehmen Leben fühlen wir uns weiterhin unzufrieden, obwohl wir immer mehr Besitz, Errungenschaften und Beziehungen anhäufen. Ein anderer Begriff, den Leute für Leiden verwenden, ist »Stress«, was die Allgegenwärtigkeit von Leid abdeckt, von

---

64 *Robert Thurman. 2021. Wisdom Is Bliss: Four Friendly Fun Facts that Can Change Your Life. Carlsbad, CA, und New York: Hay House.*

der der Buddha sprach: Alle Menschen leiden unter Stress, von Obdachlosen zu Milliardären.

Die Probleme, die das Leben mit sich bringen, lassen sich nicht vermeiden, aber der Buddhismus lehrt, dass es Möglichkeiten gibt, glücklich zu bleiben, unabhängig davon, was einem das Leben beschert. Gegenüber meinen Freunden fasse ich den Buddhismus häufig so zusammen: Die Geistesübungen garantieren nicht, dass du keine Probleme haben wirst, sondern nur, dass du zufrieden und ruhig bleiben wirst, wenn die unvermeidlichen Probleme auftauchen.

DIE DREI ARTEN DES LEIDS

Das Leiden des Leidens

Die erste Art, auf die wir leiden, wird als *Leiden des Leidens* bezeichnet, was wie dieser alte Witz mit der Abteilung-für-Redundanz-Abteilung (»Department of Redundancy Department«) klingt. Darin enthalten sind sämtliche Erfahrungen, die nach allgemeiner Auffassung schmerzvoll sind – Armut, Krankheit, Altern und der Tod, Gewalt, kritisiert zu werden, das Gefühl der Einsamkeit, zu starke Hitze oder Kälte, körperlicher Schmerz.

Was soll das, über Dinge zu meditieren, die uns Schmerzen bereiten? Ein Grund ist der, realistischer zu werden, was unsere Erwartungen angeht, welches Leid uns unvermeidlich erwartet. Ein weiterer Grund ist der, unser Mitgefühl auszuweiten und uns zu verdeutlichen, wie viele andere Menschen auf ähnliche Weise leiden.

Wenn wir über das Leiden nachdenken, lenkt uns das auch hin zu gesunden Quellen der Zuflucht, die uns helfen, mit dem Leiden umzugehen. Ich spreche von Quellen wie denjenigen aus Kapitel 8 – wahrhaftige Quellen der Zufriedenheit, die weniger von der äußeren Welt abhängen.

Aber wenn es keine Wege gäbe, dem Leiden zu entgehen, wäre es auch nicht von Vorteil, darüber nachzudenken. Über das Leid zu meditieren, würde uns dann nur depressiv machen. Aus diesem Grund ist es wichtig, alle vier Fakten durchzuarbeiten, um zu den Gegenmitteln gegen Leid zu gelangen.

Das Leiden durch Veränderung

Die zweite Form des Leidens ist *Leiden durch Veränderung*. Der Begriff »unbefriedigend« trifft diese Art des Leidens noch besser, beschreibt er doch die Unzufriedenheit, die wir selbst dann verspüren, wenn wir die angenehmen Seiten des Lebens genießen.

Speziell diese zweite Form des Leidens zieht viele Menschen zum Buddhismus, wenn sie realisieren, dass selbst die Vergnügungen des Lebens letztlich nicht befriedigen. Auch mich hat das zum Buddhismus getrieben. Ich war dreißig geworden und hakte die Ziele ab, die ich für mein Leben gehabt hatte: cooler Job, guter Ruf, netter Wohnort, liebe Partnerin, prachtvoller Besitz. Dennoch stellte ich fest, dass ich mich häufig unzufrieden fühlte, sogar gereizt, ohne einen echten Grund dafür zu erkennen. Woran konnte das liegen? Die Antwort des Buddhismus lautet, dass uns nichts Externes von sich aus dauerhafte Zufriedenheit beschert, weder ein großartiger Job noch ein wunderbares Zuhause, Geld auf der Bank oder ein liebevoller Partner.

Einfache buddhistische Logik untermauert diesen Fakt: Wären externe Dinge – Geld, Beziehungen, Kinder, Status – die Quelle des Glücks, dann müssten ja alle, die diese Dinge besitzen, glücklich sein. Und je mehr diese Menschen hätten, desto glücklicher müssten sie sein. Aber auch wenn wir im Laufe des Lebens mehr erreichen, mehr konsumieren und mehr anhäufen, werden wir oftmals *weniger* glücklich. Gelegentlich sehnen wir uns sogar nach dem einfacheren Leben zurück, das wir vorher hatten.

Selbst wenn man Milliarden auf der Bank hat, kann man unzufrieden sein. Andersrum kann sich selbst der ärmste Schlucker zufrieden fühlen. Mein Vater fällt in die letztere Kategorie. Den Großteil seines Lebens hatte er mit finanziellen Problemen zu ringen, gleichzeitig ist er einer der fröhlichsten Menschen, die ich kenne. Er freut sich jeden Tag darüber, aufzuwachen und Freude in das Leben aller Menschen zu bringen, denen er begegnet. Selbst wenn ich wütend auf meinen Dad war, ist er glücklich geblieben. Früher hat mich das geärgert, aber Beispiele wie dieses zeigen, dass Zufriedenheit und Leiden mentale und nicht physische Ursachen haben.

Natürlich gibt es ein Mindestmaß an Sicherheit, das die meisten Menschen benötigen, bevor sie sich den Luxus erlauben können, über Fragen wie »Was ist die Ursache des Glücks?« nachzudenken. Kennst du die Maslowsche Bedürfnishierarchie? Dieses Pyramidendiagramm zeigt die unterschiedlichen Ebenen an Bedürfnissen, die die Menschen zufriedenstellen. Ganz unten stehen unsere physiologischen Bedürfnisse (Dinge wie Essen, Trinken, Wärme und Schlaf). Dann kommen Sicherheit, Freunde, Beziehungen und das Gefühl, etwas erreicht zu haben. Erst wenn diese Punkte gegeben sind, haben wir Zeit für den Luxus der »Selbstverwirklichung«. Dazu zählen kreative Unternehmungen und ein spiritueller Pfad.

Auch ganz oben an der Spitze der Pyramide können wir uns abgestumpft, gelangweilt oder von Konkurrenzdenken gepackt fühlen, weil all unsere wunderschönen weltlichen Errungenschaften uns nicht vollends befriedigen. Das ist das Leiden durch Veränderung und der Buddhismus erklärt es durch seine drei Grundsätze.

1. **Dinge ändern sich.** In Kapitel 6 haben wir darüber gesprochen, dass sich die Dinge, die wir anstreben, verändern. Gegenstände nutzen ab, leckeres Essen ist irgendwann gegessen, Wertgegenstände gehen verloren oder werden gestohlen. Wir könnten unseren Job verlieren, unser Partner verlässt uns möglicherweise. Wir könnten erkranken oder einen Unfall erleiden. Ein einziger Beitrag in den sozialen Medien könnte – unabhängig von seinem Wahrheitsgehalt – unseren Ruf zerstören. Das sind die Ungewissheiten des Lebens.
2. **Unser Geist verändert sich**. Auch wenn sich die von uns geschätzten Objekte nicht abnutzen, wir unseren Arbeitsplatz nicht verlieren und

unser Partner an unserer Seite bleibt, kann sich unser Geist trotzdem verändern. Wir haben unser altes Handy satt, fühlen uns nicht mehr verliebt, schleppen uns nur noch zur Arbeit. Dinge ändern sich und das gilt ganz genauso für unseren Geist.

3. **Mit dem Tod verlieren wir alles.** Der letzte Weg, Leiden durch Veränderung zu begreifen, ist die Erkenntnis: Selbst wenn sich Dinge nicht abnutzen und wir ihrer nicht überdrüssig werden, ändert das nichts daran, dass wir, wenn wir sterben, unseren ganzen Besitz und sämtliche Beziehungen verlieren.

Das Nachdenken über das Leiden durch Veränderung mag düstere Beobachtungen mit sich bringen, aber es ist nicht dazu gedacht, uns in eine depressive Stimmung zu versetzen. Vielmehr geht es darum, zu der realistischen Einschätzung zu gelangen, dass externe Dinge niemals vollständige Befriedigung mit sich bringen können. Sind wir auf der Suche nach einer zuverlässigeren Quelle des Glücks, müssen wir uns nach innen wenden.

Dieses Denken zeigt, welche Nachteile Vergnügungen von Haus aus mit sich bringen, dennoch verlangt der Mahayana-Buddhismus von uns nicht, die angenehmen Erfahrungen des Lebens aufzugeben. Tatsächlich hat es überraschende Folgen, wenn wir akzeptieren, dass Vergnügen vergänglich ist: Wir können dann nämlich die angenehmen Seiten des Lebens voller genießen und sinnliche Erfahrungen mit einer Leichtigkeit und Präsenz wertschätzen, die uns abgeht, wenn Triebe in unserem Kopf das Sagen haben.

Das Leiden der Daseinsgebilde

Bei der letzten Kategorie des Leidens kehren wir noch einmal zu dem großartigen Witz von Robert Thurman zurück. Wobei es sich im Grunde gar nicht um einen Witz handelt, sondern um die tiefste aller Wahrheiten: Wir alle denken ganz tief in unserem Inneren, dass wir ein klein wenig wichtiger sind als alle anderen Menschen, die je existiert haben oder die heute leben. Thurman sagt – und vorher hat es natürlich der Buddha gesagt –, die tiefste Quelle all unseres Leids ist das, was wir üblicherweise als *Unwissenheit* oder *Ignoranz* bezeichnen. Wir vergessen, dass alle Lebewesen mit allen anderen verbunden sind, und stellen unsere Bedürfnisse über die anderer. Das bedeutet, wir kümmern uns nicht um den Planeten, auf dem wir alle gemeinsam leben.

Unwissenheit ist die Hauptursache aller anderen Formen von Unzufriedenheit. Treten wir der Unwissenheit oder Ignoranz mit dem Heilmittel der Weisheit entgegen (mehr dazu in den Kapiteln 13 und 14), tragen wir die Schichten an Selbsttäuschung ab und sehen uns selbst nicht-dualistisch, aufgeschlossen und großzügig. Wir überwinden nicht nur den Egoismus, sondern auch das »Selbstsein«. Ein unverstellterer Blick auf die Realität macht es möglich, stabile Zufriedenheit zu finden, unabhängig von unserer Arbeit, unseren Beziehungen, unserem Kontostand oder Status und davon, ob wir allein sind oder zusammen mit anderen.

Mit all seinen nummerierten Listen kann der Buddhismus etwas akademisch wirken, aber ich habe die Erfahrung gemacht, dass es recht praktisch ist, diese drei Arten von Leiden zu kennen. Werde ich mit einem Problem konfrontiert, bin ich häufig nicht überrascht, sondern erinnere mich: »Ach ja, darum geht es.« Und ich finde, es ist schon eine kleine Leistung, mein Leiden zu kategorisieren, ohne mich in ihm zu verlieren.

Nur ein klein wenig wichtiger

Der zweite der vier Fakten ist der, dass *Leiden eine Ursache hat.* Die Ursachen des Leidens werden von unserem grundlegenden Irrtum dominiert, wir seien ein klein wenig wichtiger als alle anderen, dass die Dinge nach unserem Willen zu laufen haben und dass sich die Welt um uns herum nach unseren egozentrischen Wünschen zu richten habe. Wir leiden, wenn unsere Fantasie von einer Welt, die uns stets zu Gefallen ist, am tatsächlichen Verhalten der Welt Schiffbruch erleidet.

Derart drastisch formuliert, klingt es verrückt, aber ich glaube, die meisten von uns sehen die Welt tatsächlich auf diese Weise. Ich für meinen Teil tue es von Zeit zu Zeit. Ich erwarte, dass das Universum nur Gutes für mich bereithält und dass Probleme fernbleiben, bis ich nach 89 statistisch optimalen Jahren voller Gesundheit friedlich entschlafe. Doch wir haben keine derartige Kontrolle über das Universum. Das Einzige, was wir kontrollieren können, ist unser Geist.

Einfach gesagt, trägt unsere Selbstbezogenheit wesentlich zu unserem Leiden bei. Das Gegenmittel ist Gleichmut, was bedeutet, einen angemessenen Respekt sowohl für uns selbst als auch für andere zu finden.

Und wenn ich mich weniger wichtig fühle?

Ein logisch denkender Skeptiker könnte nun einwenden: »Ich fühle mich überhaupt nicht selbstbezogen. Tatsächlich fühle ich mich weniger wichtig als alle anderen. Dennoch leide ich.«

Nach buddhistischer Auffassung steckt in Minderwertigkeitsgefühlen genauso viel Ego wie im Gefühl, allen anderen überlegen zu sein. In beiden Fällen liegt der Schwerpunkt auf dem Selbst. Tue ich mir leid, denke ich an mich, nur denke ich nicht »Ich bin wichtiger als alle anderen«, sondern »Ich armes Wesen«.

So zu fühlen, ist bedauerlich, denn unser Leben ist ausgesprochen kostbar. Wir können jeden Tag sehr viel Gutes bewirken und wir können im Laufe unseres Leben viele Bindungen erfahren (siehe die Meditation zu diesem Thema in Kapitel 5).

Fühlt es sich für dich trotzdem weiterhin bedrückend und nicht inspirierend an, über Leiden nachzusinnen? Dann lass mich erneut betonen, dass analytische Meditationen wie diese nichts für alle sind und nicht zu jeder Zeit die richtige Wahl darstellen. Idealerweise bist du imstande, ungeschminkt über die Nachteile des Lebens nachdenken zu können, ohne dass es dich verzweifeln lässt. Fühlt sich diese Meditation zum jetzigen Zeitpunkt für dich nicht angebracht an, dann ist es sinnvoll, sich ihr erst später zuzuwenden.

Ist es möglich, frei von Leid zu sein?

Am meisten Hoffnung machen die letzten beiden der vier Fakten. Der erste Fakt besagt, dass das Leben unbefriedigend ist, der zweite, dass es einen Grund dafür gibt. Der dritte besagt, *dass sich das Leiden aufhalten lässt* oder genauer gesagt, dass unsere geistige Unzufriedenheit aus der Welt geschafft werden kann.

Belegen lässt sich dies dadurch, dass du Menschen finden kannst, die früher gelebt haben oder die heute leben, möglicherweise sogar zu deinen Angehörigen oder deinem Bekanntenkreis zählen und die dieses Maß an Unzufriedenheit nicht teilen und die sich nicht dermaßen empören, wenn die Dinge nicht so laufen, wie sie es sich wünschen. Das sind Menschen, die geistig bereits besser auf das unzuverlässige Wesen der Realität eingestellt sind.

Aber auch dieser dritte Fakt, dass Leiden eliminiert werden kann, bereitet nicht notwendigerweise übermäßig viel Hoffnung, denn natürlich sind manche Menschen einfach glücklicher und leben effektiver als andere. Und hier kommt der vierte, am optimistischsten stimmende Fakt ins Spiel: *Es gibt einen Weg, Leiden zu eliminieren, den wir alle beschreiten können.*

Fakt vier befreit die Welt nicht mit dem Zauberstab von Leiden wie Krankheit, Armut und Tod oder auch nur von unseren tagtäglichen Schwierigkeiten. Der vierte Fakt zeigt bloß auf, dass es einen Pfad gibt, diejenigen mentalen Qualen abzuschalten, die es mit sich bringt, gegen die Realität anzukämpfen, sich für wichtiger als andere zu halten und zu erwarten, dass alles nach unseren Wünschen geschieht. Schalten wir diese Quelle mentaler Qualen aus, erwächst aus unserem Geist eine natürliche Zufriedenheit, die im Einklang mit dem steht, wie die Dinge tatsächlich sind.

Grundursache unseres Leids sind Verblendungen

Die vier Fakten lehren uns etwas, das wir von anderen buddhistischen Paradoxen kennen – Probleme zu erwarten wird zur Quelle des Glücks.

Es ist unvermeidlich, dass Probleme auftreten, aber wenn wir auf sie eingestellt sind, können wir einen stabilen Gemütszustand bewahren … ja, wir können sogar glücklich sein.

Genau aus diesem Grund denken Buddhisten ständig über Leiden und den Tod nach. Wir sind keine Pessimisten, wir sind Realisten, die unseren Geist auf empirisch nachweisbare innere und äußere Realitäten ausrichten möchten. Gemütszustände, die nicht im Einklang mit der Realität stehen, bezeichnen wir als *Verblendungen*. Sie sind die Wurzel all unseres Leids und all unserer Unzufriedenheit.

Wenn du bereits Erfahrungen mit dem Buddhismus gemacht hast, hast du möglicherweise anderes über die Ursache des Leidens gehört – dass die Wurzeln unserer Probleme nicht die Verblendungen sind, sondern Karma. In Kapitel 7 haben wir unterschiedliche Betrachtungsweisen von Karma beleuchtet, darunter auch eine buddhistische Erklärung, wonach Karma durch unsichtbare Saat agiert, die aus guten und schlechten Taten in früheren Leben resultieren. Sie sind der Grund, warum wir einen tollen Job finden, uns das Bein brechen oder ein langes, friedliches Leben führen.

Karma auf diese Weise zu verstehen, kann extrem abschreckend wirken auf Menschen, die wissenschaftliche Beweise für die Existenz früherer Leben oder karmischer Saat fordern. Und glaubt man an diese Art Karma, kann einem der Buddhismus weniger wie ein empirisches Abenteuer in das Reich des Geistes vorkommen und mehr wie eine weitere glaubensbasierte Religion, in deren Mittelpunkt nicht verifizierbare Ansichten stehen. Einige Auslegungen dessen, was Karma ist, können sogar soziale Ungerechtigkeit verschärfen, indem sie »Opferbeschuldigung« (»victim blaming«) betreiben und erklären, Menschen seien selbst schuld, wenn sie beispielsweise arm oder krank sind.

Erleuchtung für Skeptiker wählt in Kapitel 7 einen psychologischen Ansatz, was Karma angeht. Ich spreche vom »mentalen Zusammenspiel von Ursache und Wirkung«, aber selbst die traditionelle buddhistische Betrachtung von Karma ist nicht so fatalistisch, wie es den Eindruck haben mag. Es ist ein weit verbreiteter Irrtum, dass Karma dafür sorge, dass einem nach dem Zufallsprinzip schlechte Dinge zustoßen. Die Lehren zu Ursache und Wirkung (zumindest diejenigen in der tibetischen Tradition, mit denen ich am ehesten vertraut bin) erklären, dass Karma nicht aus dem Nichts entsteht, sondern wie alles andere auch von anderen Dingen abhängig ist. Karma hat eine Ursache. In meinem Lieblingstext zum Lamrim, *Meditations on the Path to Enlightenment,* schreibt Geshe Acharya Thubten Loden: »So wie eine Saat nicht ohne die partnerschaftlichen Ursachen Erdboden, Wärme und Wasser sprießen kann, kann Karma nicht ohne die mitwirkende Ursache der Verblendungen heranreifen.«[65] Das bedeutet, nicht Karma, sondern Verblendungen sind die Hauptursache unseres Leidens.

Wenn du Verblendungen abbaust und positive Gemütszustände kultivierst, bist du auf dem Weg zu einem zufriedenen Geist. Deine künftige Zufriedenheit hängt von den Gedanken ab, die du jetzt kultivierst, denn du instruierst deinen Kopf, ob er auf künftige Herausforderungen destruktiv oder konstruktiv reagieren soll. Du kannst gleich heute damit beginnen, positive geistige Gewohnheiten zu verstärken, indem du dir die realistische Geisteshaltung angewöhnst, dass Probleme nun einmal unvermeidlich zum Leben dazugehören. Was dir zustößt, kannst du nicht kontrollieren, deine Reaktion darauf hingegen schon.

Der Buddha hielt eine berühmte Lehrrede, in der er Leiden als zwei Pfeile erklärte, die in deine Richtung fliegen. Der erste Pfeil ist ein schwieriges Ereignis und du kannst ihm nicht ausweichen. Der zweite Pfeil dagegen ist deine Reaktion und hier hast du die Wahl, ob dieser Pfeil dich trifft. Vielen unter uns verursacht dieser zweite Pfeil, unsere Reaktion und unser Grübeln dazu, viel größere Schmerzen als der erste. Dieser zweite Pfeil, abgeschossen von unseren Verblendungen, ist die Hauptursache unseres Leidens.

---

65 *Geshe Acharya Thubten Loden. 1996. Meditations on the Path to Enlightenment. Yuroke, Victoria, Australia: Tushita Publications.*

Aber die gute Nachricht aus buddhistischer Sicht, verkündet im vierten Fakt, lautet: Wir alle können diese Verblendungen abschwächen oder sogar völlig eliminieren.

So halten wir unsere Verblendungen auf

Begierde, Aggression und Unwissenheit, das sind unsere drei größten Verblendungen. Aus buddhistischer Sicht sind vor allem sie es, die uns Leiden und Unzufriedenheit bescheren. Ohne Verblendungen würden wir keine emotionalen Belastungen erleiden. Solltest du das Glück haben, Menschen zu kennen, die frei von Verblendungen sind oder deren Verblendungen stark eingeschränkt sind, wirst du das möglicherweise bestätigen können.

Als ich diesen Pfad einschlug, waren es das grenzenlose Maß an Mitgefühl, Geduld und Weisheit, das ich beim Dalai Lama erlebt hatte, was mir als zentrale Motivation diente. Später erlebte ich dieselben Qualitäten aus nächster Nähe bei anderen buddhistischen Lehrern – echten Menschen, die sich scheinbar von ihren Ängsten, ihren zwanghaften Verlangen und dem endlosen Streben befreit hatten. Ich konnte ihnen gegenübersitzen, während sie sprachen, und mit eigenen Augen ihre Zufriedenheit und Freude beobachten. Für mich war das ein Beleg aus dem echten Leben, dass der dritte Fakt korrekt ist und dass Leid aufgehalten werden kann.

Einige meiner Lehrer haben ein Leben hinter sich, das deutlich schwieriger als meines war – sie wurden ins Gefängnis geworfen, wurden jahrelang gefoltert, Freunde und Angehörige wurden umgebracht, sie mussten ihre Kultur, ihre Sprache und ihre Heimat verlassen. Und zu alledem kamen noch gewöhnliche Leiden wie Krankheit, Schmerzen, finanzielle Nöte und die vielen anderen alltäglichen Herausforderungen, vor denen wir alle stehen. Und dennoch schien ich viel mehr zu leiden als meine Lehrer, dabei waren meine Probleme mit Beziehungen, Familie, Arbeit und Geld viel kleiner.

Obwohl ich weniger externe Schmerzen erlebt hatte, war ich innerlich stärker aufgewühlt. Die buddhistische Erklärung lautet, dass meine Verblendungen und nicht die äußerem Umstände die Wurzel meines Leidens sind. Aus diesem Grund werden die drei stärksten Verblendungen Begierde, Aggression und Unwissenheit auch als die *drei Geistesgifte* bezeichnet. Diese Verblendungen vergiften unsere Fähigkeit, glücklich zu sein, präsent, verbunden und imstande, aus unserem flüchtigen Leben das Bestmögliche zu machen. Wie andere Begriffe, mit denen wir es hier zu tun haben, gibt es auch für »Begierde«, »Aggression« und »Unwissenheit« westliche Definitionen, insofern ist es nützlich, die buddhistischen Definitionen kennenzulernen.

Begierde

Die erste unserer drei stärksten Verblendungen ist die *Begierde*. Mit Begierde ist gemeint, dass du etwas siehst, es haben willst und seine Fähigkeit, dich glücklich zu machen, übertreibst. Häufig wird der Begriff auch als »Anhaftung«, »Sucht« oder »Gier« übersetzt. Es gibt jedoch viele gesunde Begierden, etwa die Begierde, anderen zu helfen, insofern trifft »zwanghaftes Verlangen« diese schmerzhafte geistige Erfahrung vielleicht besser.

Verspürst du Begierde, redest du dir selbst ein, dass du nicht glücklich sein kannst, wenn du diese Person, diese Sache, diese Errungenschaft nicht bekommst. Diese übertriebene Sichtweise kann dazu führen, dass du dich selbst oder andere verletzt, um zu bekommen, was du willst. Vielleicht willst du Sex so sehr, dass du bereit bist, zum Erreichen deines Ziels eine andere Person zu täuschen oder auszunutzen.

Möglicherweise gierst du nach bestimmten Lebensmitteln so sehr, dass du bereit bist, Gesundheit und Lebenserwartung aufs Spiel zu setzen, indem du zu viel davon konsumierst. Oder du gierst so stark nach Geld und materiellen Dingen, dass du bereit bist zu lügen, zu betrügen oder zu stehlen, um sie dir zu sichern.

Das Schlimmste daran: Selbst wenn du schließlich bekommst, wonach du dich so gesehnt hast, beschert es dir nicht dauerhafte Zufriedenheit. Deshalb sprechen die Buddhisten vom Leiden durch Veränderung, wenn man bekommt, was man möchte. Externe Objekte können uns nicht dauerhaft zufriedenstellen, nicht einmal ein liebevoller Partner, ein sicheres Zuhause oder eine gute Arbeit. Wenn sie das könnten, wären alle, die diese Dinge haben, zufrieden.

Ich habe das bei mir selbst beobachtet, indem ich sehr genau darauf achtete, *was* sich so gut anfühlte, wenn ich endlich bekam, wonach ich mich so sehr gesehnt hatte – sei es eine Errungenschaft, eine Beziehung, eine sexuelle Verbindung oder ein finanzieller Zugewinn. Beobachte ich meinen Geist in diesen Augenblicken gründlich, erkenne ich, dass das angenehme Gefühl nicht dadurch entsteht, dass ich das Gewünschte erhalten habe. Tatsächlich fühle ich mich erleichtert, weil ich endlich den Reiz des zwanghaften Verhaltens abschütteln konnte, und sei es auch nur für einen Augenblick.

Die Begierde aufgeben

Eine Botschaft des Buddhismus lautet: Dauerhaftes Glück erlangen wir, indem wir unsere Begierde aufgeben. Für mich ist das etwas, das mir Angst macht, allerdings glaube ich nicht, dass es einen Weg zu wahrer Zufriedenheit gibt, wenn man nicht diese Verblendung ablegt. Ich stelle ständig Überlegungen an, wie mein Leben wohl frei von Begierde wäre. Besonders treibt mich die Frage um, was ich wohl gegenüber meiner Frau empfinden würde. Würde unsere Beziehung durch völlig selbstlose Liebe noch stärker werden? Oder würde die Liebe ohne die Energie der Begierde verblassen?

Ich halte es für möglich, dass es einen Weg gibt, wie man sanft und geduldig, wie es meine Lehrer empfehlen, auf das Ziel hinarbeitet, die Begierde abzulegen. Sie empfehlen, dass man sich nicht selbst schlecht machen soll und dass man auf jedem Schritt des Wegs voll und ganz akzeptiert, wer man gerade ist. Wie bei so vielen anderen Widersprüchlichkeiten des Buddhismus gilt auch hier: Stehe zu deiner Begierde, begrüße sie wie einen Freund, der dir auf die Nerven geht, den du aber dennoch bewunderst. Das kann den alchemistischen Effekt haben, die Begierde zu mindern.

Modernen Menschen wird es möglicherweise ein wenig leichter fallen, den Pfad des tibetischen Buddhismus einzuschlagen als andere Formen des Buddhismus, denn diese Schule verlangt von dir nicht, die Objekte deiner Begierde aufzugeben. Deine *Gefühle* der Begierde musst du ablegen, aber du kannst weiter Gefallen an deinem Partner, deiner Arbeit, deinen leckeren Mahlzeiten und allem anderen finden.

Dass das geht, habe ich das erste Mal bei einer buddhistischen Lehrveranstaltung erfahren, als ein Schüler einen anderen dafür schalt, dass der in einem schicken Hotel abgestiegen war. Sanft erklärte der Lehrer, dass ein Fünf-Sterne-Hotel der perfekte Ort zum Meditieren sein kann, wenn du ihn ohne Begierde genießen kannst.[66] Er beschrieb die Methode des Universalisierens (siehe Kapitel 11), die jedes Vergnügen in einen Weg verwandelt, unser Mitgefühl auszuweiten. Ich fand es großartig, was mein Lehrer sagte, denn es ergibt absolut Sinn. Im Vergleich zu einer zugigen Höhle in den Bergen ist ein Hotel ein feiner Ort zum Meditieren.

Aggression

Aggression ist unter unseren drei besonders starken Verblendungen die Nummer zwei. Begierde übertreibt das vermeintliche Maß an Glück, das uns eine Sache zu bringen vermag, und genauso übertreibt Aggression den zu befürchtenden Schaden. Ich erlebe dieses Übertriebene bei mir, wenn ich mich über etwas Banales aufrege, beispielsweise wenn sich jemand in der Warteschlange an mir vorbei vordrängelt. Ich spüre, wie mein Reptilienhirn diese winzige Unannehmlichkeit zu Unrecht als lebensbedrohliche Gefahr interpretiert. Es handelt sich um eine Art Projektion, die unbewusste Übertragung eigener Gefühle auf andere. Nicht

66 *Lama Zopa Rinpoche, Übersetzungen und Anleitungen. 2011. The Preliminary Practice of Prostrations to the Thirty-Five Confession Buddhas. Portland, OR: Foundation for the Preservation of the Mahayana Tradition.*

die Person macht mich wütend, sondern mein Ego bekommt einen Wutanfall, weil es nicht bekommt, was es will, und sei es noch so winzig und banal.

Dinge, die uns aufbringen, verfügen nicht aus sich heraus über die Macht dazu. Das kannst du schon daran ablesen, dass andere Menschen auf dieselbe Person oder Handlung anders reagieren. Das auffälligste Beispiel sind Politiker – eine Entscheidung bringt die eine Hälfte des Landes auf die Palme, während die andere Hälfte Beifall klatscht.

Dass dein Geist wütend wird, liegt an der Konditionierung, den geistigen Angewohnheiten, und nicht an intrinsisch nervigen Eigenschaften dieser Menschen oder Ereignisse. Dein wahrer Feind ist die Aggression selbst und nicht das, was sie auslöst.

Wie absurd es ist, unsere Wut und Aggression nach außen zu verlagern, zeigt ein Gedankenexperiment des buddhistischen Philosophen Shantideva, der im 8. Jahrhundert lebte: Stelle dir vor, eine Person schlägt dich mit einem Stock. Bist du dann wütend auf den Stock? Nein, du wirst wütend auf die Person. Aber wenn du der Sache etwas gründlicher nachgehst, wird dir bewusst, dass es Aggression und Wut waren, die die Person dazu gebracht haben, dich mit dem Stock zu schlagen. Folglich ist es also einzig die Verblendung Aggression, die deinen Tadel verdient.[67]

Wenn es darum geht, die verblendete Übertreibung der Aggression zu erkennen, ist eine wichtige Warnung angebracht: Bereitet dir jemand echten körperlichen oder psychischen Schaden, magst du vielleicht imstande sein, deine Wut auf diese Person loszulassen, aber es bedeutet nicht, dass du in dieser schädlichen Situation verharren solltest. Deine Sicherheit ist wichtig und selbst aus der Perspektive deines Gegenübers hat es nichts mit Mitgefühl zu tun, wenn du zulässt, dass jemand weiterhin dich oder jemand anderen missbraucht.

---

67 *Acharya Shantideva. 1979. »Patience« in: A Guide to the Bodhisattva's Way of Life. S. 49. Dharamsala, India: Library of Tibetan Works and Archives.*

Unwissenheit

Die letzte Verblendung ist die der *Unwissenheit* oder *Ignoranz* und sie ist die Grundursache aller anderen. Unwissenheit tritt in vielen Gestalten auf und dazu zählen auch die Unwissenheit um die Ursachen des Glücks, die Ursachen des Leidens und das Wissen darum, dass in der Realität alles mit allem zusammenhängt. Eine Form der Ignoranz beruht auf der egozentrischen Weltsicht, die außer Acht lässt, dass wir alle gleich sind. Um aufzugreifen, was Robert Thurman gesagt hat: Wir sind nicht die wichtigste Person der Welt, aber genauso wenig sind wir die unwichtigste. Wir alle verdienen Zufriedenheit und wir alle mögen kein Leiden. Wir sind als Wesen im Universum alle gleich wichtig. Eine weitere Form der Unwissenheit ist sogar noch profunder – dass nämlich unser Konzept eines unabhängigen Selbst eine Illusion ist, die uns einschränkt. Darum geht es in Kapitel 13.

Gegenmittel gegen Wut und Begierde

Was gegen Wut und gegen Begierde hilft, ist auf diesem Abschnitt des Pfads sehr ähnlich: Beobachte den Geist, ohne zu reagieren, akzeptiere die Vergänglichkeit, erkenne die Fehler von Zorn und Begierde und gewinne sogar den Problemen, die das Leben mit sich bringt, einen Nutzen ab. Später, in den Kapiteln 11, 12 und 13, befassen wir uns mit den absoluten Gegenmitteln von Mitgefühl und Leere. Mit ihrer Hilfe entwickeln wir grenzenlose Liebe für die ganze Menschheit und erkennen, dass ein unabhängiges Selbst, das fähig ist, Wut oder Begierde zu empfinden, eine Illusion ist.

Den Geist beobachten

In Kapitel 4 hast du gelernt, wie du deine Aufmerksamkeit produktiv auf Gemütszustände wie Wut oder Begierde lenken kannst, während sie aufkommen, und wie du ein besseres Verständnis für diese Verblendungen entwickelst. Achte darauf, dass deine Gefühle für das Ziel deiner Aggression oder deiner Begierde anders sind als deine Gefühle für die Person oder die Sache, die diese Zustände heraufbeschworen haben. Deine Begierde und deine Aggression sind keine objektiven Realitäten, sondern Geschichten, die du dir aus einem speziellen Blickwinkel heraus erzählst.

Es mag widersprüchlich klingen, aber versuche, Begierde ohne Begierde zu beobachten, Wut ohne Wut. Beobachte die Gefühle und achte auf ihre übertriebene Sichtweise. Denke an ein Objekt, an dem du ganz besonders hängst, und überlege dir, wie du seine Fähigkeit, dir Freude zu bereiten, übertreibst. Denke an eine Person, die dich ärgert, und achte auf deine extreme Haltung, dass diese Person wenig oder gar nichts Gutes an sich hat. Betrachte einfach nur, was in deinem Inneren geschieht, reagiere nicht darauf. Beobachte deine Gedanken und Gefühle, ohne dich allzu sehr mit ihnen zu identifizieren und ohne dass sie die Kontrolle über das übernehmen, was du sagst oder tust.

Vergänglichkeit

Der Fokus auf die Vergänglichkeit ist ein weiteres wirkungsvolles Gegenmittel sowohl gegen die Begierde als auch gegen die Aggression. Das Wissen um die Vergänglichkeit hilft dir zu erkennen, dass alles, was du anstrebst, nicht von Dauer ist – sogar das Verlangen selbst. Der Blick auf die Vergänglichkeit erinnert dich daran, dass Gefühle der Wut verblassen werden, dass sich Konflikte beruhigen werden und dass aus Feinden Fremde oder sogar Freunde werden können. In jedem Fall erinnert dich der Fokus auf die Vergänglichkeit daran, dass sich deine Situation auf alle Fälle ändern wird.

Die Verblendungen Aggression und Begierde

Eine weitere Methode, gegen Aggression und Begierde vorzugehen, besteht darin, sich vor Augen zu führen, welche Probleme sie verursachen. Ohne Wut und Aggression würdest du klarer denken. Ohne Wut und Aggression würdest du engere Beziehungen führen, denn Wut ist beängstigend. Zeigst du diesen Gefühlszustand zum ersten Mal, kann es passieren, dass du eine Freundin verschreckst, eine Partnerin oder eine Kollegin. Und selbst wenn dich die Auswirkungen auf andere nicht berühren, würdest *du selbst* dich ohne Wut und Aggression deutlich besser fühlen, denn diese Gemütszustände sind eine schreckliche Erfahrung. Sie können körperliche Probleme wie Herzerkrankungen und Bluthochdruck verursachen.

Ich habe den Ehrwürdigen René zum Thema Wut befragt und er erwiderte ganz nüchtern: »Wut ist am leichtesten zu vermeiden, nicht wahr? Wut fühlt sich nämlich nicht gut an.« Ich nickte, als sei das ganz offensichtlich. Nachdem unser Treffen vorüber war, zog ich meinen Block heraus und notierte mir in Großbuchstaben: WUT FÜHLT SICH NICHT GUT AN.

Betrachtet man die negativen Seiten der Begierde, wird man möglicherweise erkennen, dass man ohne die Begierde bestimmte Verhaltensmuster stoppen könnte, mit denen man sich selbst schadet und seinen Beziehungen Schaden zufügt. Ohne Begierde würde man in seinem Leben möglicherweise gesündere Entscheidungen treffen. Schließlich würde man begreifen, dass die eigene Zufriedenheit überhaupt nicht von den Objekten abhängt, nach denen man giert. Anstatt sich weiter von Begierde und Verlangen treiben zu lassen, entdeckt man ein starkes Gefühl der Freiheit, sich für das entscheiden zu können, was für einen selbst und sein Umfeld das Sinnvollste und Nutzbringendste ist.

Das Objekt deiner Begierde ist nicht perfekt

Eine weitere Methode, übertriebenen Gefühlen der Begierde entgegenzuwirken, besteht darin, vorsätzlich darüber nachzudenken, wo die Fehler bei dem Objekt liegen, nach dem du gierst. Ist es eine Beziehung, denke darüber nach, wie dein (potenzieller) Partner anfangs vielleicht perfekt erscheint, mit hoher Wahrscheinlichkeit jedoch mindestens ebenso viele Verblendungen im Gepäck hat wie du und dass es unvermeidlich ist, dass ihr beide in Konflikte geratet. Dir steht der Sinn nach einem Elektroauto? Es mag gut für die Umwelt sein und Spaß bringen, damit herumzufahren, aber vielleicht stürzt es dich in Schulden oder es ärgert dich, wenn es zerkratzt oder gestohlen wird. Vermutlich wird es dich sogar enttäuschen, wenn es zu Pannen kommt.

Dass du über die negativen Seiten der Begierde nachdenkst, soll nicht dazu führen, dass du deine Partnerin oder umweltfreundliche Fahrzeuge nicht mehr magst, es soll vielmehr die Vorstellung zunichtemachen, dass das Objekt deiner Begierde zu 100 Prozent angenehm ist und dein Leben bis in alle Ewigkeit wunderbar machen wird. Siehst du die negativen Seiten von Dingen, von denen dir deine Begierde einredet, sie seien durch und durch positiv, dann siehst du die Realität, wie sie ist, und keine eingebildete Fantasie.

Aus Tragödien lernen

Wir alle kennen die Geschichten von Menschen, für die eine Tragödie ein Wendepunkt hin zu einer positiven Entwicklung darstellte – sie verloren ihre Arbeit, ließen sich scheiden, erhielten vielleicht sogar eine Krebsdiagnose oder eine geliebte Person starb. Schicksalsschläge können uns aus einem banaleren, ohne großes Nachdenken geführten Leben herausreißen und uns dazu zwingen, Veränderungen vorzunehmen, die letztlich das Leben bedeutsamer und befriedigender machen. Der Ehrwürdige René hatte als junger Mann einen Motorradunfall, der ihn erkennen ließ, wie kurz und zerbrechlich das Leben ist. Nachdem er genesen war, brach er zu einer spirituellen Reise auf, die ihn Schritt für Schritt zu dem versierten Lehrer machte, der er heute ist und der das Leben von Tausenden Schülern und Freunden bereichert. Ohne die schockierende Tragödie wäre es möglicherweise niemals dazu gekommen.

Wir wünschen weder uns noch anderen Probleme wie einen Verkehrsunfall und gewiss sind wir nicht masochistisch genug, uns darum zu bemühen. Aber geht es um unsere aktuellen Schwierigkeiten (oder vergangene, die uns bis heute zusetzen), kann es heilsam sein, über ihren möglichen Nutzen nachzudenken. Es kann uns dabei helfen, sie leichter zu akzeptieren, an Lösungen zu arbeiten und uns besser für die künftigen Herausforderungen wappnen, mit denen wir es unvermeidlich zu tun bekommen werden.

Welche Macht schwierige Erfahrungen haben, zeigte mir der Fall eines Freundes, der eine Gehirnerschütterung erlitt. Als Folge davon verlor er sein Geschäft und seine Beziehung und stürzte ab in die Armut. Wir trafen uns zum Mittagessen und ich war darauf vorbereitet, ihm Mitgefühl und Unterstützung anzubieten, tatsächlich jedoch war mein Freund ziemlich guter Laune. Er erzählte, dass der Unfall ihn in einen Menschen verwandelt habe, der mehr Mitgefühl und weniger Konkurrenzdenken an den Tag legt, und dass er ohne diese Katastrophe nicht zu diesem Menschen geworden wäre. Außerdem zwang ihn das Geschehene, gesündere Dinge zu unternehmen, beispielsweise Yoga, Meditation, und viel Zeit an der frischen Luft zu verbringen, anstatt sein altes, ungesundes Leben fortzuführen.

Die Kontrolle über den Geist erlangen

Arbeite ich an meinem Verständnis von Leiden und seinen Ursachen, kommt mir häufig ein anderes Zitat von Shantideva in den Sinn: »Wenn sich die Dinge für die körperlichen Wesen genauso gestalten würden, wie sie es gerne hätten, dann würde es niemals vorkommen, dass irgendjemand leiden müsste, da niemand sich jemals wünschen würde, Leid zu erfahren.«[68] Hätten wir alle tatsächlich die Kontrolle über unseren Geist und würden die Ursachen des Leidens und die Ursachen der Zufriedenheit verstehen, würde niemand leiden – zumindest nicht unter den mentalen Qualen, die unsere Verblendungen mit sich bringen, der zweite, vermeidbare Pfeil. Unsere Verblendungen verschlimmern die un-

---

68 *Acharya Shantideva. 1979. A Guide to the Bodhisattva's Way of Life. Dharamsala, India: Library of Tibetan Works and Archives. Dt. Titel: Leitfaden für die Lebensweise eines Boddhisattvas [Zürich, Berlin: Tharpa, 2003] Deutsch von Christian Dräger, abgerufen Februar 2024: https://studybuddhism.com/de/tibetischer-buddhismus/originaltexte/sutra-texte/eintritt-in-das-verhalten-eines-bodhisattvas/sich-in-geduld-ueben.*

vermeidlichen Probleme des Lebens und bringen uns unnötiges, zusätzliches Leiden anstelle von Zufriedenheit. Zum Glück gibt es Methoden, mit denen du dich von den geistigen Wurzeln des Leidens befreien und die wahren Gründe für das Glücklichsein kultivieren kannst. Diese Methoden kannst du in der Meditation zu diesem Kapitel üben.

***

Meditation zum Befreien von Leid

Bei dieser Meditation zum Befreien von Leid wirfst du zunächst einen aufrichtigen Blick auf das Leid in all seinen Formen. Dann wendest du Gegenmittel an, die auf die Ursachen deines Leids (deine Verblendungen) einwirken und die die übertriebenen, ich-bezogenen Ansichten ausgleichen, die Begierde, Aggression und Unwissenheit mit sich bringen. Bei dieser Meditation geht es nicht darum, depressiv zu werden, sondern sich einen nüchternen Blick auf die Realität zu verschaffen. Dass das Leben Probleme mit sich bringt, ist unvermeidlich, aber wenn du dich darauf vorbereitest, leidest du weniger und du stärkst deine Widerstandskräfte und dein Mitgefühl.

ARTEN DES LEIDENS

Das Leiden des Leidens

Die erste Art des Leidens wird als Leiden des Leidens bezeichnet. Denke an die Milliarden Menschen, die nicht jeden Tag genug zu essen haben, die keinen Zugang zu sauberem Wasser und kein sicheres Dach über dem Kopf haben. Denke an den körperlichen Schmerz, den so viele von uns in diesem Augenblick verspüren, das Leiden durch Krankheiten, von Erkältungen bis hin zu Krebs. Denke an das Leiden durch Kriege, Inhaftierung und Unterdrückung. Denke an das natürliche Leiden, das mit dem

Altern unseres Körpers einhergeht. Denke an die alltäglichen Formen des Leidens – wenn wir nicht bekommen, was wir wollen, und wenn wir bekommen, was wir nicht wollen; das Leiden durch Einsamkeit; die Instabilität unseres Rufs, unseres Jobs, unserer Beziehungen; das Wettbewerbsdenken und die Angstgefühle, die der Druck des Lebens mit sich bringt.

Gegen einiges Leiden können wir uns aktiv zur Wehr setzen, andere Formen sind unvermeidlich. Stehen wir zu dem Leiden, das wir und unsere Mitmenschen erfahren, weiten wir damit nicht nur unser Mitgefühl aus, wir bereiten uns auch besser auf die Probleme vor, mit denen wir uns unvermeidlich in der Zukunft werden auseinandersetzen müssen.

Das Leiden durch Veränderung

Meditiere als Nächstes über das Leiden durch Veränderung – Erfahrungen, die wir für gewöhnlich als Vergnügungen bezeichnen. Vergänglichkeit sorgt dafür, dass alles, was wir genießen, früher oder später abnutzt oder kaputtgeht. Hat etwas einen Anfang, hat es auch ein Ende – unsere Handys, unsere Autos, unser Zuhause, sogar unsere Gesellschaft selbst.

Aber schon bevor sich Dinge abnutzen, ändert sich möglicherweise unser Geist. Das schicke Smartphone, das wir einst begeistert aus der Verpackung gerissen haben, langweilt uns inzwischen. Von unserem Partner dachten wir einst, mit ihm würden wir glücklich bis ans Ende unserer Tage leben, aber heute geht er uns auf die Nerven. Unsere Gefühle sind instabil.

Manchmal halten unsere Beziehungen, unser Zuhause oder andere Dinge tatsächlich ein Leben lang. Dennoch müssen wir akzeptieren, dass wir auch sie verlieren werden, wenn wir sterben.

Dass wir über die Notwendigkeit des Verlusts meditieren, dient nicht dazu, uns herunterzuziehen, sondern soll uns motivieren, unser Leben hier und jetzt mit der größtmöglichen Bedeutung zu leben. Verdeutlichen wir uns, dass sich alles ändert, hilft uns das, bei den kleinen Dingen nicht den Kopf zu verlieren, und wir können die vergänglichen Vergnügungen und die flüchtigen Beziehungen in unserem Leben bewusster erleben.

Quell des Leidens sind unsere Verblendungen

Erkunde nun den Quell des Leidens – unsere Verblendungen wie Begierde, Aggression und Unwissenheit.

Begierde: das Positive übertreiben

Begierde bedeutet, dass wir in einer Sache oder einem Menschen das Positive übertreiben. Wir betrachten ein Produkt, eine Person oder eine Errungenschaft und können an nichts anderes denken als daran, wie sie oder es uns glücklich machen wird.

Rufe dir ein Objekt starken Verlangens vor Augen. Wie sieht dein Geist diesen Gegenstand? Egal, ob es sich um einen Geldbetrag handelt, eine Person, die dich liebt, oder eine Veränderung in der Welt, glaubst du, dass du wirklich glücklich wärst, wenn du diese Sache hättest? Ist das realistisch? Frage dich, ob dein Verlangen über gesunde Ziele hinausgeht und es sich nicht um einen aufgewühlten Gemütszustand handelt, der erst dann befriedigt ist, wenn er bekommt, was er will.

Gegenmittel gegen Begierde

Gegen das heftige Verlangen der Begierde hilft es, sich die Mängel des Objekts vor Augen zu rufen. Wird diese Person dir stets nichts als Vergnügen bereiten? Wird dieser Gegenstand so funktionieren, wie du es hoffst, und wird er dich so glücklich machen, wie du es dir vorstellst? Wie wirst du dich fühlen, wenn dieses Objekt beschädigt ist oder gestohlen wird, wenn du dich deswegen verschuldest oder gezwungen bist, länger und härter zu arbeiten? Sogar Erfolg, Wohlstand und Ruhm haben Schattenseiten. Welche sind das?

Denke unaufgeregt über die Mängel einiger Objekte nach, die bei dir starkes Verlangen hervorrufen, egal, wie diese Mängel aussehen mögen. Welche Probleme könnten sie für dein Leben mit sich bringen? Hängt dein Glück tatsächlich davon ab?

Aggression: das Negative übertreiben

Mit Aggression und Wut ist gemeint, dass du ein Objekt, eine Person oder eine Erfahrung siehst und einzig an das Negative denken kannst. Du übertreibst, welchen Schaden diese Sache oder diese Person anrichten kann, und du kannst ihr wirklich überhaupt nichts Gutes mehr abgewinnen.

Rufe dir jemanden vor Augen, auf den du wütend bist – eine Kollegin, einen Angehörigen, eine Politikerin oder einen Geschäftsmann, eine Person, bei der du das Gefühl hast, dass sie dir oder anderen schadet, und die du möglicherweise sogar als Feindin ansiehst. Kannst du dieser Person irgendetwas Gutes abgewinnen oder hält dein Geist einzig Negatives und Verärgerung bereit?

Gegenmittel gegen Aggression

Ist es möglich, dass viele Menschen – die Mutter dieser Person, ihre Kinder, Kollegen und Freunde – diese Person, auf die du dermaßen wütend bist, lieben und respektieren? Bewirkt diese Person auch Gutes und nicht nur Schlechtes? Hilft sie auch oder schadet sie nur?

Versuche, dich einen Augenblick in die Lage dieser Person zu versetzen. Ergeben die Handlungen deines Feinds aus dieser Perspektive Sinn? Spürt dein Feind ebenfalls schmerzhafte Verblendungen?

Gehe noch tiefer: Kann das Verhalten dieses Menschen dir helfen, deine eigene Aggression zu reduzieren, indem es dir die Möglichkeit gibt, jeden Tag das Gegenmittel einzuüben? Würdest du weniger voreingenommen auf das Verhalten deines Feindes blicken, würde dir das möglicherweise helfen, dich dem Schaden, den diese Person anrichtet, besser entgegenzustellen?

Unwissenheit: das Selbst übertreiben

Nimm dir nun die Verblendung Unwissenheit vor – Unwissenheit, was die wahren Gründe des Glücks und des Leidens anbelangt, Unwissenheit, die vergisst, dass sich Dinge stetig ändern, Unwissenheit, was deine

Gleichheit zu allen anderen und die wechselseitige Abhängigkeit zu ihnen angeht.

Frage dich ehrlich und ohne zu urteilen: »Halte ich mich, meine Probleme, mein Leiden, meine Bedürfnisse und meine Beziehungen, für ein klein wenig wichtiger als die aller anderen?« Oder fühlst du das Gegenteil und hältst dich für weniger wert als andere? Könnte eine dieser beiden Betrachtungsweisen die Wurzel deines Leidens sein? Ist es möglich, sich in einem ausgewogenen Licht zu sehen, nicht mehr und auch nicht weniger wert als andere, sondern ganz genauso berechtigt, ein glückliches Leben frei von Leid zu führen?

Du kannst nur eine Sache kontrollieren – deinen Geist

Betrachte die Schattenseiten von Aggression und Begierde. Fühlt es sich gut an, wütend zu werden? Wenn du wütend wirst, erhöht dies die Wahrscheinlichkeit, dass du wieder wütend werden wirst? Welche Gewohnheiten stärkt es in deinem Geist, wenn du geduldig oder verzeihend bist?

Fühlst du Begierde, verleiht dir das Energie oder wühlt es dich auf? Welche Gewohnheiten stärkt es in deinem Geist, wenn du statt Gelüsten Zufriedenheit spürst?

Wie viel Kontrolle hast du in Wirklichkeit über die Realität, andere Menschen und den Planeten und wie viel Kontrolle hast du über deinen Geist? Wenn du die Kontrolle über deinen Geist erlangst, kannst du dort eine stabilere Quelle der Zufriedenheit finden und eine stabilere Grundlage, von der aus du anderen wirklich helfen kannst?

Gib Begierde und Aggression auf, nicht Vergnügen oder Konflikt

Wenn dir die Objekte deiner Begierde und deiner Aggression nicht tatsächlichen Schaden zufügen, musst du dich von diesen Objekten nicht trennen, während du deine Verblendungen ablegst. Hörst du damit auf, die positiven Seiten von Nahrung, Sex, Vergnügungen oder Beziehungen zu übertreiben, bist du möglicherweise imstande, sie viel eher zu genießen, weil du auf realistische Weise ihre vergänglichen Freuden wertschätzen kannst.

Siehst du ohne die Übertreibungen, die die Aggression beisteuert, klarer und erkennst, dass die Handlungen der Menschen auf Ursachen und Bedingungen zurückgehen, die weit in der Vergangenheit liegen? Erkennst du, warum für sie ihre Handlungen – und seien sie noch so fehlgeleitet – Sinn ergeben? Und dass ein wirkungsvoller Weg zur Lösung von Konflikten darin besteht, echtes Verständnis aufzubringen?

Ist es überhaupt möglich, den Nutzen schwieriger Erfahrungen zu sehen? Zu erkennen, dass sie dir Gelegenheit bieten, deine Geduld, deine Güte, deine Fähigkeit zu verzeihen und deine Abwendung von der Begierde zu stärken?

Danksagung

Zum Abschluss deiner Meditation zum Ablegen des Leidens kannst du dir für den Alltag vornehmen, deine Begierde achtsamer zu beobachten, dir der Nachteile des Verlangens stärker bewusst zu werden und gesündere Wege zu wählen, wie du auf deine Gelüste reagierst (oder eben nicht).

Nimm dir zudem vor, darauf zu achten, inwieweit deine alltägliche Wut die negativen Seiten von Mitmenschen übertreibt. Tun diese Personen möglicherweise auch gute und gütige Dinge? Unterliegt ihr Geist Verblendungen?

Tabelle 2 fasst die *vier Fakten*, die *drei Formen des Leidens* und die *drei Geistesgifte* zusammen. Das soll dir helfen, dich im Alltag an das Leiden und seine Ursachen zu erinnern.

***

Tabelle 2: Das Leiden und seine Ursachen

Die vier Fakten	
Leben bedeutet Leiden.	Wegen der drei Arten von Leiden stellt nichts Äußeres eine dauerhafte Quelle des Glücks dar.
Leiden hat eine Ursache.	Auslöser des Leidens sind unsere Verblendungen, insbesondere die drei Gifte Begierde, Wut und Unwissenheit.
Leiden kann aufgehalten werden.	Im Laufe der Zeit haben weise Menschen gezeigt, dass sich Leiden beenden lässt, indem man seine geistige Haltung verändert.
Es gibt einen Weg, nicht mehr zu leiden.	Das Leiden lässt sich aufhalten, indem man beispielsweise den Geist beobachtet, ohne zu reagieren, indem man die Vergänglichkeit aller Dinge akzeptiert, indem man Mitgefühl kultiviert und indem man erkennt, dass im Wesen der Realität alles mit allem zusammenhängt.

Die drei Arten von Leiden	
Das Leiden des Leidens	schmerzhafte Erfahrungen wie Armut, Krankheit, nicht zu bekommen, was man sich wünscht, und zu bekommen, was man sich nicht wünscht.
Das Leiden durch Veränderung	Erfahrungen, die wir normalerweise als angenehm empfinden, die uns aber nicht völlig befriedigen, denn sie sind nicht von Dauer.
Das Leiden der Daseinsgebilde	Leiden aufgrund von Selbstbezogenheit und »Selbstsein«; zu glauben, wir seien eigenständig, wo doch in Wirklichkeit alle und alles zusammenhängen.

Die drei Geistesgifte	
Begierde	Die Verblendung, die das Positive an einer Person oder Sache überhöht und uns danach streben lässt, sie zu besitzen.
Aggression	Die Verblendung, die das Negative an einer Person oder Sache überhöht und uns danach streben lässt, ihr zu schaden.
Unwissenheit	Die Verblendung, die uns die nachweislich existierenden Aspekte innerer und äußerer Realität nicht erkennen lässt, darunter Vergänglichkeit, Ursache und Wirkung sowie die Zusammenhänge, die zwischen allen Menschen und Dingen bestehen.

Kapitel 10

Die sechste Stufe: Die rote Pille bedeutet Entsagung

Es war unvermeidlich, dass ich früher oder später *Matrix* in diesem Buch unterbringen würde – einen Klassiker des Cyberpunk-Films, berühmt dafür, das Wesen der Realität und die Macht von Verblendungen auszuloten. Hat man über das Leiden meditiert, gelangt man auf dem buddhistischen Pfad an eine wesentliche Gabelung. Nun musst du dich entscheiden, in welche Richtung dein weiteres Leben führen soll: Willst du weiterhin nach weltlichem Glück streben, dessen Quelle außerhalb von dir liegt, oder willst du nach der inneren Quelle des Glücks streben, bei der dein Geist stärker im Mittelpunkt steht? Entscheidest du dich für die rote Pille oder die blaue Pille? Das war die Entscheidung, die Morpheus Neo in *Matrix* bot.

Zur Erklärung, falls du den Film nicht gesehen haben solltest: Der Held, Neo (gespielt von Keanu Reeves), ist ein kleiner Computerhacker, der den mysteriösen Morpheus kennenlernt. In der wohl bekanntesten Szene des Films erklärt Morpheus Neo, dass die gesamte Welt um ihn herum nichts als eine Lüge ist, eine kollektive Wahnvorstellung, die nur in seinem Kopf existiert.[69] Er bietet ihm an, eine rote Pille zu schlucken, die ihm das wahre Wesen der Realität zeigt, oder eine blaue Pille, die ihn in sein trostloses Leben zurückführt. Neo entscheidet sich für die rote Pille. Es folgt eine der großartigsten Enthüllungen der Filmgeschichte. Denn es zeigt sich (Achtung, Spoiler!), dass das, was Neo für die Realität

---

69 Matrix. Warner Brothers Pictures, 1999.

hielt, nichts als eine Computersimulation ist, die von Robotern betrieben wird, die sich die Menschheit als Sklaven halten.

Neos Wahl zwischen der roten Pille und der blauen ist eine starke Metapher für die Entscheidung, die wir zu treffen haben: Geben wir auch künftig äußeren Einflüssen, die uns gegen unseren Willen aufgezwungen werden, die Schuld an unserem Leid? Oder stellen wir uns den wahren Ursachen des Leidens – unseren Verblendungen Begierde, Aggression und Unwissenheit?

Ist Entsagung das Richtige für mich?

Die »rote Pille« der Buddhisten trägt offiziell den Namen *Entsagung*. Im Mahayana-Buddhismus bedeutet Entsagung nicht, dass man tagtäglichen Freuden entsagen oder sich von seinen Freunden trennen muss. Entsagung geschieht im Kopf, wenn du dir bewusst machst, dass externe Erfahrungen nicht die wahre Ursache für dein Glück oder dein Leiden sind.

Natürlich wirken sich Phänomene und Erfahrungen der Außenwelt auf unseren geistigen Zustand aus, aber aus Sicht des Buddhismus spielt der Geist eine größere Rolle als diese externen Einflüsse. Du kannst dich selbst davon überzeugen, indem du die Stimmung der Menschen im Alltag beobachtest. Es gibt Menschen, die alles haben, aber trotzdem kreuzunglücklich sind, und Menschen, die mit Problemen überhäuft sind, aber dennoch frohen Mutes sind und friedlich bleiben.

Die Vorstellung, Glück entspringt unserem eigenen Geist, ist ein Eckpfeiler der buddhistischen Weltsicht. An Übernatürliches muss man dafür nicht glauben, aber es ist schon eine spezielle Betrachtungsweise. Du wirst vielleicht feststellen, dass deine Perspektive das genaue Gegenteil ist und dass deiner Ansicht nach wahres Glück von außerhalb kommt – durch ein nettes Leben mit guten Freunden, Familie, leckeren Mahlzeiten, einem schönen Zuhause, Annehmlichkeiten, Sicherheit und Schutz. Das sind alles wunderbare Dinge und jeder einzelne Punkt beschert uns ein gewisses Maß an Zufriedenheit. Bist du fest davon überzeugt, dass die Quelle einer stabilen und tiefgreifenden Zufriedenheit all die wundervollen Dinge sind, die du in der externen Welt erfährst, dann ist dieser nächste Schritt in den buddhistischen Übungen nicht unbedingt das Richtige für dich, denn hier steht der Geist im Mittelpunkt.

Ich kenne viele Menschen, die zufrieden scheinen mit einem Leben, bei dem Familie, Freunde und die Freuden der materiellen Welt im Mittelpunkt stehen.

In Kapitel 9 habe ich dir vor meinem Vater erzählt, der trotz aller finanziellen Probleme wirklich glücklich ist. Auch mein Onkel ist jemand, der wirklich glücklich ist, er wiederum lebt aber ein komfortables Leben. Er hat ein schönes Haus. Er liebt seine Familie, reist gerne, geht essen und nennt eine Reihe schöner Dinge sein eigen. Ich besitze den Großteil derselben Dinge wie mein Onkel und ich finde ebenfalls Gefallen daran, aber ich glaube nicht, dass ich sie im selben Maße genieße wie er. Gehen wir beide essen, beeindruckt mich ganz besonders, wie sehr er ein Glas Wein zu genießen weiß und wie er mit viel Schnuppern und Schwenken jeden Aspekt in sich aufsaugt.

Ich glaube nicht, dass mein Onkel ein größerer Hedonist ist als ich. Tatsächlich bin ich mir ziemlich sicher, dass seine Fähigkeit, sich an den angenehmen Dingen des Lebens zu erfreuen, darauf beruht, dass er besser als die meisten von uns die Vergänglichkeit begriffen hat. Sein Leben lang hat er mit Menschen gearbeitet, die als Folge von Verbrechen oder Katastrophen traumatisiert waren, und ihnen geholfen, ihre Erfahrungen zu überleben. Er hat etwas darüber gelernt, wie zerbrechlich das Leben und Beziehungen sind, indem er einen anderen Weg als ich beschritten hat, und ich bewundere seine Fähigkeit, das Hier und Jetzt auf eine Weise zu genießen, die mir gelegentlich verschlossen bleibt.

Im Buddhismus werden wir ermutigt, unseren Geist gründlich zu prüfen und festzustellen, wo genau Zufriedenheit herkommt. Sieht man sich Menschen wie meinen Onkel genauer an, wird man feststellen, dass es nicht ihr Besitz ist, der diese Menschen glücklich macht. Das Wissen um die Ursachen von Glück und Leid ist nicht allein Buddhisten vorbehalten, aber der Buddhismus bietet ein präzises und bewährtes Gerüst, das uns hilft, uns immer weiter von unseren Verblendungen zu entfernen und hin zu einer immer tiefer gehenden Zufriedenheit, die von nichts weiter als uns selbst abhängig ist.

»Am besten hindert man einen Gefangenen an der Flucht, indem man dafür sorgt, dass er gar nicht weiß, dass er im Gefängnis sitzt.« Dieser Ausspruch wird Dostojewski zugeschrieben.[70] Entsagung bedeutet, aus dem Gefängnis unserer Verblendungen auszubrechen. Den Auftakt macht eine ehrliche Bestandsaufnahme unseres jetzigen geistigen Zustands. Dazu gehören für die meisten von uns viele Augenblicke des Frusts, der Wut, der Ungeduld und des Verlangens – Gefühle, die wir lieber nicht hätten. Die rote Pille der Entsagung ist der Wendepunkt, bei dem wir uns einer viel erfüllenderen und bedeutsameren Weise des Glücklichseins öffnen und das Beste aus unserem kostbaren Leben machen.

Was ist Entsagung?

Entsagung folgt direkt auf die vorangegangene Stufe, das Leiden, über das wir in Kapitel 9 gesprochen haben. Zu entsagen bedeutet, etwas aufzugeben. Das mag masochistisch klingen, aber in der Tradition des tibetischen Buddhismus bedeutet Entsagung nicht, dass man auf Vergnügen, auf sinnliche Erfahrungen, auf Beziehungen oder Spaß verzichten muss. Das mag zunächst erleichternd klingen, aber um Leiden aufzugeben, bedarf es Mut – Mut, tief in den eigenen Geist einzutauchen und sich den innersten Ursachen seines Leidens zu stellen.

Einige meiner buddhistischen Lehrer verwenden für diese Stufe andere Begrifflichkeiten. »*Entschlossenheit, frei zu sein*« ist ein anderer Begriff für Entsagung – wir sind entschlossen, uns von dem Leiden zu befreien, das uns unsere Verblendungen auferlegen. Ein weiteres Synonym

---

70 Wird dem russischen Schriftsteller Fjodor Dostojewski zugeschrieben, findet sich aber nicht in seinen veröffentlichten Werken.

für dieses Thema ist überraschenderweise »*Selbstmitgefühl*«. Im Lamrim wird das Selbstmitgefühl nicht ausdrücklich erwähnt, weil die Vorstellung so selbstverständlich in den buddhistischen Kulturen verwurzelt ist. Ich habe mich jedoch mit mehreren Lehrern unterhalten und sie alle waren sich einig, dass auf dem buddhistischen Pfad hier in der Stufe der Entsagung der richtige Ort für Selbstmitgefühl ist. In dieser Stufe entdecken wir nämlich die wahren, gesunden Auslöser unserer Zufriedenheit.

Eines meiner Lieblingsbücher ist *The Gelug/Kagyu Tradition of Mahamudra*, ein dicker Wälzer, den der Dalai Lama und Dr. Alexander Berzin gemeinsam verfasst haben. Besonders zwei Seiten habe ich Dutzende Male gelesen. Berzin schreibt dort sehr prägnant über Entsagung und schildert, was geschieht, wenn wir die Stufe der Entsagung erreichen:

> *»Wir sind bereit, etwas zu opfern. Das bezieht sich nicht darauf, etwas Triviales wie Fernsehen oder Eiscreme wegzulassen oder etwas überhaupt nicht Triviales wie den Sex mit unserem Ehepartner oder auch nur Entspannen und Spaß haben. Wir müssen unsere Probleme loslassen und alle Ebenen ihrer Ursachen.«*[71]

Ich denke häufig über diese Stelle nach, während ich versuche, die Entsagung zu verstehen. Nichts Materiellem muss ich entsagen, nein, es geht um meine Verblendungen, diese selbstzerstörerischen Aspekte meiner eigenen Persönlichkeit. Es sind die egozentrischen Verblendungen Begierde, Aggression und Unwissenheit, die uns Leid bereiten, denn sie wachsen sich zu anderen beunruhigenden geistigen Zuständen wie Ängsten, Abhängigkeit und Depression aus. Von der Stufe der Entsagung aus betrachtet sind es diese Verblendungen, die wir loslassen müssen, um wahre Zufriedenheit zu finden – nicht Beziehungen, Wohlstand, Sex oder Eiscreme.

---

71 *Dalai Lama XIV und Dr. Alexander Berzin. 1997. The Gelug/Kagyu Tradition of Mahamudra. Boston, MA: Snow Lion.*

Verstehst du nun, warum der Pfad hier an eine Gabelung gelangt? Bis hierhin ergab die Vorstellung Sinn, dass Meditation eine Art Behandlung für unterschiedliche Probleme des tagtäglichen Lebens darstellt. Das ist auch der Ansatz zahlreicher beliebter säkularer Programme und Apps, die Achtsamkeit lehren. Mithilfe der Meditation bieten sie eine unmittelbare Lösung für reale Probleme, mit denen es die Menschen Tag für Tag zu tun haben.

Entsagung ist auf dem buddhistischen Pfad der Punkt, auf den es ankommt. Es braucht schon eine ordentliche Portion Mut, um den tieferen Ursachen seines Leidens tatsächlich zu entsagen. Du musst bereit sein für diesen Punkt. Lamrim-Lehrer empfehlen, einige Jahre über die wichtigen Punkte zu meditieren, die diesem Punkt vorangehen – über das kostbare Leben, die Vergänglichkeit, Ursache und Wirkung, Zuflucht und Leiden. Jede dieser Stufen hilft dir, deinen Geist besser zu verstehen, bevor du an die Gabelung des Pfads gelangst, an der du entscheidest, ob du wirklich frei von Leiden sein möchtest, indem du seinen tieferen Ursachen entsagst.

Aber Entsagung ist kein Entweder/oder. Selbst geringe Mengen an Entsagung können das Maß an Zufriedenheit, das du in deinem Leben empfindest, überproportional steigern. Ich will dir ein kleines Beispiel aus einer frühen Phase meines eigenen Pfads erzählen. Wann immer ich öffentlich sprechen musste, befiel mich eine ärgerliche Kombination aus Angst und Ego, also fragte ich den Ehrwürdigen René, wie ich damit umgehen solle. Er sagte mir, ich solle mir den Dalai Lama ansehen, wenn er das nächste Mal spricht, und darauf achten, dass Seine Heiligkeit mit den Fingern schnippt, wenn sie sich hinsetzt. Dieses Ritual diene als Erinnerung an die Vergänglichkeit und symbolisiere, wie kurz das Leben sei.

Anstatt vor der Rede an mich selbst zu denken, solle ich an die Vergänglichkeit denken und danach streben, dass meine Ansprache schlicht von Nutzen sei, empfahl mir der Ehrwürdige René. Ich nahm seinen Ratschlag an und meine Ängste verschwanden praktisch sofort. Seit ich einem Publikum nicht mehr mit Ego und Verblendung entgegentrete, sondern mit Mitgefühl und Großzügigkeit, ist öffentliches Reden eine echte Freude für mich geworden.

Der Wunsch, frei zu sein von Leiden

Grundvoraussetzung für das Entsagen ist der aufrichtige Wunsch, frei zu sein vom Leiden und seinen Ursachen. Aber das Leiden zu verstehen, funktioniert nicht wie im Schulunterricht. Man liest sich nicht das Lehrmaterial durch, besteht einen Test und macht mit dem nächsten Thema weiter. Stattdessen baust du die Überzeugung auf, dass du frei von Leiden sein möchtest. Dazu denkst du wieder und wieder und wieder darüber nach, so wie in Kapitel 9. Es geht darum, dass du durch Meditieren ein tiefes Verständnis des Leidens verinnerlichst, bis du an einen Punkt gelangst, an dem sich die Art und Weise verändert, wie du deinen Alltag erlebst.

Selbst sehr fortgeschrittene Lehrer denken jeden Tag sehr gründlich über das Leiden nach, um es in ihrem Geist frisch zu halten. Der Begleiter von Lama Zopa Rinpoche fragte ihn gelegentlich, zu welchem Thema er meditiere. Häufig antwortete Rinpoche, er befinde sich noch in den ersten Stufen des Lamrim und meditiere zum kostbaren Leben und zum Leiden.

Es gibt neben der Meditation weitere Möglichkeiten, mit der Leidensseite der Realität in Berührung zu kommen. Comedians können sehr gut darin sein und durch ihre Fähigkeit, unseren Blick auf die Realität zu verändern, sind die besten schon fast wie spirituelle Lehrer. Auf Netflix habe ich ein großartiges Special von Jerry Seinfeld gesehen, *23 Hours to Kill*, bei dem es um das Leiden durch Veränderung ging und die Unzufriedenheit, die wir selbst bei Dingen spüren, die wir doch als Vergnügen bezeichnen. In der Show geht Seinfeld ausführlich auf das Leiden ein, welches alle im Publikum ertragen mussten, nur um in die Show zu kommen. Wir sind zuhause, sprechen aber nur darüber, wann wir losmüssen. Wir sind unterwegs, wollen aber nur ankommen. Und sind wir angekommen, sprechen wir bloß darüber, wann wir uns auf den Rückweg machen müssen. Den Höhepunkt seiner Nummer erreicht er mit den Worten: »Niemand will irgendwo sein. Niemand mag irgendetwas. Wir sind schrullig, wir sind gereizt und wir reagieren darauf, indem wir ständig den Ort wechseln.«[72] Ich glaube, nicht einmal der Dalai Lama hätte besser erklären können, wie unsere Verblendungen eine ansonsten angenehme Erfahrung ruinieren können.

Probleme und deren Ursachen loslassen

Die erste Form des Leidens, mit der wir uns in Kapitel 9 beschäftigt haben, war das Leiden des Leidens. Das fühlte sich vermutlich ziemlich unkompliziert an – echte Lebensprobleme wie Krankheit, Altern, nicht zu bekommen, was man möchte, und zu bekommen, was man nicht möchte. Nach der Seinfeld-Nummer leuchtet einem auch die zweite Form des Leidens – das Leiden durch Veränderung – wohl eher ein. Alles, was wir üblicherweise als Vergnügen bezeichnen – die Dinge, von denen Seinfeld spricht, also Dinge wie Essengehen, Fernsehen und Freunde besuchen –, sind für uns irgendwie unbefriedigend, wenn wir mit einem gierigen, unzufriedenen Gemütszustand an sie herangehen.

Dauerhaft kann uns nichts Externes glücklich machen. Objekte nutzen sich ab und verändern sich, genauso wie sich Menschen und Erfahrungen verändern und ihren Reiz verlieren können. Wir übertreiben, wie sehr wir etwas oder jemanden mögen, und sind anschließend enttäuscht, wenn wir auf die unvermeidlichen Mängel stoßen.

Unser Geist ist wankelmütig. Heute können wir von einer Sache nicht genug bekommen, morgen sind wir ihrer vielleicht schon überdrüssig. Und schließlich schwebt über allem noch das Wissen, dass wir mit dem Tod alles verlieren. Der Unterschied zwischen unserer Fantasie und der Realität kann uns ängstlich machen, wir klammern und sind nicht imstande, die vergänglichen Freuden des Lebens zu schätzen.

---

72 Jerry Seinfeld. 2021. 23 Hours to Kill. Netflix.

Leiden und Unzufriedenheit loszulassen, bedeutet, ihre Ursachen loszulassen – unsere Verblendungen. An dieser Stelle des Pfads müssen wir den Mut aufbringen, einzugestehen, dass unsere innere Unruhe darauf zurückgeht, dass unsere Verblendungen unsere Persönlichkeit infiziert haben … Begierde, Aggression und Unwissenheit und die Folgen wie Angst, Sorgen, Eifersucht, Stolz und andere irritierende Gemütszustände. Du fragst dich: »Will ich frei sein? Oder will ich weiter ein Leben führen, das sich frustrierend und unbefriedigend anfühlt und meinem Ego nicht das gibt, was es will – einem Ego, das glaubt, ich sei ein klein wenig wichtiger als alle anderen in diesem Universum.«

Die acht weltlichen Angelegenheiten

Wollen wir den Ursachen des Leidens entsagen, gibt uns der Buddhismus die *acht weltlichen Angelegenheiten* als zentrale Hilfe an die Hand. Diese Angelegenheiten werden als vier gegensätzliche Paare aufgeführt, die uns anhaltende Unzufriedenheit bereiten:

- das Streben nach Gewinn und das Vermeidenwollen von Verlusten,
- das Streben nach Vergnügen und das Vermeidenwollen von Schmerz,
- das Streben nach Lob und das Vermeidenwollen von Schuldzuweisungen,
- das Streben nach Ruhm und das Vermeidenwollen von Schande.

Als ich sie das erste Mal hörte, dachte ich: »Huch? Gibt es da nicht noch *mehr*?« Aber diese Liste fasst, zumindest für mich, praktisch das gesamte Leben zusammen. In einigen buddhistischen Traditionen strebt man danach, sich völlig von diesen acht Angelegenheiten zu befreien und das entbehrungsreiche Leben eines Bettelmönchs zu führen. Für die meisten von uns klingt das nicht so, als würde es viel Spaß machen. In anderen Traditionen kommt es auf deine Motivation an, darauf, wie du mit diesen acht weltlichen Angelegenheiten umgehst. Das ist der Ansatz des Mahayana-Buddhismus. Er lehrt, dass es möglich ist, sich mit den acht weltlichen Angelegenheiten zu befassen, sofern man dies ohne Abneigung oder Begierde tun kann.

Heutzutage überspringen einige buddhistische Lehrer die Entsagung und nehmen sich gleich die fesselnderen Lehren zu Liebe, Mitgefühl und Leere vor. Aber im Lamrim tauchen diese fortgeschrittenen Methoden aus gutem Grund erst zum Schluss auf. Praktiziert man Mitgefühl und Leere, ohne sich zunächst der Fehler bewusst zu werden, die ein ungeprüftes Leben mit sich bringt, kann dies Meditationen für Fortgeschrittene in voreingenommene, egozentrische Aktivitäten gleich unseren anderen weltlichen Angelegenheiten verwandeln.

Falsches Mitgefühl sei narzisstisch, hat mir Lorne Ladner, Autor von *Die verlorene Kunst des Mitgefühls*, einmal gesagt.[73] Wolle man aufrichtiges Mitgefühl entwickeln, müsse man zunächst die essenziellen Wahrheiten des Lebens begreifen – wie kostbar es ist, wie vergänglich, wie Erfahrungen und Gewohnheiten den Geist konditionieren, welche Gefühle es anzunehmen gilt und welche man loslassen sollte, und zu guter Letzt die Arten und Auslöser von Leiden.

Mache dir gründlich Gedanken zu den acht weltlichen Angelegenheiten, um besser zu verstehen, wie dein eigener Geist und der anderer Menschen arbeitet und wie du ein Leben führen kannst, das über Klammern und Aversionen hinausgeht. Kanntest du dich, bevor du dieses Buch aufgeschlagen hast, nur mit dem Thema Achtsamkeit aus, bekommst du nun möglicherweise ein Gefühl dafür, wie viel mehr der buddhistische Pfad ist.

Die Alternative zur Entsagung ist Selbsttäuschung

Gewinn, Vergnügen, Lob, Ruhm und andere Vergnügen sind nicht die Ursache von Zufriedenheit? Verluste, Schmerzen, Schuldzuweisungen,

---

73 *Interview mit Scott Snibbe. 2022. »Buddhist Psychologist Lorne Ladner on Depression, Compassion, and Positive Psychology.« Podcast A Skeptic's Path to Enlightenment, Episode 110, 28. Juni. Abrufbar unter: www.skepticspath.org/podcast/buddhist-psychologist-lorne-ladner (abgerufen April 2023).*

Misskredit und andere Unannehmlichkeiten nicht die Ursache von Leid? Zumindest für uns, die wir in einer westlichen Kultur aufgewachsen sind, klingt das nicht logisch. Liegt der Buddhismus falsch, wenn er behauptet, es seien die Verblendungen Begierde, Aggression und Unwissenheit, die ursächlich für unser Leiden verantwortlich sind?

Ich glaube nicht, dass es eine einzige Antwort gibt, die auf alle Menschen zutrifft, aber für mich muss ich sagen – und damit kehren wir zu *Matrix* zurück –, dass die Alternative Selbsttäuschung ist. Man redet sich ein: »Wenn ich diese eine Sache noch bekomme, werde ich endlich glücklich sein.« Dabei ist es egal, ob es sich um eine Person handelt, eine Leistung, einen Geldbetrag oder einen neuen Besitz.

In *Matrix* gibt es einen Charakter, Cypher, der diese Ansicht vertritt. Ihm tut es leid, dass er die rote Pille gewählt hat. Er würde lieber zu den simulierten Freuden der Matrix zurückkehren, zu Wein, Steak und Sex. Cypher bittet die Agenten, sein Gedächtnis zu löschen, damit er wieder glauben kann, dass er mit diesen Vergnügungen zu wahrer Zufriedenheit findet. Ist es das, was wir für uns wollen?

Viele von uns beginnen mit sanften, geführten Meditationen, die uns zu einem besseren Schlaf verhelfen oder unser Konzentrationsvermögen stärken sollen. Die Stufe der Entsagung geht weit darüber hinaus, denn nun geht es um die Grundlagen für wahre Zufriedenheit und wahren Sinn im Leben. Entsagung erfordert Tapferkeit und Entschlossenheit.

Selbst wenn wir uns *vornehmen*, aus unserer Selbsttäuschung auszubrechen, kann es dennoch schwierig werden, weil wir in Blasen der Bestätigungsfehler (*confirmation bias*) leben. Im Internet sehen wir uns mit Informationen konfrontiert, die einen materialistischen Blick auf die Welt verstärken. Freunde und Kollegen meinen es möglicherweise gut, aber auch sie können unsere Selbsttäuschung verstärken. Wenn ich darüber nachdenke, kommt mir gelegentlich eine Geschichte über den nordkoreanischen Diktator Kim Jong-un in den Sinn. Es heißt, wenn er eine seiner Städte besichtigt, säubern Arbeiter vorher die Straßen, streichen die Häuser neu und befüllen die Schaufenster mit Lebensmitteln und Waren, ganz wie Bühnenmitarbeiter, die einen Drehort vorbereiten. Auf diese Weise entsteht der Anschein, als gehe es dem Land besser, als es tatsächlich der Fall ist.

Ähnliche Blasen der Realitätsflucht habe ich bei Ultrareichen beobachtet. Bei zwei meiner Jobs hatte ich Kontakt zu Milliardären – der eine war der Microsoft-Mitgründer Paul Allen, der andere Mark Zuckerberg von Facebook. Diese Männer waren nahezu ausschließlich von gut bezahlten Angestellten umgeben, die für ihren Lebensunterhalt auf das Wohlwollen ihres Chefs angewiesen waren. Ich lernte, dass man als einer der reichsten Menschen der Welt möglicherweise von einer Traube von Speichelleckern umgeben ist, die zu allem Ja und Amen sagen, was man von sich gibt, unabhängig davon, ob es von Fakten gedeckt ist – oder auch nur dem gesunden Menschenverstand entspricht. Ein allmächtiger Anführer, der seine Leute dafür bezahlt, ihm nur das zu erzählen, was er hören möchte, ist eine eindringliche Metapher für die Selbstverleugnung, die viele von uns erfahren.

Diese Blase der Realitätsflucht, in der Reiche und Mächtige leben, weist zudem Ähnlichkeiten zum Leben des Buddhas selbst auf. Siddharta Gautama war vor seiner Erleuchtung ein indischer Fürst – ein jugendlicher Milliardär, ganz so wie Mark Zuckerberg. Die Eltern des Buddhas versuchten, ihn von allen Schmerzen, Konflikten und allem Leid fernzuhalten. Doch als junger Mann Anfang 20 wanderte der Buddha in die Stadt hinaus, die den Palast umgab, und dort erlebte er aus erster Hand Krankheit, Altern und Tod – das Leiden, dem wir alle ausgesetzt sind. Er erkannte, dass Leiden unvermeidbar ist, und wandte sich von seinem Leben der Vergnügungen und der Realitätsleugnung ab und machte sich auf die Suche danach, was die Realität in Wirklichkeit sein könnte. Der Buddha nahm die rote Pille.

Der Buddha vertrat die Ansicht, wenn wir unseren Verblendungen entsagen, entsagen wir mutig einem Leben der Selbsttäuschung. Wir tauchen tief unter die Oberfläche unseres prächtigen Bewusstseins ab, um das Bestmögliche aus unserem kostbaren Menschenleben zu machen.

Wohin wenden wir uns, nachdem wir unseren Verblendungen entsagt haben?

Wohin wenden wir uns, nachdem wir die wahren Ursachen unseres Leids erkannt haben? Im Kapitel 8 zum Thema Zuflucht sind wir kurz auf das Thema eingegangen und haben festgestellt, dass Essen, Beziehungen, Arbeit, Sex, Geld und Freunde aus sich heraus nicht für dauerhafte Zufriedenheit sorgen können. Zuflucht und Entsagung sind eng miteinander verwandt, denn man kann sich nicht einfach von etwas abwenden, man muss sich gleichzeitig auch etwas zuwenden. Und es *gibt* etwas anderes, dem man sich zuwenden kann.

Dank der Weisheit jener, die es bereits für sich herausgefunden haben, können wir uns verdeutlichen, dass wir uns nach innen zu unserem Geist wenden können, um Glück und Zufriedenheit zu finden. Wir können die edlen Qualitäten stärken, über die wir bereits verfügen. Dazu kultivieren wir geistige Stabilität, das Wissen um Vergänglichkeit sowie Ursache und Wirkung und das Wissen um die wahren Gründe von Zufriedenheit und Leiden. In Kapitel 13 befassen wir uns mit der abschließenden Stufe der Leere. Dann geht es auch um eine Betrachtungsweise der Realität, die das falsche Gefühl eines von Leiden geplagten Selbst endgültig beendet.

Was das angeht, können wir etwas von Keanu Reeves lernen. Er hat nicht nur im Film Buddhisten gespielt, er hat den Buddhismus auch studiert und unterstützt zahlreiche buddhistische Zwecke. In einer Aufnahme für das Netzwerk buddhistischer Zentren, dem auch ich angehöre, erklärt er, wohin uns Entsagung führt, wenn uns bewusst wird, dass externe Dinge keine dauerhafte Zufriedenheit mit sich bringen:

> *»Wenn wir uns nicht wohlfühlen und etwas Unangenehmes geschieht, suchen wir Zuflucht in etwas. Üblicherweise wenden*

> *wir uns Nahrung zu, Alkohol, Sex, Drogen, Geld, Macht oder Beziehungen, aber nichts davon bietet uns den dauerhaften Schutz oder die dauerhafte Zufriedenheit, nach der wir streben. Begreift man, dass man keine dauerhafte Zufriedenheit finden kann, wird der Wunsch sehr stark, eine echte Zuflucht zu finden … Zuflucht zu suchen bedeutet letztlich, auf eine Weise Schutz vor dem Leiden zu finden, die einem wirklich zu helfen vermag. Über das letztgültige Wesen der Realität nachzudenken und darüber, was uns leiden lässt, ist die wahre Zuflucht.«*[74]

Entsagung wird zur Grundlage der fortgeschrittensten Stufen, jenen Stufen, die uns als Nächstes auf dem Pfad begegnen – Liebe, Mitgefühl und das wahre Wesen der Realität. Als Brücke zu diesen mächtigen Themen kannst du als Zufluchtsort deinen Geist aufsuchen und lernen, wie du äußeren Formen des Vergnügens selbst dann sanft entsagst, während du dich an ihnen erfreust. Du verlagerst deine Aufmerksamkeit fort von dem, was du erlebst, und hin zum Prozess der Erfahrung selbst. Wenn man im Rahmen des Meditierens die Beziehung zwischen Geist und Wahrnehmung durchleuchtet, stört das die solide, äußere Art und Weise, die die Dinge vermeintlich haben. Man zeigt die Realität als etwas Flexibleres, Subtileres und Schöneres, ein Zusammenspiel von Geist, Materie und Beziehungen.

Als Neo in *Matrix* die rote Pille schluckt, ist der Film gerade einmal eine halbe Stunde alt und nach dieser wegweisenden Entscheidung folgen noch zwei aufregende Stunden. Ähnliches gilt auch für den Pfad, auf dem wir unterwegs sind: Diejenigen, die sich für die rote Pille der Entsagung entschieden haben, können sich darauf freuen, dass einige der besten Teile des Pfades noch vor ihnen liegen. Falls auch du dich für die

74 *Discovering Buddhism (DVD), 2004. Portland, OR: Foundation for the Preservation of the Mahayana Tradition.*

rote Pille entscheidest, kannst du das in der Meditation zu diesem Kapitel tun.

***

Meditation zur Entsagung

Über Entsagung zu meditieren, bedeutet zwei Dinge: Erstens, zu begreifen, dass die Ursachen des Leidens in deinen Verblendungen Begierde, Aggression und Unwissenheit liegen. Und zweitens wendest du dich davon ab, externe Dinge zu begehren und ihnen die Schuld zu geben, und arbeitest darauf hin, dir in deinem eigenen Geist eine zuverlässige Quelle der Zuflucht zu erschließen.

Das Leiden des Leidens und das Leiden der Veränderung

Denke zum Auftakt über die unvermeidbaren Schwierigkeiten des Lebens nach – Schmerzen, Armut, Obdachlosigkeit, Krankheit, Gewalt, Missbrauch, Ausbeutung, Konflikt, Einsamkeit, Altern und Tod.

Führe dir vor Augen, dass du zwar frei von gewöhnlichem Leiden sein kannst, dich aber die Freuden des Lebens möglicherweise trotzdem nicht zufriedenstellen, weil Beziehungen, Dinge und Erfahrungen keinen Bestand haben. Sie nutzen ab oder finden auf andere Weise ein Ende.

Auch dein Geist kann sich verändern. Denke an ein Beispiel: als dir etwas – eine Aktivität, eine Person, ein Nahrungsmittel, eine Aufgabe – keinen Spaß mehr bereitete. Kurz zuvor hattest du noch Gefallen daran gefunden, nun war es möglicherweise einfach zu viel davon gewesen.

Und erinnere dich dann daran, dass du eines Tages aus dieser Welt scheiden und alles verlieren wirst. Diesem Schicksal entgeht niemand von uns.

Verblendungen, die Ursache des Leidens

Um die schwierigen Erfahrungen des Lebens führt kein Weg herum, aber es gibt eine Möglichkeit, sich von der mentalen Seite des Leidens zu befreien. Betrachte deine Verblendungen und versuche, zu einer ehrlichen Einschätzung deines aktuellen geistigen Zustands zu gelangen. Bemühe dich, bei jeder Verblendung besser zu verstehen, wie sie Leiden auslöst und warum ihr Blick auf die Welt übertrieben ist.

Begierde

Begierde ist eine Verblendung, die bei Dingen, nach denen wir verlangen, das Positive übertreibt. Denke an etwas, nach dem du ein starkes Verlangen verspürst, nach einer Person, einer Sache oder einer Errungenschaft. Siehst du diese Person oder diese Sache wirklich unvoreingenommen? Ignorierst du die negativen Seiten dessen, was du möchtest?

Denke einen Augenblick über alle Fehler und Schattenseiten nach, die das hat, was du begehrst. Handelt es sich wirklich um etwas Perfektes oder birgt auch diese Sache ihre eigenen Probleme? Wird sie dir tatsächlich ganz aus sich heraus dauerhaftes Glück bescheren?

Aggression

Rufe dir etwas vor Augen, was dich wütend macht. Meistens ist das eine Person. Es kann jemand aus deinem Alltag sein oder jemand Bekanntes, beispielsweise aus der Politik. Achte darauf, wie deine Wut die negativen Eigenschaften dieser Person übertreibt und wie schwer es ist, irgendetwas Gutes an diesem Menschen zu finden.

Versuche, dir vor Augen zu führen, dass viele Menschen diese Person lieben – Angehörige, Freunde, Bewunderer. Versuche, dir zu verdeutlichen, dass die Handlungen dieser Person möglicherweise auch anderen Menschen zugutekommen.

Unwissenheit

Betrachte schließlich auch Unwissenheit, die Ursache der anderen Verblendungen. Übertreibst du deine eigenen Probleme und spielst die anderer Menschen herunter? Bist du der Meinung, du seist ein klein wenig wichtiger als alle anderen? Wie wäre es, wenn du allen Menschen einen gleich großen Anspruch auf Glück, Gesundheit, Sicherheit und Wohlstand wie dir selbst zugestehst? Deine logische Seite mag das glauben, aber versuche einen Augenblick, es tatsächlich auch zu *fühlen*. Stelle dir das Gefühl vor, dass andere, sogar deine Feinde, genauso wichtig sind wie du. Stelle dir vor, wie viel Frieden das deinem Geist beschert.

Bist du bereit, das Leiden loszulassen?

Schätze ab, ob du bereit bist, die Verblendungen loszulassen, die dir Leid bereiten. Bringst du den Mut auf einzugestehen, dass äußere Freuden, Beziehungen und Leistungen nicht die absolute Quelle des Glücks sind? Ist der Drahtseilakt möglich, sich voll und ganz ins Leben einzubringen, ohne dabei Abhängigkeiten gegenüber einigen Menschen und Dingen zu verspüren und von anderen Menschen und Dingen abgestoßen zu sein?

Vergnügen suchen, Schmerz vermeiden; Gewinn suchen, Verlust vermeiden; Lob suchen, Schuldzuweisungen vermeiden; Ruhm suchen, Schande vermeiden. Stelle dir vor, nicht vor diesen Dingen davonzulaufen, sondern zu erklären, dass sie keine Macht mehr über dich haben. Stelle dir vor, die vergänglichen Freuden und Schmerzen des Lebens nur für den Zweck zu nutzen, deine Verbindungen zu anderen zu stärken und Gutes in der Welt zu bewirken.

Entsagung bedeutet nicht, dass du deine Ziele aufgeben musst, deine Beziehungen, deinen Besitz oder deine Freuden. Aber bist du bereit, den Gedanken aufzugeben, sie seien die Quelle deines Glücks und deiner Verärgerung? Bist du bereit, dich zu einer Entdeckungsreise in dein Inneres zu verpflichten, einer Reise, die das Ziel hat zu verstehen, wie dein Geist in Wirklichkeit funktioniert und wie dein Geist in Wahrheit aussieht? Könntest du tatsächlich einfach glücklich werden, indem du beunruhigende Aspekte deiner Persönlichkeit wie Sorgen und Ängste akzeptierst, sie sanft loslässt und dann eine glücklichere und stabilere Art und Weise zu leben entdeckst?

Der Geist – deine ultimative Quelle der Zufriedenheit

Kann es sein? Besitzen wir tatsächlich alle in uns eine üppige Quelle der Wärme, Stabilität, Güte und Zufriedenheit, die auf rein gar nichts von außerhalb angewiesen ist? Versuche, jetzt diesen Teil deines Geists zu berühren. Atme einige Male tief durch und richte dabei deine ganze Aufmerksamkeit auf das Atmen.

Lasse dann zu, dass in deinem Geist erscheint, was erscheinen will. Lasse Gedanken aufsteigen und verschwinden, ohne dass du dich an sie hängst oder dich über sie ärgerst. Beobachte deine Gedanken aus der Entfernung, während du deinen Geist gleichzeitig friedlich ruhen lässt.

Versuche, ob du auf eine subtilere Ebene des Bewusstseins vordringen kannst. Blickt der Geist an den Gedanken vorbei auf das Bewusstsein selbst, was sieht er? Beobachte einen Augenblick ohne eine Erwartungshaltung. Möglicherweise ziehen sich deine Mundwinkel zu einem Lächeln hoch, wenn du tief in dir auf eine stabile und unbegrenzte Quelle der Zufriedenheit stößt.

Danksagung

Strebe zum Abschluss danach, dass die Erkenntnisse aus dieser Meditation dir dabei helfen, besser die Verblendungen zu begreifen, die deine Unzufriedenheit nähren. Widme dich der Aufgabe, die Vor- und die Nachteile von Gegenständen, Menschen, Beziehungen und Erfahrungen klarer als bislang auszumachen.

Nimm dir vor, die guten Gewohnheiten, die du in der Meditation gestärkt hast, mit in den Tag zu nehmen, damit sie deine Betrachtungsweise von Menschen und Erfahrungen verändern – und die Art und Weise, wie du reagierst. Beschließe, die Kontrolle über deinen Geist zu behalten, damit du wählen kannst, wie du auf die Triebe in deinem Leben reagierst – wann du ihnen nachgibst, weil sie von Vorteil sind, oder wann du sie, weil sie nicht vorteilhaft sind, in der offenen Landschaft eines tiefgründigeren Geistes verblassen lässt, eines Geists, der dir stets als Zuflucht offen steht.

***

Kapitel 11

Die siebte Stufe: Was ist Liebe?

Ich weiß noch, wie ich das erste Mal zu jemand, der nicht Teil meiner Familie war, »Ich liebe dich« sagte. Ich war 16 Jahre alt und in meiner ersten »festen« Beziehung (die stolze vier Monate währen sollte). Was habe ich mir Gedanken gemacht, ob ich meine Gefühle teilen sollte. Und was, wenn meine Freundin nicht auch sagt, dass sie mich liebt? Ich wäre am Boden zerstört, sollte sie meine Liebe nicht erwidern. Schließlich, bei einem Strandspaziergang mit allem Brimborium – Wellen, die an den Strand branden, kreischenden Möwen und einem wunderbaren kalifornischen Sonnenuntergang – nahm ich mir ein Herz und sagte die magischen Worte. Und sie sagte dasselbe zu mir. Puh.

Aber was meinte ich überhaupt damit, als ich ihr sagte, dass ich sie liebe? Und was meinte sie mit ihrer Erwiderung? Ich habe »Liebe« einmal in einem Wörterbuch nachgeschlagen, aber die Definitionen bildeten einen Zirkelschluss. Liebe sei eine intensive romantische Bindung, hieß es dort, und Romantik sei ein tiefes Gefühl der Liebe. Es ist bei uns üblich, Liebe als Suche nach einem perfekten Partner anzusehen, nach jemand, der unsere lange Liste an Bedürfnissen und Träumen abdeckt und dem wir im Gegenzug exklusiv unsere Zuneigung zukommen lassen. Aber im echten Leben erfüllen andere Menschen normalerweise nicht all unsere Ideale, denn wir tauschen Intimitäten mit einem komplexen Gegenüber aus, das genauso viele Fehler hat wie wir selbst.

Romantische Liebe und selbst die Liebe für unsere Freunde und Angehörigen ist üblicherweise an Bedingungen geknüpft. Wir wollen im Gegenzug etwas zurück und sei es nur Liebe. An Beziehungen, die auf

Wechselseitigkeit beruhen, ist nichts Verkehrtes, aber wir sollten uns der Bedingungen bewusst sein, die wir an die Liebe knüpfen. Dann können wir versuchen, uns vorzustellen, über eine an Bedingungen geknüpfte Liebe hinauszugehen und zu der unvoreingenommenen, expansiven Form der Liebe zu gelangen, die der Buddhismus als *liebende Güte* bezeichnet. Diese großzügigere Form der Liebe kannst du mit deinem Partner teilen, aber auch mit Familie, Freunden, Fremden – und sogar mit Feinden. Obwohl ihr Umfang gewaltig ist, ist die buddhistische Definition der Liebe einfach: Du möchtest, dass andere glücklich sind.

Meine Schwiegermutter war ein Naturtalent, wenn es um uneigennützige Liebe ging, sowohl bei ihrer Arbeit (sie half Flüchtlingen aus Tibet, sich in Amerika anzusiedeln) als auch im Privaten in ihrem Eheleben. Ergreifend wurde das deutlich, als sie an Krebs starb und ihrem Mann mit ihren letzten Worten von ganzem Herzen wünschte, er möge eine liebevolle neue Partnerin finden und mit ihr den Rest seines Lebens glücklich verbringen.

Augenblicke wie diese verdeutlichen, dass selbstlose Liebe auch in einer romantischen Beziehung möglich ist. Häufig jedoch ist unsere Liebe untrennbar mit einem Klammern verbunden. Das kann unsere Gefühle trüben und dafür sorgen, dass wir wütend werden, traurig, nachtragend oder ängstlich, wenn uns unser Partner nicht gibt, was wir wollen.

Das Schöne an der unvoreingenommenen Liebe ist, dass du sie systematisch heraufbeschwören kannst, und zwar unabhängig davon, ob du gerade in einer Beziehung steckst und ob du gerade unter Menschen bist. Du kannst dir beispielsweise Menschen vorstellen, die dir nahestehen, und ihnen anbieten, was sie zum Glücklichsein benötigen. Weite diese selbstlose Liebe schrittweise auf Menschen aus, die dir nicht so nahestehen, auch auf Fremde und Feinde. Pflegst du beim Meditieren die Liebe, gelangst du irgendwann an einen Punkt, wo du jedem Menschen, dem du im Alltag begegnest, diese Liebe frei anbieten kannst.

Das Leben ist voller Irrungen und Wirrungen, insofern gibt es selbstverständlich keine Garantie dafür, dass du andere Menschen wirklich glücklich machen kannst, selbst dann, wenn du ihnen alles gibst, was sie möchten. Aber wir haben es hier mit einer weiteren Ironie des Buddhismus zu tun – indem du darüber meditierst, andere zu lieben, wirst du selbst glücklicher werden.

Was ist Mitgefühl?

Wir haben gesehen, dass die buddhistische Definition von Liebe ganz einfach ist – der Wunsch, andere mögen glücklich sein. Genauso simpel ist die Definition von Mitgefühl – der Wunsch, das Leid anderer zu mindern. Mitgefühl ist nicht dasselbe wie Empathie, bei Empathie fühlt man den Schmerz eines Mitmenschen. Mitgefühl beginnt mit Empathie, geht aber darüber hinaus, weil es den Wunsch in dir weckt, etwas deswegen zu unternehmen, wenn möglich im echten Leben, aber mindestens in deinem Geist.

Es gibt den Begriff der »Compassion fatigue« oder Mitgefühlserschöpfung beziehungsweise Mitgefühlsmüdigkeit. Krankenschwestern, Ärzte und Therapeuten leiden gelegentlich darunter. Arbeiten wir jedoch mit der buddhistischen Definition von Mitgefühl, dann wäre »Empathieerschöpfung« treffender.[75] Empathie kann dazu führen, dass dich das Leiden einer anderen Person überwältigt und du versuchst, vor ihrem Schmerz zu fliehen. Aber Mitgefühl verleiht dir die Energie, die du brauchst, um dich auf das Leiden eines anderen Menschen einzulassen und daran zu arbeiten, diese Last zu schmälern. Robert Thurman sagt, Mitgefühl sei Empathie plus Mut.

In deiner Meditation Mitgefühl auszubilden, ist ähnlich wie das Kultivieren liebender Güte. Ein Weg besteht darin, dass du dir das Leiden eines Menschen vorstellst, den du liebst, und dass du dir wünschst, ihn von diesem Leiden befreien zu können. Weite dein Mitgefühl dann

75 *Matthieu Ricard. 2016. Altruism: The Power of Compassion to Change Yourself and the World. New York: Back Bay Books.*

schrittweise auf Angehörige, Freunde, Bekannte, Fremde und schließlich sogar auf deine Feinde aus und wünsche dir, auch sie von ihrem Schmerz befreien zu können.

Selbstsüchtiger Altruismus

Im Mahayana-Buddhismus gehen Liebe und Mitgefühl untrennbar mit Altruismus einher. Altruismus ist Selbstlosigkeit und bedeutet zu geben, ohne etwas dafür zu erwarten. Für den altruistischen Wunsch, allen Wesen alles zu geben, was sie benötigen, und all ihr Leiden zu beenden, gibt es sogar ein eigenes Wort – *Bodhichitta*, der »Geist der Erleuchtung«. Dass das Wort für Erleuchtung (*bodhi*) synonym mit »Mitgefühl« verwendet wird, zeigt bereits, welch grundlegende Rolle der Altruismus im Mahayana-Buddhismus spielt.[76]

Altruismus ist keine religiöse Voraussetzung dafür, ein Buddhist zu sein. Vielmehr gilt er als unvermeidliche Folge davon, dass man sich bewusst wird, dass die Bedürfnisse aller Menschen gleichberechtigt sind – alle Menschen wollen glücklich sein, kein Mensch will leiden. Mit seinen logischen Argumenten für die Selbstlosigkeit ist der Mahayana-Buddhismus mit westlichen Philosophien wie dem Utilitarismus und dem Stoizismus verwandt.[77,78] Auch sie regen dazu an, als rationale Reaktion auf eine Analyse der Conditio humana Gutes zu bewirken.

Das andere buddhistische Argument für Altruismus besagt, der Weg zum größtmöglichen eigenen Glück bestehe darin, von einem Fundament aus Liebe und Mitgefühl ausgehend zu denken und zu handeln.

---

76 Dalai Lama XIV und Thubten Chodron. 2020. In Praise of Great Compassion: Volume 5. The Library of Wisdom and Compassion. Somerville, MA: Wisdom Publications.

77 Katarzyna de Lazari-Radek und Peter Singer. 2017. Utilitarianism: A Very Short Introduction. Oxford: Oxford University Press.

78 Massimo Pigliucci. 2017. How to Be a Stoic: Using Ancient Philosophy to Live a Modern Life. New York: Basic Books. Dt. Titel: Die Weisheit der Stoiker [München: Piper, 2017].

Der Dalai Lama spricht die ganze Zeit darüber. Tatsächlich waren dies im allerersten Buch, das ich von ihm gelesen habe, die ersten Zeilen, die ich unterstrich:

> *»Wärst du gerne selbstsüchtig, solltest du das auf sehr intelligente Weise sein. Der dumme Weg, selbstsüchtig zu sein, besteht darin, für sich ganz allein nach Glück zu streben. Der intelligente Weg, selbstsüchtig zu sein, besteht darin, am Wohlergehen anderer zu arbeiten.«*[79]

Natürlich muss man nicht Buddhist sein, um Altruismus zu betreiben. Ein außergewöhnliches Beispiel ist James Harrison, der eine seltene Blutgruppe hatte und über 60 Jahre lang alle paar Wochen Blut spenden ging.[80] Auf diese Weise rettete er knapp 2,4 Millionen Säuglingen das Leben. Eine andere Geschichte, die mir in Erinnerung geblieben ist, ist die von Zell Kravinsky, der sein Vermögen in Höhe von 45 Millionen Dollar weggab. Das reichte ihm noch nicht, also spendete er (gegen den Widerstand seiner Familie) eine Niere, um das Leben eines ihm fremden Menschen zu retten.[81] Diese Menschen warfen einen nüchternen Blick auf ihr privilegiertes Leben und beschlossen Altruismus sei der logische Weg, ein glückliches, sinnvolles Leben zu führen.

Allerdings machen die buddhistischen Lehren deutlich, dass es keiner heroischen Taten bedarf, um ein altruistisches Leben zu führen, und dass es ebenfalls wichtig ist, sich gut um sich selbst zu kümmern. Doch ab

---

79 *Seine Heiligkeit der Dalai Lama (Dalai Lama XIV). 1994. The Way to Freedom: Core Teachings of Tibetan Buddhism, The Path to Enlightenment. San Francisco, CA: HarperSanFrancisco. Dt. Titel: Der Weg zur Freiheit [München: Droemer, 1998].*

80 *Matt Stephens. 2018. »›Man with the Golden Arm‹ Saved Millions of Australian Babies with His Blood.« New York Times, 14. Mai.*

81 *Ian Parker. 2004. »The Gift: Zell Kravinsky Gave Away Millions. But Somehow It Wasn't Enough.« New Yorker, 25. Juli.*

welchem Punkt verwandelt sich gesunde Selbstfürsorge in die unintelligente Form von Selbstsucht, über die der Dalai Lama spricht? Einer meiner Lehrer sagt, es beginnt, wenn ich an »mich« und »meines« denke – *mein* Kaffee, *mein* Auto, *mein* Handy, *mein* Mittagessen, *mein* Job, *mein* Freund, *mein* Partner, *mein* Glück, kurzum, es geht um die Vorstellung, dass alles in Ordnung ist, solange *ich* bekomme, was *mir* zusteht.

Heute ist die Ansicht weit verbreitet, dass wir eine glückliche Welt aufbauen können, in der sich alle um sich selbst kümmern, wenn jeder egoistisch handelt, aber darauf achtet, anderen nicht zu schaden. Das ist eine philosophische Betrachtungsweise des *Egoismus*.[82] In den Vereinigten Staaten haben wir diese selbstbezogene Philosophie nahezu perfektioniert und die Frage sei erlaubt: Haben wir ein glückliches Land erschaffen?

Die buddhistische Sichtweise sieht den Weg zum Glück in genau entgegengesetzter Richtung. Es geht darum, dass ich nicht an mich, sondern an dich denke – *dein* Glück, *dein* Wohlergehen, *deinen* Partner, *deinen* Kaffee. Das bedeutet, auf intelligente Weise selbstsüchtig zu sein. Oder wie der Dalai Lama es auch formuliert: »Wenn du glücklich sein willst, wertschätze andere.«[83]

Die Schokolade probieren

Der Ehrwürdige René sagt, über die Liebe zu reden, sei im Grunde so, als rede man über Schokolade. Man kann davon sprechen, so lange man möchte, aber um sie tatsächlich zu erfahren, muss man sie probieren. Du

---

82 *Denise Cummins. 2016. »This Is What Happens When You Take Ayn Rand Seriously.« PBS News Hour, 16. Februar. Abrufbar unter: www.pbs.org/newshour/economy/column-this-is-what-happens-when-you-take-ayn-rand-seriously (abgerufen April 2023).*

83 *Dalai Lama XIV, zitiert von Lama Zopa Rinpoche. Lama Zopa Rinpoche. 1986. »Cherish Others and Be Happy.« Archive #398. Nepal: Kopan Monastery. Abrufbar unter: www.lamayeshe.com/article/cherish-others-and-be-happy (abgerufen April 2023).*

erinnerst dich gewiss, wie du das allererste Mal so richtig verliebt warst. Vielleicht war es bei dir wie bei mir und meiner Schulhofliebe – eine außergewöhnliche Erfahrung, die alle Beschreibungen übersteigt, die du je gelesen hast, von denen du je gehört hast und die du je gesehen hast. Und ganz genauso ist es mit der selbstlosen Liebe der liebenden Güte.

Vielleicht hat ein Elternteil von dir schon in jungen Jahren selbstlose Liebe an den Tag gelegt oder im Freundeskreis gibt es diese eine Person, die immer für dich da ist, wenn du in Not bist. Ich für meinen Teil habe das größte Maß an selbstloser Liebe von meinen buddhistischen Lehrern erfahren, die jeder Person, der sie begegnen, mit scheinbar grenzenloser Zuneigung entgegentreten.

In diesem Kapitel findest du vier Meditationen, die dir zu solch einem offenen Herzen verhelfen sollen – über Liebe, Mitgefühl, Gleichmut und eine weniger bekannte Praktik, die als *Universalisieren* bezeichnet wird und Freuden und Leiden des Alltags in grenzenlose Liebe und grenzenloses Mitgefühl verwandelt.

Beginnst du von einem Punkt aus, an dem vor allem du im Zentrum stehst (bei mir war das zweifelsohne der Fall), verlangt es möglicherweise einiges an Anstrengungen, derart umfassende Formen von Liebe und Mitgefühl zu entfachen. Ich habe jedoch festgestellt, dass schon ein einzelner Funke liebender Güte oder des Mitgefühls ausreicht, und es wird dir leichter fallen, ihn am Leben zu erhalten und dort wiederholtes Meditieren wachsen zu lassen.

***

Meditation über Liebe

Liebe dich selbst

Stelle dir zunächst dich selbst vor, an dem Ort, an dem du dich gerade aufhältst, dein Geist friedlich. Dein Herz ist eine leuchtende Kugel, die befüllt ist mit all deinen besten Eigenschaften – Güte, Offenheit, Großzügigkeit, Geduld, Humor, Resilienz, Freude.

Und nun stelle dir eine weitere Kopie von dir vor, wie sie dir gegenübersteht, lebendig und friedlich. Betrachte dieses andere Du wie einen lieben Freund. Denke an all deine guten Eigenschaften, all das Gute, das du in der Welt bewirkst, all die positiven Auswirkungen, die du auf deine Freunde hast, deine Familie, bei der Arbeit. Denke auch an all die Dinge, die dir wichtig sind.

Denke auch daran, auf welche Weise du manchmal anderen oder dir selbst weh tust, sei es weil du verwirrt bist, weil du verletzt bist oder weil du einen Fehler begangen hast. Nur selten geschah es mit Vorsatz, vielmehr sind die vielen Gründe und Bedingungen verantwortlich, die dein Leben geprägt haben.

Über einen Lichtstrahl, der eure Herzen verbindet, sendest du deinem Gegenüber-Du Liebe zu. Wünsche dir über diesen Strahl alles Gute, biete dir an, was du an materiellen Dingen benötigst, aber auch, was du an Liebe, Freundschaft und Unterstützung brauchst.

Liebe für einen geliebten Menschen

Lasse das andere Du dir gegenüber verblassen. Materialisiere dann am selben Platz einen Menschen, den du von Herzen und ohne Einschränkung liebst. Manchen fällt das bei einem Kind oder einem Freund leichter als bei dem Partner oder einem Elternteil.

Welches Gefühl gibt dir deine Liebe? Verdrängt deine echte Zuneigung Gedanken, bei denen Ängste und ichbezogene Aspekte im Vordergrund stehen?

Stelle dir vor, wie die andere Person das Gefühl hat, dass sie geliebt wird, dass man ihre positiven Seiten wertschätzt, ihre Schwächen akzeptiert und ihre Fehler verzeiht.

Ein Lichtstrahl verbindet eure Herzen. Spüre, wie deine Liebe und die Dankbarkeit der anderen Person für deine Liebe hin und her fließen. Vor deinem inneren Auge wird unerschöpfliche Liebe sichtbar.

Liebe für die Menschen in deinem Umfeld

Lasse nun neben und hinter der Person, die du liebst, Menschen erscheinen, die dir nahestehen. Das Gefühl der Liebe breitet sich wie ein Licht aus deinem Herzen kommend aus, mit jeder der Personen verbindet dich ein eigener Strahl. Ruhe in deiner Liebe für sie alle.

Liebe für Fremde

Stelle dir nun eine gewaltige Zahl an Fremden rund um dich und die von dir geliebten Personen vor. Sie stehen für die Milliarden Menschen auf diesem Planeten. Stelle dir vor, wie Milliarden einzelne Lichtstrahle von deinem Herzen zu ihren führen und ihnen alles geben, was sie benötigen – Wohlstand, Sicherheit, Freunde und Zuneigung.

Liebe für Feinde

Abschließend stelle dir die Menschen vor, mit denen du Schwierigkeiten hast. Das sind Menschen, die dir oder den Menschen, die dir am Herzen liegen, wehgetan haben. Wollen auch sie grundsätzlich glücklich sein? Wollen auch sie geliebt werden? Vielleicht würden sie, wenn sie aufrichtig geliebt würden, damit aufhören, dir und anderen Probleme zu bereiten.

Wenn du kannst, stelle dir vor, wie du deinen Feinden Zufriedenheit und die Ursachen für Zufriedenheit anbietest – die materiellen Dinge, die sie benötigen, dazu Sicherheit, Freunde, geistige Gesundheit und ein warmes Herz.

Danksagung: Bringe die Liebe in den Alltag

Löse die Menschenmassen und die Lichtstrahlen deiner liebenden Güte zu einem diffusen weißen Licht auf. Lasse deinen Körper sich wieder seiner selbst und des Raums um dich herum bewusst werden. Während du die Augen öffnest, versuche dir das Gefühl zu bewahren, allen Lebewesen Glück und Zufriedenheit zu wünschen. Atme tief ein, atme tief aus und nimm dir vor, dieses umfassende Gefühl der Güte und Zuneigung mit in den weiteren Tag zu nehmen.

***

Meditation zu Mitgefühl

Selbstmitgefühl

Stelle dir vor, dass ein Abbild von dir vor dir sitzt, lebendig und ganz friedlich. Versuche dich so zu sehen, wie du deinen besten Freund sehen würdest, als freundliches, liebevolles, weises, fröhliches und großzügiges Wesen.

Wann immer du nicht nach diesen Aspekten deiner innersten Natur handelst, sind diese anderen Aspekte dann möglicherweise nur vorübergehende Irrbilder, nutzlose Angewohnheiten, die du fahren lassen kannst?

Denke an Probleme, die du mit deinem Körper hast, deiner Arbeit, deinen Finanzen oder deinen Beziehungen. Denke an Schwierigkeiten, die du mit dir selbst hast, mit Wut, Verlangen, Eigensucht, Eifersucht oder Stolz. Schwierigkeiten sind natürlich und es ist natürlich, dass man Angewohnheiten verändern möchte. Gute Dinge brauchen ihre Zeit, innerlich wie äußerlich.

Bringe dir Mitgefühl entgegen und den Wunsch, all deine Schmerzen aus der Welt zu schaffen. Stelle dir dann vor, das im realen Leben zu tun – alle körperlichen, finanziellen, familiären und Beziehungsprobleme lösen sich in Luft auf, zurück bleiben die Gesundheit, die Sicherheit, der Wohlstand und die Liebe, die du verdienst. Stelle dir vor, wie im Übermaß von deiner inneren Güte und von all dem Guten, das du in der Welt bewirkst, deine mentalen Probleme verblassen.

Mitgefühl für einen geliebten Menschen

Löse nun das andere Du auf und materialisiere an derselben Stelle eine Person, die dir nahesteht und mit Problemen zu schaffen hat. Welcher Art sind die Probleme dieses Menschen und wie fühlt er sich deswegen? Wünsche dir aufrichtig, diese Probleme verschwinden zu lassen.

Stelle dir nun vor, dass du Erfolg hattest. Wie fühlt sich dein Freund, wenn er von allen inneren und äußeren Schwierigkeiten befreit ist und ein Leben voller Gesundheit, Wohlstand, Sicherheit und geistigem Frieden führen kann?

Mitgefühl für alle Mitmenschen

Weite nun dein Mitgefühl auf Menschen aus, die du kennst und magst und die sich mit Schwierigkeiten auseinandersetzen müssen – auch mit großen Schwierigkeiten wie Krankheit, finanziellen Nöten, Umweltproblemen, Ungleichheit oder Ungerechtigkeit. Wie wunderbar wäre es, könnten sie frei von ihren Problemen sein? Beschließe, mit den dir zur Verfügung stehenden Fähigkeiten dazu beizutragen, dass diese Probleme verschwinden. Stelle dir einen Augenblick vor, dass sämtliche Probleme fort sind.

Stelle dir alle anderen Formen von Leid vor, die all die anderen Menschen auf der Erde ertragen müssen, auch die der Menschen, mit denen du nicht klarkommst oder die du verachtest. Bringst du auch für ihre Leiden Empathie auf und kannst du dir womöglich sogar wünschen, sie von ihrem Leid zu befreien? Stelle dir vor, dass all ihre Probleme tatsächlich verschwunden sind.

Danksagung: Bringe Mitgefühl in dein tägliches Leben

Ebenso wie alles andere wird auch Meditation nicht die Probleme aller Menschen lösen können. Aber allein schon die Haltung, all ihre Probleme verschwinden lassen zu wollen, ist für dich ein wichtiges Werkzeug auf dem Weg dahin, dein Leben so bedeutungsvoll, zufriedenstellend und nutzbringend zu gestalten, wie es geht. Versuche, mit dieser Einstellung in den Tag zu gehen, und lenke deine Energie mit Mitgefühl und dem Wunsch, das Leiden anderer zu schmälern, nach außen.

***

Gleichmut

In meinen Zwanzigern heiratete mein Vater erneut. Nach der Zeremonie ließ er alle Gäste in zwei konzentrischen Kreisen antreten. Sie gingen in entgegengesetzter Richtung aneinander vorbei und sagten sich wechselseitig: »Ich liebe dich.« Aus irgendeinem Grund ging mir dieses Ritual furchtbar auf die Nerven. Ich wollte nicht irgendwelchen Wildfremden sagen müssen, dass ich sie liebe. Dieses Gefühl hatte man sich gefälligst erst zu verdienen und es war exklusiv! Ich schlich vor dem Ende dieser Veranstaltung davon. Fremden derart viel Intimität entgegenzubringen, fand ich nahezu unerträglich.

War diese letzte Stufe der Meditationen zu Liebe und Mitgefühl für dich genauso schwierig, wie es seinerzeit für mich war, zu Hunderten Gästen auf der Hochzeit meines Vaters »Ich liebe dich« zu sagen?

Das ist normal. Selbst in der eigenen Fantasie kann es schwer fallen, Fremden Liebe entgegenzubringen, und es kann geradezu schmerzhaft sein, Menschen Güte zu zeigen, die einem wehgetan oder der Welt geschadet haben.

Hast du durch gewalttätige Handlungen schweren Schaden oder Traumata erlitten, kann es natürlich sein, dass du nicht bereit bist, diese Person in irgendeiner Form zum Teil deiner Meditation zu machen. Meditationen zu Liebe und Mitgefühl gelten als Übungen für Fortgeschrittene, deshalb findest du sie auch hier am Ende des Wegs. Es gibt jedoch einen Weg, Liebe und Mitgefühl eher schrittweise aufzubauen. Dazu meditierst du zunächst über die grundlegende Praxis des *Gleichmuts*.

Im tagtäglichen Leben sind die meisten von uns hin und hergerissen zwischen der Zuneigung für Menschen, die wir lieben, dem Zorn auf diejenigen, die uns Ärger bescheren, und der Apathie, die wir Menschen entgegenbringen, die wir nicht kennen. Aber die buddhistische Perspektive (und hoffentlich der gesunde Menschenverstand genauso) besagt, dass es alle Menschen verdienen, glücklich zu sein und nicht zu leiden.

Gleichmut zu praktizieren ist eine Technik, die dazu dient, diese gesunden Gefühle der Verbundenheit mit anderen zu entwickeln – und mit »anderen« sind auch diejenigen Menschen gemeint, die du verachtest. Von Gleichmut hört man nicht so viel wie von Achtsamkeit, Liebe und Mitgefühl, aber in der Tradition des tibetischen Buddhismus stellt Gleichmut einen wichtigen Schritt dar, den du machst, *bevor* du zu Liebe oder Mitgefühl kommst. Ohne Gleichmut bleibt dein Geist nämlich in seinen Gefühlen gegenüber anderen voreingenommen und es wird dir unmöglich sein, echtes Mitgefühl zu empfinden.

Als ich zum ersten Mal von der Logik von Gleichmut, Mitgefühl und liebender Güte hörte, fand ich das auf einer Ebene sehr schlüssig. Dennoch empfand ich es als bedrohlich, meine Zuneigung über die Menschen hinaus auszudehnen, die mir am Herzen lagen. Ich hatte Angst, die besonderen Gefühle für die Menschen zu verlieren, die mir am nächsten standen. Aber schon bald lernte ich, dass keine dieser Techniken dich auffordert, die Liebe zu verringern, die für die besonderen Menschen in deinem Leben empfindest. Selbst der Dalai Lama hat beste Freunde. Im Gegenteil vergrößert Gleichmut deine Fähigkeit, dich um andere zu sorgen. Die Nähe, die du dir jetzt für einige wenige Menschen vorbehältst, weitet sich schrittweise auf Bekannte, Fremde und sogar Feinde aus.

Einen Fremden zu »lieben«, bedeutet nicht, dass du all deine Grenzen aufgeben sollst oder ihm blind vertrauen. Und einen Feind zu lieben, bedeutet nicht, dass du aufhörst, gegen den Schaden anzukämpfen, den diese Person in der Welt anrichtet. Einen Feind zu lieben, muss nicht einmal bedeuten, dass du je wieder mit dieser Person sprichst oder auch nur in ihre Nähe kommst. Liebende Güte ist eine geistige Haltung, von der du stärker als jeder andere profitierst. Du erkennst, dass jeder Mensch etwas Gutes in sich trägt, bleibst dabei aber kritisch und verteidigst aktiv das, was du in dieser Welt für richtig hältst.

Während du überlegst, ob du deinen Feinden dein Herz öffnen möchtest, überlege zunächst – ganz egoistisch –, ob deine Wut auf diese Menschen ein gutes Gefühl ist. Handelt sich um einen Gemütszustand, den du ablegen möchtest? Oder ist deine Wut für dich Motivation, wichtiges Gutes in der Welt zu bewirken? Ich habe gehört, wie man den Dalai Lama fragte, ob die elektrisierende Kraft der Wut nicht ein zentraler Faktor bei der Bekämpfung von Ungerechtigkeit sei. Aber er antwortete darauf stets, es stimme zwar, dass Wut motivierend ist, aber es sei so, als nehme man eine starke Droge.[84] Wut verleiht uns Energie, hat aber negative Nebenwirkungen, die auf lange Sicht unserem Wohlergehen schaden.

Die motivierende Kraft der Wut kann rasch außer Kontrolle geraten, dein Urteilsvermögen trüben und dazu führen, dass du dich schrecklich fühlst und schreckliche Dinge tust. Der Groll, den du Feinden gegenüber ständig hegst, kann überlaufen und deine guten Beziehungen zu Freunden und deiner Familie vergiften. Wissenschaftler haben herausgefunden, dass der Stress, der mit gewohnheitsmäßiger Wut einhergeht, zu körperlichen Krankheiten bis hin zum Tod führen kann.

Der Dalai Lama hat auch gesagt, dass es eine genauso motivierende Emotion gibt, allerdings ohne die negativen Nebenwirkungen der Wut. Diese Emotion ist das Mitgefühl, und der erste Schritt hin zu Mitgefühl ist Gleichmut. Dabei gleichst du einfach deine Gefühle gegenüber anderen aus, ohne den Versuch zu unternehmen, ein altruistischer Heiliger zu werden.

Tara Brachs Erklärung, dass wir einen sanften Pfad einschlagen können, auf dem wir schrittweise alles an der Wut loslassen, das uns von Gleichmut abhält, hat mich stark beeindruckt. Sie sagt, häufig bräuchten wir eine Phase der Wut, um uns mit Energie aufzuladen und uns zu rüsten.[85] Das gelte insbesondere dann, wenn wir missbraucht oder traumatisiert wurden. Zu glauben, wir müssten jemandem, der uns wehgetan hat, sofort verzeihen, führe einzig dazu, dass wir zusätzlich zu unserer Wut Scham verspüren. Alles in allem jedoch ist Wut ein erstes, starkes

---

84 *Seine Heiligkeit der Dalai Lama (Dalai Lama XIV). Be Angry. Charlottesville, VA: Hampton Roads Publishing. Dt. Titel: Be Angry! Die Kraft der Wut kreativ nutzen [Berlin: Ullstein, 2021].*

85 *Tara Brach. 2020. »Sheltering in Love – Part 7: Awakening from the Prison of Blame.« Podcast von Tara Brach, 6. Mai. Abrufbar unter: www.tarabrach.com/sheltering-in-love-part-7 (abgerufen April 2023).*

Signal für etwas Tiefergehendes und früher oder später müssen wir uns damit, was auch immer es ist, verbinden.

Gleichmut kommt dann ins Spiel, wenn das erste Aufflackern der Wut, die dich mit Energie und einem Schutzpanzer ausrüstet, verflogen ist und du mutig an deinen oberflächlichen Gefühlen vorbei tiefer eintauchst. Du lässt die Betrachtungsweise, bei der du im Mittelpunkt stehst, hinter dir und erfasst das große Ganze. Wenn du bereit bist, die Wut hinter dir zu lassen, bringt dir das massive Entlohnung und verstärkt das Gefühl der Verbundenheit mit allen, sogar mit deinen Feinden.

Freund, Feind oder Fremder?

Auf dem Weg zum Gleichmut sollten wir uns zunächst einmal verdeutlichen, dass wir Menschen instinktiv als Freunde, Feinde oder Fremde kategorisieren, und zwar abhängig von ihrem Verhalten. Es handelt sich um voreingenommene Kategorien, die auf den flüchtigen Beziehungen dieser Personen zu uns basieren. Es ist nichts Falsches daran, Menschen als »Freund«, »Feind« oder »Fremder« einzuordnen, aber wenn wir präziser darin sind, was mit diesen Bezeichnungen gemeint ist, machen wir dabei den ersten Schritt, Gleichmut zu kultivieren.

Freunde sind Menschen, die uns helfen. Wir freuen uns, wenn wir sie sehen, und tun alles, um ihnen zu helfen. Sie scheinen uns nichts als Glück und Zufriedenheit zu wünschen. Im Gegenzug wollen auch wir nur, dass sie Glück und Zufriedenheit verspüren. Freundschaft kann sich auf Menschen erstrecken, die wir persönlich gar nicht kennen, beispielsweise auf die Helden, die sich um anderen Menschen kümmern, an einer besseren Gesellschaft arbeiten oder unseren Planeten schützen.

Feinde sind Menschen, die uns Schaden zufügen. Sie stellen sich gegen unsere Wünsche. Sie sagen Dinge, die uns missfallen. Möglicherweise tun sie das, weil sich ihre Ansichten und ihre Werte von unseren unterscheiden. Vielleicht schaden sie uns aber auch aus persönlicheren Gründen und Dinge wie Konflikte, Groll, Eifersucht oder Rache sind ihr Antrieb.

Wir haben auch generellere Feinde in der Welt – Politiker, deren Politik wir abscheulich finden, Amokläufer, die unschuldige Kinder ermordet haben, Unternehmenslenker, die der Gesellschaft oder der Umwelt schaden, kurz: Alle, die sich gegen unsere Vorstellung von Gerechtigkeit stellen. Wir alle können Personen nennen, die aus unserer Sicht bestimmten ethnischen Gruppen, Frauen, Flüchtlingen, unserem Land oder der Natur schweren Schaden zufügen.

Fremde sind Menschen, die uns scheinbar nicht schaden oder helfen – Verkaufspersonal in Geschäften, die Person neben uns im Bus, Arbeiter, die die Straße reparieren. Sie scheinen sich nicht direkt positiv oder negativ auf unser Leben auszuwirken, insofern neigen wir dazu, ihnen gegenüber Gleichgültigkeit zu spüren. Wir registrieren sie kaum, ihr Wohlergehen bereitet uns generell keine Kopfschmerzen. Das Gefühl, das wir Fremden gegenüber häufig verspüren, bezeichnet Robert Thurman als »*Taubheit*« – ein alltägliches Gefühl der Unverbundenheit.

Der Buddhismus vertritt die Ansicht, dass unsere Voreingenommenheit, die uns Menschen in Freunde, Feinde und Fremde unterteilen lässt, im Widerspruch zur Realität steht. Kategorien wie »Freund«, »Feind« oder »Fremder« basieren einzig darauf, ob diese Personen uns momentan helfen, schaden oder nicht von Belang für uns sind.

Beziehungen verändern sich

Unsere Sichtweise darauf, wer ein Freund, ein Feind oder ein Fremder ist, beruht auf kurzfristigem Eigeninteresse, aber nicht nur das – diese Beziehungen verändern sich. Bei der Meditation zu Gleichmut rufen wir uns ins Gedächtnis, dass Menschen mal unser Freund sein können, mal unser Feind und mal ein Fremder.

Dass jeder Freund oder Feind, den du hast, für dich einst ein Fremder war, ist leicht nachzuvollziehen. Und wir alle haben Freunde, die sich so weit von uns entfernt haben, dass wir kaum mehr an sie denken. Freunde können zu Feinden werden, manchmal reicht ein einziger scharfer Satz oder eine Rivalität um eine andere Person. Tatsächlich sind romantische

Beziehungen das dramatischste Beispiel dafür, wie wir alle drei Kategorien durchlaufen. Ich bin heute glücklich verheiratet, aber ich war davor schon einmal verheiratet. Ich erinnere mich, wie ich meiner späteren ersten Frau meine Haustür öffnete und dachte: »Wer ist dieser unglaubliche Mensch?« Ich hoffte, aus Fremden würde rasch mehr werden. Genauso erinnere ich mich daran, wie wir uns Jahre später in einem unserer letzten Streits anschrien und beide überzeugt waren, wir seien zum schlimmsten Feind des jeweils anderen geworden.

Ein Dutzend Jahre später traf ich meine Ex-Frau bei einem Unternehmen wieder, bei dem wir beide arbeiteten. Zu dem Zeitpunkt war sie wieder eine Fremde geworfen, über die ich zufällig gestolpert war und die einen großartigen Vortrag hielt. Wir tranken im Anschluss Tee, lernten uns wieder kennen und wurden erneut Freunde. Wut und Ressentiments waren begraben, wir gingen locker und offen miteinander um und machten Witze.

Der Wandel von Feind zu Freund ist seltener, kommt aber ebenfalls vor. Eines meiner Lieblingsbeispiele ist das von der schwarzen Menschenrechtsaktivistin Ann Atwater und C.P. Ellis, »Großer Zyklop« im Ku-Klux-Klan von Durham, North Carolina.[86]

1971 wiesen die Gerichte Durham an, die Rassentrennung an den Schulen aufzuheben. Auf Anordnung des Gerichts mussten die verfeindeten Atwater und Ellis Empfehlungen für die Schulbehörde erarbeiten, was zehn zermürbende Tage in Anspruch nahm. Beim ersten Treffen erschien Ellis mit einer Schnellfeuerwaffe bewaffnet, aber auf wunderbare Weise führte der Prozess dazu, dass er und Atwater sich anfreundeten und gemeinsam gegen die wirtschaftliche Ungleichheit aufbegehrten, unter der weiße wie afroamerikanische Kinder in der Gemeinde litten. Am letzten Tag des Prozesses zerriss Ellis seinen Klan-Ausweis. Den Rest

---

86 Michele Norris und Melissa Block. 2005. »Civil-Rights Activist, Ex-Klansman C. P. Ellis«, Nachruf. All Things Considered, NPR, 8. November. Osha Gray Davidson. 2007. The Best of Enemies: Race and Redemption in the New South. Chapel Hill, NC: University of North Carolina Press.

seines Lebens kämpfte er für Bürgerrechte und Afroamerikanern wie Weißen offenstehende Gewerkschaften. Er und Atwater blieben befreundet und als Ellis 2005 starb, hielt Atwater die Trauerrede bei seinem Begräbnis.

Voreingenommenheit mit Gleichmut verwandeln

Wenn ein Mitglied des Ku-Klux-Klans und eine afroamerikanische Menschenrechtsaktivistin ihre Voreingenommenheit ablegen können, besteht Hoffnung, dass es auch uns möglich ist. Mit der Meditation zu Gleichmut besitzen wir eine strukturierte Methode, uns von unserer einseitigen Betrachtungsweise zu befreien und Zugang zum Geist anderer Menschen zu finden.

Mit der Macht der Fantasie und der Empathie bringt uns die Logik des Gleichmuts dazu, über drei Punkte nachzudenken:

1. **Andere Menschen sehen unsere Freunde, Feinde und Fremde anders.** Unsere Sichtweise ist nur eine von vielen.
2. **Beziehungen verändern sich.** Freunde, Feinde und Fremde können angesichts von Konflikten und geteilten Freuden rasch die Kategorien wechseln.
3. **Wir alle möchten glücklich sein und wollen nicht leiden.** Egal ob Freund, Feind oder Fremder – unsere Rechte und Bedürfnisse sind grundsätzlich dieselben.

Es kann eine machtvolle Erfahrung sein, zu Gleichmut zu meditieren, aber dahinter steht kein »Gesetz der Anziehung«, das besagt: Stelle dir vor, wie dein Feind zu deinem Freund wird, und fortan seid ihr die dicksten Kumpel. Es geht vielmehr darum, dass du deinen Geist auf das ständigen Veränderungen unterliegende Wesen der Realität einstimmst und dir bewusst machst, dass deine strengen Ansichten, wer Feind, Freund oder Fremder ist, unzutreffend sind. Tatsächlich befinden sich sämtliche Beziehungen im Fluss.

Gelingt es dir, deinen Geist frei von Wut auf Feinde und frei von voreingenommener Bindung an geliebte Menschen zu halten, wirst du effektiver darin sein, dich um andere zu kümmern, und sogar darin, die Welt zu verbessern.

Sieh dir Menschen wie den Dalai Lama an, die Gleichmut beherrschen. Solltest du ihm – oder jemandem wie ihm – je direkt gegenübertreten können, wirst du feststellen, dass es spürbar, aber auch verstörend ist, wie er allen, denen er begegnet, dasselbe Maß an Zuneigung entgegenbringt.

Ein Freund von mir hatte einmal Gelegenheit, dem Dalai Lama zu Beginn öffentlicher Vorträge ein Geschenk zu überreichen. Er entschied sich für ein tibetisches Rollbild von dem Buddha, ein *thangka*. Vielleicht hast du so ein Bild schon einmal gesehen. Mein Freund sagt, als er Seiner Heiligkeit das kostbare Kunstwerk überreichte, fühlte er sich durch und durch geliebt, bis in sein tiefstes Inneres hinein, trotz all seiner Fehler vollkommen akzeptiert. Er war begeistert davon, seinem Lehrer dieses schöne Präsent überreichen zu können.

Immer noch ganz erfüllt von der Begegnung stand mein Freund hinter der Bühne, als sich die Person, die in der Schlange hinter ihm gestanden hatte, an ihn wandte und sagte: »Schauen Sie mal, was für ein wunderbares *thangka* mir der Dalai Lama gerade gegeben hat!« In einem Akt uneigennütziger Großzügigkeit hatte der Dalai Lama das Geschenk meines Freundes sofort an die nächste Person in der Schlange weiterverschenkt. Er habe sich eifersüchtig gefühlt, sagte mein Freund, enttäuscht darüber, dass die Zuneigung des Dalai Lama nicht allein ihm vorbehalten war.

Ich fand es gut, dass mein Freund diese Geschichte so offen teilte, denn mich hatten ähnliche Gedanken bei großen Lehrern befallen und ich reagierte verwirrt darauf, dass sie allen gleichermaßen Liebe und Aufmerksamkeit schenkten. Es ist etwas schmerzhaft, einzugestehen, dass ich sogar im Umgang mit meinen spirituellen Lehrern voreingenommen bin und mir wünsche, dass sie mich behandeln, als wäre ich wichtiger als andere Schüler.

Aber Gefühle wie diese haben mir eine weitere Gelegenheit gegeben, zum Gleichmut zu meditieren und an der Begierde zu arbeiten, die ich sogar im Umgang mit meinen Lehrern spüre.

Gleichmut als universelles Menschenrecht

Zum Gleichmut zu meditieren, ist eine starke Übung in Nichtdiskriminierung und erfüllt deinen Geist mit echtem Verständnis, was die Vergänglichkeit von Beziehungen angeht. Dein Feind könnte zum Freund werden. Dein Freund könnte zum Fremden werden. Und jeder Fremde trägt in sich das Potenzial, zu dem Menschen zu werden, der dir am kostbarsten auf der ganzen Erde ist.

Die strukturierte analytische Meditation erfüllt dich schrittweise mit Respekt für alle menschlichen Wesen, aufbauend auf der vergänglichen Natur der Beziehungen und unseren universellen Menschenrechten: Wir alle wollen glücklich sein, niemand möchte leiden, und wenn wir es erreichen, dass alle Menschen – sogar unsere Feinde – glücklich sind, wäre die Welt ein besserer Ort.

Es lohnt sich, darüber nachzudenken, was für ein ungerechter Ort die Welt weiterhin ist, da sie nicht auf Gleichmut fußt. Kim Stanley Robinson hat geschrieben, dass bis wir nicht alle menschlichen Wesen gleich behandeln und uns allen dieselben Möglichkeiten für Gesundheit, Zufriedenheit und Sicherheit offenstehen, »bleiben wir in einer Art Prähistorie gefangen, des großen Geistes der Menschheit nicht würdig«.[87] Was für eine kraftvolle und demütig machende Vorstellung – dass die Menschheit noch gar nicht begonnen hat und dass dies erst der Fall sein wird, wenn alle dieselben Rechte und denselben Schutz genießen.

Andere Menschen gleich zu behandeln, beginnt damit, dass wir nicht nur auf intellektueller Ebene anerkennen, dass alle Menschen über dieselben Rechte verfügen. Nein, wir müssen dies auch bis tief in unser

---

87 *Kim Stanley Robinson. 2002. The Years of Rice and Salt. New York: Bantam Dell, S. 471.*

Innerstes hinein spüren. Ein Weg, an diesen Punkt zu gelangen, ist die buddhistische Herangehensweise, zum Gleichmut zu meditieren. Anfangs ist es viel Arbeit, zum Gleichmut zu meditieren, aber mit der Zeit wird Gleichmut etwas, das du instinktiv spürst, wann immer du ein anderes menschliches Wesen siehst oder an eines denkst.

***

Meditation zu Gleichmut

Bevor ein Maler ein Gemälde beginnt, grundiert er die Leinwand, damit sie alle Farben gleichermaßen aufnimmt. Diese Meditation bewirkt dasselbe für deinen Geist. Sie verringert deine Voreingenommenheit, damit du alle menschlichen Wesen gleichermaßen respektierst.

Freund, Feind, Fremder

Stelle dir zunächst vor, dass die Menschen an drei Stellen vor dir sitzen können. Stelle dir links einen Freund vor. Lasse dich von der natürlichen Zuneigung erfüllen, die du für diese Person spürst. Fällt dir auf, wie sehr du dir für deinen Freund wünschst, dass er glücklich ist? Und wie glücklich dein Freund dich macht? Achte darauf, wie stark und eindeutig du davon überzeugt bist, dass diese Person dein Freund ist – und dass du beinahe das Gefühl hast, es sei schon immer so gewesen.

Stelle dir nun in der Mitte einen Feind vor, jemanden, der dir gegenüber nicht nett ist, der dich wütend macht, der dir verweigert, was du gerne hättest. Hast du im Leben einen echten Feind, stelle dir diese Person vor, ansonsten wähle jemanden, den du als Feind von Güte, Gleichheit oder dem Glück anderer Menschen wahrnimmst. Es kann jemand aus der Politik sein, jemand, der dem Planeten schadet oder der rassistische oder sexistische Ansichten propagiert. Hast du dich für eine spezielle Person entschieden, lasse diesen Feind vor dir sitzend erscheinen.

Untersuche diese Person, die dir wehtut, die anderen wehtut, die dich wütend macht. Lasse zu, dass negative Gefühle aufsteigen, aber lasse sie dann durch dich hindurchziehen und beobachte sie, ohne zu urteilen.

Lasse nun rechts von dir eine fremde Person erscheinen. Wähle eine bestimmte Person, vielleicht eine Person, die du heute auf der Straße gesehen hast, die dir deinen Kaffee verkauft hat oder die im Auto an dir vorbeigefahren ist. Versuche dich bestmöglich an Gesicht, Körper und Kleidung der Person zu erinnern, während du dir diese Person auf dem dritten Platz vor dir vorstellst.

Wie sehr liegt dir dieser fremde Mensch am Herzen? Inwieweit bist du dir überhaupt seiner Anwesenheit bewusst? Dieser Fremde scheint bedeutungslos für dein Leben, bietet er doch wenig Nutzen und stellt keine Bedrohung dar.

Tritt einen Schritt zurück und verdeutliche dir, dass deine Gefühle für diese drei Personen darauf basieren, was jede von ihnen für dich tut beziehungsweise nicht tut und wie ihre Rollen als Freund, Feind oder Fremder in deinem Leben festzustehen scheinen.

Doch sind diese Beziehungen so stabil, wie es den Anschein hat?

Sind Freunde stabil?

Richte deine Aufmerksamkeit auf deinen Freund zur linken. Hattest du je eine Freundschaft, die zu Ende ging? Vielleicht wegen einiger weniger Worte? Kannst du dir vorstellen, was dein Freund sagen müsste, damit du ihn für einen möglichen Feind hältst? Was wäre, wenn dein Freund dir erklärt, dass er dich hasst, oder dich heftig kritisiert oder eine andere politische Richtung einschlägt?

Deine engsten Freunden kennen viele deiner Geheimnisse und Gedanken, sie könnten dir also richtig wehtun, wenn sie es darauf anlegen. Was wäre, wenn der Freund vor dir dich auf diese Weise verletzen würde? Wie würden sich deine Gefühle verändern? Würdest du diesen Menschen nicht mehr als deinen Freund ansehen? Und würde diese Veränderung rasch oder schrittweise vonstattengehen?

Können sich Feinde wandeln?

Richte deine Aufmerksamkeit nun auf deinen Feind, der in der Mitte vor dir sitzt. Ist es dir je passiert, dass ein Feind zum Freund wurde? Erinnerst du dich daran, wie es dazu kam? Lag es an etwas, was die Person gesagt oder getan hat, möglicherweise nur etwas Unbedeutendes? Oder habt ihr über einen gemeinsamen Zweck zusammengefunden und dann deswegen wieder gebrochen?

Stelle dir vor, was geschehen müsste, damit ihr zusammenfindet. Bei jemandem aus dem Beruf könnte das beispielsweise die gemeinsame Arbeit an einem wichtigen Projekt sein, das du allein nicht schaffst. Geht es um einen streitsüchtigen Nachbarn, stelle dir vor, dass es zu einer Katastrophe kommt und sie dazu führt, dass ihr wie Freunde füreinander einsteht. Bei Freunden oder Angehörigen, von denen du dich entfremdet hast, stelle dir vor, wie sie – oder du – schwer erkranken und dies dazu führt, dass du euren Konflikt in einem neuen Licht siehst. Würde dein Feind auch nur ein freundliches Wort über dich verlieren, inwieweit würde das dein Herz erweichen?

Ist dein Feind eine weiter entfernte Person, beispielsweise jemand aus der Politik, was könnte diese Person tun, damit du deinen Hass ablegst? Sich entschuldigen? Zurücktreten? Was, wenn dein Feind alle Standpunkte aufgäbe, bei denen du anderer Meinung bist, und sich für die Sachen stark machte, an die du glaubst? So unwahrscheinlich das auch sein mag, stelle dir vor, dass dies im wahren Leben tatsächlich geschieht, und frage dich, wie sich das auf deine Gefühle auswirken würde, selbst bei einer Person, die du komplett ablehnst.

Fremde werden Freunde oder Feinde

Denke nun an den Fremden rechts. Stelle dir vor, wie die Person gütig handelt. Es könnte etwas ganz Simples sein, ein Barista, der dir einen Kaffee spendiert, zum Beispiel. Vielleicht fragst du diesen Menschen dann nach seinem Namen und erzählst fortan: »In dem Café habe ich einen Freund.«

Oder stelle dir das Gegenteil vor – ein einziger schmutziger Blick reicht aus und du beginnst, diese Person für einen Feind zu halten. Vielleicht boykottierst du künftig sogar das Café.

Versuche dich zu erinnern, wie du über andere Menschen dachtest, die du mittlerweile für Freunde oder Feinde hältst. Weißt du noch, wie sie dir erschienen, als sie dir fremd waren?

Mache einen Schritt zurück, damit du alle drei Personen klar siehst. Wie viel zerbrechlicher und wandelbarer sind diese Beziehungen jetzt, als du anfangs dachtest? Ist das eine Enttäuschung, eine Erleichterung oder ein Augenöffner? Ist irgendjemand dauerhaft ein Freund, ein Feind oder ein Fremder?

Wie andere unsere Freunde, Feinde und Fremde sehen

Betrachte diese drei Personen nun von einer anderen Warte aus. Sowohl im Leben des Feinds als auch des Fremden gibt es höchstwahrscheinlich Menschen, die sie mehr lieben als sonst jemanden auf der Welt. Vielleicht haben sie liebevolle Eltern, einen Partner, der viel für sie empfindet, Kinder, die zu ihnen aufschauen und die sie brauchen, um überleben zu können.

Denke daran, dass auch dein guter Freund Feinde hat – ehemalige Partner, Konkurrenten bei der Arbeit oder breiter gefasste, vagere Feinde, beispielsweise Menschen, die deinen Freund wegen bestimmter Ansichten oder seiner Art und Weise zu leben hassen, so wie wir möglicherweise gewisse Gruppen nicht mögen, weil sie Ansichten vertreten, mit denen wir nicht einverstanden sind.

Wie Freunde, Feinde und Fremde sich selbst sehen

Wie sehen sich deine Freunde, Feinde und Fremden selbst? Wollen sie alle ganz genauso wie du glücklich und zufrieden sein? Wollen sie alle ganz genauso wenig wie du leiden? Verdienen sie alle dieselben Rechte und haben sie dieselben Bedürfnisse wie alle anderen?

Danksagung: Gleichmut im täglichen Leben

Schaue zum Ende dieser Meditation darauf, ob und wie sich Gleichmut auf deinen Geist auswirkt. Wie könnte Gleichmut die Art und Weise verändern, auf die du der Welt entgegentrittst? Während du im weiteren Verlauf des Tages Menschen begegnest, kannst du dir ins Gedächtnis rufen, dass Gleichheit herrscht zwischen Freunden, Feinden und Fremden?

***

Wachse über dich hinaus

Die abschließende Meditation in diesem Kapitel zählt zu den wirksamsten Mitteln, die ich kenne, wenn es darum geht, den egozentrischen Verblendungen der Begierde und der Aversion etwas entgegenzusetzen. Mit Liebe und Mitgefühl wirken wir auf jeden einzelnen Fall von Verlangen oder Verärgerung ein, und zwar in dem Augenblick, in dem wir ihn erleben. Diese Methode nennt sich *Universalisieren* und verwandelt unsere Probleme und unsere Freuden gleichermaßen in Methoden, wie wir anderen Menschen unser Herz öffnen können.

Ich habe in diesem Kapitel bereits über Bodhichitta gesprochen, den altruistischen Wunsch, zum Wohle aller menschlichen Wesen Erleuchtung zu erlangen. Dieser Ansatz ist das völlige Gegenteil von Egozentrik. Ein Mensch, der sich diesem Ideal verpflichtet, wird im Buddhismus als *Bodhisattva* bezeichnet. Einige Buddhisten gehen in diesem Ideal so sehr auf, dass sie einen Eid ablegen, den Rest ihres Lebens auf dieses Ziel hinzuarbeiten. Für diejenigen, die daran glauben, bedeutet dies, auch für den Rest all ihrer künftigen Leben.

Weil er so schwer einzuhalten ist, erneuern die meisten Menschen ihren Bodhisattva-Eid jeden Tag aufs Neue. Der Dalai Lama tut das auch und nutzt dafür diese ehrfurchtgebietenden Verse aus Shantidevas poetischer Abhandlung zum Mitgefühl, *Anleitung zum Leben als Bodhisattva*:

»Solange der unermessliche Raum noch Bestand hat
Und solange noch empfindende Wesen da sind,
möge auch ich ausharren,
um das Elend der Welt zu verringern.«[88]

Man könnte meinen, eine derart heroische Einstellung sei bloß etwas für Heilige und Altruisten wie den Dalai Lama, Gandhi, Desmond Tutu oder die wohltätigen Mediziner von Ärzte ohne Grenzen. Aber auch Bodhisattvas müssen sich mit Problemen auseinandersetzen und auch sie erfahren Vergnügen. Was stellen sie mit derartigen Gefühlen an? Anstatt wie ein Asket Schmerz und Vergnügen möglichst aus dem Weg zu gehen, nutzen sie die alltäglichen Sonnen- und Schattenseiten als Treibstoff, der sie auf ihrem Weg zu einem erleuchteten Wesen voranbringt.

Universalisieren

Universalisieren ist zugleich simpel und tiefgründig. Die Idee dahinter: Spüren wir Freude oder Leid, empfinden wir Begierde und Aversion und dafür wenden wir ein universelles Gegenmittel an. Wir rufen uns andere ins Gedächtnis und teilen in unserer Vorstellung unser Vergnügen mit ihnen oder wir wünschen uns, wir könnten sie von ihrem Schmerz befreien.

Bei Rückschlägen neigt unser Geist dazu, sich nach innen zu wenden und sich wütend, eifersüchtig, betrogen oder niedergeschlagen zu fühlen. Ähnlich können wir uns auch bei angenehmen Gefühlen in uns selbst verlieren und die Gedanken kreisen darum, wie großartig etwas ist, wie bedauerlich es ist, dass es nicht von Dauer ist, und wie wir mehr davon bekommen können. Vergnügungen können uns Schuldgefühle bereiten, denn wir glauben, wir würden sie nicht verdienen. Anstatt uns mit Kuchen vollzustopfen, Fernsehen zu schauen oder ein Glas Wein zu trinken,

88 *Acharya Shantideva. 1979. A Guide to the Bodhisattva's Way of Life. Dharamsala, India: Library of Tibetan Works and Archives.*

sollten wir unser Geld doch besser der Wohlfahrt spenden oder Obdachlosen damit helfen, richtig?

Beim Universalisieren geht es nicht darum, es zu übertreiben und dann etwas Buddhistisches zu praktizieren, um Wiedergutmachung für unsere Völlerei zu betreiben. Wir erleben jeden Tag Dinge, die uns Freude bereiten. Diese Übung hilft uns dabei, Freud und Leid zum Bestandteil unseres spirituellen Pfads zu machen. Das erlaubt es uns, Rückschläge wegzustecken und Vergnügungen zu genießen, ohne dass dies mit störenden Emotionen wie Begierde, Abneigung und Schuldgefühlen einhergeht.

Universalisiere, wenn es gut läuft für dich

Bevor du diese Methode erlernst, überlege dir zunächst ein einfaches Vergnügen. Trinkst du gerne Kaffee? Dann stelle dir vor, dass man dir gerade einen Becher Kaffee gereicht hat, der exakt so ist, wie du ihn gerne hast. Die Methode des Universalisierens verlangt von dir nicht, ihn mit Gefühlen der Selbstsucht zu konsumieren, ihn mit Schuldgefühlen zu schlürfen oder ihn angewidert wegzuschütten. Nein, du sollst ihn einfach genießen und dir mit jedem wohligen Schluck in deiner Fantasie vorstellen, wie du dieses Vergnügen allen Menschen auf der Welt anbietest.

Schwinge dich zu großen Fantasien auf und stelle dir vor, dass gerade acht Milliarden Erdenbürger gemeinsam mit dir diesen Becher Kaffee genießen. Du musst dich nicht schuldig fühlen (oder neurotisch deinen nächsten Gang zum Coffeeshop planen). Bleibe einfach im Hier und Jetzt und nutze, was du gerade an Vergnügungen erfährst, dazu, dein Herz für andere zu öffnen.

In deiner Fantasie kannst du sehr detailreich vorgehen und dein Angebot speziell an Menschen richten, die an Durst oder Hunger leiden oder arm sind. Denke darüber nach, wie gerne du dieses Vergnügen mit ihnen teilen würdest und Durst und Hunger stillen würdest, wenn du könntest.

Natürlich stellt diese Übung keinen Freifahrtschein für dich dar. Du kannst nicht künftig exzessiv essen, trinken, shoppen, bingewatchen und durch die Betten toben und alles ist gut, solange du es nur »allen menschlichen Wesen« anbietest. Universalisieren ist keine Lizenz zum Völlen. Erinnern wir uns an Lorne Ladners Mahnung, dass falsches Mitgefühl Narzissmus bedeutet. Der Schwerpunkt bei diesem ersten Teil der Universalisierungsübung besteht darin, alltägliche Freuden wie ein Mittagessen, Arbeit, Spaßhaben und Freunde in etwas zu verwandeln, was du dazu nutzt, anderen Menschen mehr Liebe und Mitgefühl entgegenzubringen.

Universalisiere, wenn es schlecht läuft für dich

Und was, wenn die Dinge schieflaufen? Die Universalisierungsübung funktioniert sowohl mit banalen Rückschlägen wie auch mit herzzerreißenden – ob dein Boss dich anbrüllt oder du deinen Job verlierst, ob eine überraschende Rechnung hereinflattert oder du dein Zuhause verlierst, ob du im Restaurant nicht das bestellte Essen erhältst oder ob du nicht genug Geld hast, um dir etwas zu essen zu kaufen.

Anstatt nun wütend zu sein, selbstgerecht oder defensiv, denke darüber nach, wie das Universalisieren dir in solchen Augenblicken des Schmerzes helfen kann, weicher zu werden und dein Herz zu öffnen. Fange klein an: Stelle dir beispielsweise vor, dass du bei der Arbeit einen Fehler gemacht hast und dein Chef dich deswegen kritisiert. Stelle dir nun vor, dass Millionen Menschen einen ähnlichen Schmerz empfinden. Auf dieser Ebene ist die Übung wie Achtsamkeit und hilft dir dabei, deine Gefühle zu akzeptieren.

Gehe dann weiter und universalisiere deinen Schmerz, damit er Antrieb für Mitgefühl wird. Denke an die vielen anderen Menschen, die gerade dieselben Schmerzen empfinden wie du, und wünsche ihnen, davon befreit zu werden.

Wenn die Dinge schieflaufen, neigt man oftmals dazu, wütend zu werden und dagegen anzukämpfen. Alternativ fühlt man sich verletzt, weil alte Wunden geöffnet wurden. Universalisieren gibt deinem Schmerz einen neuen Zweck und hilft dir, eine Verbindung zu den Millionen Menschen aufzubauen, die genau wie du gerade Ähnliches durchmachen. In unserem Fall könntest du denken: »Möge, während der Chef mich anbrüllt, niemand sonst kritisiert, runtergeputzt, herabgewürdigt oder beleidigt werden.«

Denke dann an diejenigen, die schlechter dran sind. Dieser Teil ist nicht ganz ohne, weil du nicht Schuldgefühle heraufbeschwören sollst, die sich dann zu allen möglichen schlechten Gefühlen auswachsen, zu Selbsthass beispielsweise oder zu Ablehnung. Aber wenn dein Kopf damit klarkommt, versuche, deinen Schmerz mit den größeren Problemen anderer Menschen zu vergleichen. Bei dir mag es auf der Arbeit gerade etwas hoch hergehen, aber gleichzeitig müssen andere Menschen Extremeres ertragen: Häftlinge sind ständigem Missbrauch ausgesetzt; Flüchtlingen wird der Asylantrag abgelehnt oder sie sind von ihren Kindern getrennt; Menschen verlieren ihre Arbeit; Menschen werden zu Unrecht eines Verbrechens angeklagt; Menschen werden verlassen. Nutze deinen geringeren Schmerz dazu, dein Herz zu erweitern und den Milliarden Menschen, die in diesem Augenblick größeren Schmerz spüren, Mitgefühl entgegenzubringen.

Ich habe die Erfahrung gemacht, dass sich neben den Schwierigkeiten, die von außen auf mich einprasseln, meine inneren Verblendungen am besten universalisieren lassen. Ich denke mir dann: »Möge niemand dieses starke Verlangen spüren« oder »Möge niemand derart wütend sein«. Allein schon die Erkenntnis, dass andere dieselben Verblendungen spüren, kann überraschend effektiv dazu beitragen, die eigenen Verblendungen zu reduzieren.

Zu universalisieren ist keine magische Denkmethode, die im echten Leben das Leid eines Mitmenschen reduziert. Aber die Mentalübung hilft dir, die flüchtigen Vergnügen des Lebens mehr zu genießen und Rückschläge würdevoller zu akzeptieren. Universalisieren verwandelt jeden Augenblick des Tages in einen Weg, dein Mitgefühl zu stärken.

***

Universalisierungsmeditation

»Universalisieren« ist eine Übung in Alchemie, die jede Erfahrung in Liebe und Mitgefühl verwandelt. Sie hilft, Gefühlen wie Hoffnungslosigkeit und Wut entgegenzuwirken, wenn die Dinge schlecht laufen, und Gefühlen wie Egoismus, Schuld oder Arroganz, wenn alles nach Wunsch läuft. Du bringst deinen Geist in einen stabilen Zustand, er bleibt angesichts von Freud und Leid ruhig und offen.

Die Meditation zum Universalisieren ist vergleichsweise einfach:

- Wenn du Vergnügen erlebst, stelle dir vor, wie du dieses Vergnügen mit allen anderen teilst, die sich darüber freuen könnten.
- Erlebst du Schwierigkeiten, wünsche dir, dass Menschen, die auf ähnliche Weise leiden, davon befreit werden.

Universalisiere deinen Schmerz

Beginne damit, dass du deinen Schmerz verwandelst. Rufe dir eine Zeit in Erinnerung, als dir etwas Schwieriges zustieß – eine Trennung, Verlust der Arbeit, Krankheit, Anschuldigungen. Denke an eine Zeit, als du nicht gut reagiert hast – vielleicht bist du wütend geworden, eifersüchtig oder nachtragend, vielleicht hast du einen Groll gehegt.

Versetze dich gedanklich zurück in diese Situation und trainiere, die Erfahrung zu universalisieren und auf diese Weise Mitgefühl für all die Menschen zu erzeugen, die ähnliche Schmerzen wie du oder noch schlimmere verspüren.

- Verlässt dich dein Partner, kannst du denken: »Möge niemand von jenen getrennt werden, die er liebt.«
- Verlierst du deine Arbeit, denke: »Möge niemand seinen Lebensunterhalt einbüßen.«

- Bist du krank, denke: »Möge niemand krank werden und mögen alle Kranken wieder gesund werden.«
- Stehst du im Mittelpunkt von Kritik, denke: »Möge niemand Ungerechtigkeit, Haft, Folter oder Hinrichtungen erfahren.«

Denke an andere schwierige Erfahrungen, die du durchgemacht hast, und universalisiere auch sie, um auf diese Weise dein Mitgefühl zu stärken. Wünsche anderen, dass ihnen das Leiden, das du erlebt hast, erspart bleibe.

Universalisiere dein Vergnügen

Rufe dir nun einen Augenblick in Erinnerung, als du etwas Leckeres gegessen hast, tolle Musik gehört hast, dir eine Ehre oder eine Beförderung zuteilwurde oder du sexuelles Vergnügen gespürt hast, kurz, als du eine der Freuden des Lebens genossen hast und sich Verblendung bemerkbar machte. Es ist nichts Falsches daran, ein Vergnügen zu genießen. Zerstörerisch wird es erst dann, wenn du Vergnügen mit Abhängigkeiten, Begierde oder Besessenheit nachjagst.

Stelle dir als Nächstes vor, dass du diese Erfahrung universalisierst und allen menschlichen Wesen anbietest. Mögen alle Menschen köstliches Essen genießen. Mögen alle Menschen ihre Lieblingsmusik hören. Mögen alle die perfekte Arbeit finden und für das, was sie leisten, wertgeschätzt werden. Mögen alle menschlichen Wesen jemanden haben, der sie hält und liebt.

Besonders hilfreich kann es sein, an jene zu denken, die weniger Glück als du haben, und ihnen die Vergnügen anzubieten, die du genießt. Sitze still mit dem von dir gewählten Vergnügen und biete es jenen an, die es am dringendsten benötigen.

Du kannst auch einen Schritt weiter gehen, von irdischen Vergnügen hinaus zu den tieferen Ursachen von Zufriedenheit. Denke dir: »Mögen alle menschlichen Wesen erhalten, was sie brauchen, um ihren Schmerz abzulegen und sich hin zu Mitgefühl zu entwickeln, ob es sich dabei um ein liebendes Umfeld, einen Lehrer, freie Zeit oder eine spirituelle Übung handelt.«

Danksagung: Universalisieren im Alltag

Du universalisierst beim Meditieren, um es im tagtäglichen Leben in die Praxis umzusetzen. Nimm dir vor, beispielsweise beim Mittagessen zu denken: »Mögen alle menschlichen Wesen satt werden und leckeres Essen haben.« Und wenn du dich erkältest, dir den Zeh stößt oder dein Konto ins Minus rutscht, erinnere dich daran zu denken: »Mögen alle menschlichen Wesen frei sein von Krankheit, Gewalt und Armut.«

***

Kapitel 12

Die achte Stufe, Teil 1: Wie Dinge existieren

Eine meiner liebsten Filmszenen ist aus François Truffauts *Geraubte Küsse* aus dem Jahr 1968.[89] Der junge Held Antoine Doinel steht vor einem Spiegel im Badezimmer und wiederholt den Namen seiner Geliebten. Nach einer Weile wechselt er zum Namen seiner Jugendliebe und dann zu seinem eigenen Namen. Manisch wiederholt er ihn lauter und immer lauter, während er sein Spiegelbild anstarrt. Schließlich verpasst er sich eine Ohrfeige, um aus seiner Existenzkrise auszubrechen und sein Leben weiterzuführen. Vielleicht kennst du eine ähnliche (möglicherweise aber nicht ganz so dramatische) Szene, bei der du deinen Namen oder ein anderes Wort wieder und wieder wiederholst, bis es seine Bedeutung verloren hat und nur noch einen willkürlichen Ton darstellt.

Als Kind machte ich eine ähnliche Krise durch, auch wenn Mädchen dabei keine Rolle spielten. Ich begann damit, mit der einen Hand die andere an den Fingerspitzen zu berühren. »Das ist Teil meiner Hand«, dachte ich. Dann ging es weiter mit den Fingern, den Knöcheln, der Handfläche und dem Gedanken: »Die auch.« Aber dann gelangte ich zu meinem Handgelenk und fragte mich: »Wo hört meine Hand auf und wo beginnt mein Arm?« Ich hatte kurz zuvor begonnen, Zellen durch ein Mikroskop zu betrachten, und fragte mich, ob es wohl einen Unterschied zwischen einer Handzelle und einer Armzelle gibt, eine klare Linie, wo

89 François Truffaut. 1968. Geraubte Küsse (im Original: Baisers volés). United Artists.

das eine beginnt und das andere aufhört. Aber schon damals wusste ich tief im Inneren, dass es eine derartige Linie nicht gibt. Ich war beunruhigt: Hatte ich überhaupt eine Hand? Schließlich konnte ich doch nicht einmal sagen, wo ihre Grenzen verlaufen.

Leerheit ist das anspruchsvollste Thema im Buddhismus und Übungen wie diese werden eingesetzt, um einen Blick darauf werfen zu können, wie Dinge tatsächlich existieren. Die buddhistische Betrachtungsweise der Realität basiert nicht auf mathematischen Gleichungen, sondern verwendet stattdessen einfache Logik, um die dynamische wechselseitige Abhängigkeit der Realität zu erkennen. Der Naturforscher John Muir formulierte es poetisch: »Versuchen wir, etwas einzeln herauszupicken, stellen wir fest, dass es durch Tausend unsichtbare und nicht durchtrennbare Schnüre mit allem anderem im Universum verbunden ist.«[90]

Wie andere Übersetzungen buddhistischer Begriffe vermittelt auch »Leerheit« (*Shunyata*) keinen richtigen Eindruck von der profunden Wahrheit. Tatsächlich erklären buddhistische Lehrer, dass ein wahres Verständnis von Leerheit sich einer Beschreibung durch Worte entzieht. Wenn du das Konzept der Leerheit lernst, wird dir deutlich werden, dass die wahre Bedeutung mehr oder weniger das genaue Gegenteil des deutschen Begriffs darstellt. Begriffe wie »Leerheit«, »Nichts« und »Leere« werden mit Gefühlen der Bedeutungslosigkeit, Nutzlosigkeit und Nichtexistenz in Verbindung gebracht, doch das ist überhaupt nicht das, was der Begriff bedeutet. Das wirst du sehen, wenn du ihn begriffen hast.

Manchmal denke ich, »Vollständigkeit« wäre eine bessere Übersetzung. Der Dalai Lama hat es eloquent formuliert: »Leerheit sollte im Zusammenhang mit dem abhängigen Entstehen verstanden werden und ein Gefühl der Vollständigkeit heraufbeschwören, von Dingen, die als Folge von Ursachen und Bedingungen entstehen. Wir sollen nicht meinen, dass das Selbst tatsächlich existiert und in der Meditation eliminiert

---

90 Stephen Fox. 1981. John Muir and His Legacy: The American Conservation Movement. Boston, MA: Little, Brown and Company.

wird. Tatsächlich handelt es sich um etwas, das von vornherein nie existiert hat.«[91]

Der zentrale Punkt der Lehren zur Leerheit ist der, dass nichts eigenständig und unabhängig von allem anderen existiert. Nichts erscheint aus dem Nichts, alles entsteht aufgrund einer endlosen Kette wechselseitig abhängiger Ursachen und Bedingungen. Leerheit ist kein Ort und keine Naturgewalt, sondern ein aktiver Prozess, eine Eigenschaft von allem. Es heißt, es gebe nichts Besseres gegen unsere Verblendungen Wut und Begierde, als die leere Natur der Realität gemäß der Logik der wechselseitigen Abhängigkeit zu analysieren.

Auf den ersten Blick mag es nicht logisch erscheinen, warum diese Verblendungen verschwinden sollten, wenn man erkennt, dass in der Realität alles mit allem verbunden ist. Doch die These besagt, dass wenn man sich an die Vorstellung klammert, Objekte seien unabhängig, unteilbar und unveränderlich, führe das zu polarisierenden Dualitäten, die unsere Begierde und unsere Wut anfachen. Damit diese Verblendungen funktionieren können, musst du dich als festes, eigenständiges Ich fühlen und etwas als festes, eigenständiges Objekt ansehen. Denkst du dagegen über die Leerheit nach, zerfällt diese übertriebene Unterscheidung zwischen dir und den Dingen, nach denen du gierst oder die du verabscheust.

Eine Analyse der wechselseitigen Abhängigkeit beginnt damit, dass du dir verdeutlichst, dass Objekte um uns herum unserem Geist als eigenständige Entitäten erscheinen, die über die Fähigkeit verfügen, uns aus sich heraus Freude oder Schmerzen zu bringen. Durchschauen wir die Illusion nicht, die unsere Sinne und unser Ego aufbauen, erscheinen Menschen und Gegenstände, als seien sie einfach aufgetaucht, um uns zu unterhalten oder uns zu ärgern. Aber die Dinge existieren nicht auf diese illusorische Weise.

---

91 *Seine Heiligkeit der Dalai Lama (Dalai Lama XIV). 2015. The Dalai Lama's Little Book of Buddhism. Charlottesville, VA: Hampton Roads Publishing.*

Was für die anderen buddhistischen Themen gilt, gilt auch für die Leerheit: Man kann es nicht einfach lernen und auswendig abspeichern. Es ist wie beim Kochen, einem Sport oder einer wissenschaftlichen Disziplin – das Wissen um die Leerheit ist nutzlos, wenn man es nicht im alltäglichen Leben anwendet. Und eine Meditation zur Leerheit funktioniert nicht, wenn du mit der Erwartung eines persönlichen Nutzens an die Meditation herangehst, denn Eigennutz steht im Widerspruch zur Logik der wechselseitigen Abhängigkeit.

Leerheit zeigt, dass die Unabhängigkeit von Objekten nur eine Illusion ist, aber das negiert nicht die Welt, die Menschen um uns herum, unsere eigene Existenz oder die moralischen Folgen, die selbst allerkleinste Handlungen für andere haben. Leerheit zeigt bloß, dass die Dinge auf eine reichhaltigere, stärker von wechselseitigen Abhängigkeiten geprägte Weise existieren, als es gemeinhin den Anschein hat. Genau gesehen dient Leerheit dazu, die Macht der von uns getroffenen Entscheidungen zu betonen, der Liebe, die wir teilen, und der Dinge, die wir in der Welt leisten. Sie macht uns die Welleneffekte bewusst, die unser Handeln auf alle und alles in unserem Umfeld hat.

Abhängiges Entstehen

Bei einem der eindrücklichsten Wege, Leerheit zu begreifen, kommt die Logik des *abhängigen Entstehens* ins Spiel. Leerheit hängt von einem Objekt ab, sie steht nicht abseits von Objekten oder dem Geist, der sie beobachtet.

Du beschließt, die Leerheit eines bestimmten Objekts zu analysieren, beispielsweise einer Tasse oder eines Tischs. Dann zerlegst du dieses Objekt durch Analyse in Einzelteile – den Griff der Tasse, den Ton, aus dem die Tasse hergestellt wurde, die Oberfläche des Tischs, seine Beine.

Ich analysiere bei dieser Übung gerne einen Gegenstand, den du vermutlich auch gerade mit dir herumträgst: ein Smartphone. Ich wähle ihn nicht nur deshalb, weil der Großteil von uns so sehr an seinen Handys hängt, sondern weil diese Geräte tatsächlich nahezu alle Arten von Materie in sich tragen, die es im Universum gibt – ein Smartphone enthält 75 aller 92 natürlich auftretenden Elemente.[92]

Teile, Ursachen und der Geist

Die Terminologie mag nicht so einfach festzulegen sein, das eigentliche Meditieren zu Leerheit ist dagegen rasch erklärt. Beim abhängigen Ursprung geht es darum, jedes Objekt zu zerlegen – in seine Teile, seine Ursachen und den Geist, der es wahrnimmt:

- Sämtliche Objekte lassen sich in ihre Teile zerlegen und diese Teile lassen sich weiter in ihre Unterteile zerlegen.
- Kein Teil eines Objekts entsteht spontan, sondern ist das Ergebnis unterschiedlicher Ursachen und Bedingungen.
- Dein Geist verpasst dieser Sammlung von Teilen ein Etikett und nimmt sie irrtümlich als singuläre Entität wahr.

Wendest du diese Analyse beispielsweise auf dein Telefon an, kannst du über all die unzähligen Teile und die zahllosen Ursachen nachdenken, die sie zusammengebracht haben – von den Fabrikarbeitern, die die Bauteile zusammensetzen, bis hin zu geschmolzenen Metallen im Erdkern. Diese Teile und Ursachen belegt dein Geist mit dem vermeintlich willkürlichen Etikett »Smartphone«, einer Beschreibung der Funktion, die diese Sammlung von Teilen vorübergehend für den Menschen erfüllt.

---

92 *Magdalena Petrova. 2018. »We Traced What It Takes to Make an iPhone, From Its Initial Design to the Components and Raw Materials Needed to Make It a Reality.« CNBC, 14. Dezember. Abrufbar unter: www.cnbc.com/2018/12/13/inside-apple-iphone-where-parts-and-materials-come-from.html (abgerufen April 2023).*

Dauerhaft, unteilbar und unabhängig

Betrachte die Realität nicht durch die Brille des abhängigen Ursprungs und du landest bei der fehlgeleiteten Sichtweise, wonach ein Objekt dauerhaft, unteilbar und unabhängig ist:

- Fälschlicherweise siehst du das Objekt als dauerhaft und unveränderlich an, als habe es weder Anfang noch Ende.
- Fälschlicherweise siehst du das Objekt als unteilbar an. Es erscheint dir als einzelnes Objekt und nicht als etwas, das sich aus kleineren Teilen zusammensetzt.
- Fälschlicherweise siehst du das Objekt als unabhängig an, als sei es aus dem Nichts gekommen und nicht zwingend das Produkt zahlloser Ursachen und Bedingungen, die die Teile vorübergehend zusammengeführt haben.

Noch einmal zurück zum Beispiel mit deinem Handy – hier kannst du diese Illusionen wirken sehen. Auch wenn es aus zahllosen Teilen besteht, hast du es möglicherweise noch nie als etwas anderes angesehen als ein singuläres »Mobiltelefon«. Tatsächlich klammern wir uns so fest an das Konzept der Unteilbarkeit, dass wir von einem »kaputten Handy« sprechen, zerbricht das Gerät in Tausend Teile. Wir benennen nicht die Teile dieser Sammlung. Wir denken nur selten darüber nach, wie unser Telefon hergestellt wurde, wie es sich verändert und wie es irgendwann einmal unweigerlich zerstört wird. Wir klammern uns stattdessen an die Illusion, dass es dauerhaft ist, ohne Anfang und Ende, eigenständig, als sei es quasi aus dem Nichts entstanden.

Die Wissenschaft weist nach, dass die Realität eine Illusion ist

Diese Falscheinschätzung von dauerhaften, unteilbaren, unabhängigen Objekten, die »aus sich heraus« zu existieren scheinen, basieren auf unserer Biologie, unserer Erfahrung und unserer Kultur. Untersuchen wir die

Welt kritisch durch die unvoreingenommene Brille des abhängigen Entstehens, enthüllen wir die ultimative Realität der Leerheit. Das ist nicht nur ein philosophischer Standpunkt des Buddhismus, er wird auch von wissenschaftlichen Fakten untermauert.

Forscher haben schlüssig nachgewiesen, dass die physische Realität aus Teilen besteht – auf der untersten Ebene aus unsichtbaren schwingenden Partikeln und Energie. Und was die psychologische Basis unserer wahrgenommenen Realität anbelangt, so geht die Wissenschaft davon aus, dass unsere Sinne die Realität durch elektromagnetische Kräfte wahrnehmen, die keine eigene Farbe und Form, keinen Klang, Geschmack oder Geruch haben und die auch nicht fühlbar sind. Der strahlend blaue Himmel, das Jaulen einer Gitarre, die Süße von Honig und die Haut deines Partners – alles Konstrukte deines Geistes.

Wissenschaftler des Westens sind seit Jahrhunderten mit diesen psychologischen Grundlagen der Wahrnehmung vertraut. Als die Europäer im 17. Jahrhundert begannen, die materiellen Grundlagen der Realität zu untersuchen, gelangten Genies wie Sir Isaac Newton und René Descartes zu ähnlichen Schlüssen. Sie erkannten, dass Dinge auf eine Weise existieren, die sich stark davon unterscheidet, wie sie uns im tagtäglichen Leben erscheinen. Galileo Galilei fasste es so zusammen: »Ich glaube, Geschmäcker, Gerüche, Farben und dergleichen haben ihren Sitz im Bewusstsein. Entfernt man die lebende Kreatur, würden auch all diese Qualitäten vernichtet.«[93]

Ironischerweise ist die anspruchsvollste Meditationsform des Buddhismus diejenige, die sich am einfachsten in der Wissenschaft verwurzeln lässt. Der Dalai Lama selbst sagt, er verwende die Hälfte seiner täglichen Meditation zu Leerheit auf die modernen Ansichten zu Quan-

93 *Galileo Galilei, »The Assayer«. In: S. Drake 1996 [1623]. The Discoveries and Opinions of Galileo. New York: Doubleday.*

tenphysik.[94] Diese hat mit unglaublicher Präzision gezeigt, dass Dinge uns nicht so erscheinen, wie sie tatsächlich sind.

Auch Konzepte sind leer

Die abhängige Entstehung ist ein Argument für die wechselseitige Abhängigkeit materieller Objekte, aber nicht nur das, sie lässt sich auch auf immaterielle Konzepte anwenden. Die entsprechenden Argumente dazu hörte ich das erste Mal vom Dalai Lama, als er erklärte, dass vergleichende Extreme wie »heiß« und »kalt« nicht unabhängig voneinander existieren können.[95] Es gibt kein absolutes Heiß, sondern nur ein Heiß in Bezug auf etwas Kälteres. Ebenso sind »groß« und »klein« keine inhärenten Eigenschaften von Objekten – ein größeres Objekt setzt voraus, dass im Vergleich dazu ein kleineres existiert.

Ein weiteres gutes Beispiel ist »billig« und »teuer« – billig im Vergleich zu was? Dinge wie billig oder teuer gibt es nicht, ohne die Kosten und die Qualität einer Sache ins Verhältnis zu einer anderen Sache zu setzen. (Übrigens: Vorsicht, willst du diese Debatte mit deinem Partner führen. Meine Frau beispielsweise hasst es, wenn ich, was unsere Finanzen angeht, metaphysische Argumente ins Feld führe.)

In Zeiten wie heute, in denen wir in einer polarisierten Welt leben, kann es hilfreich sein, die abhängige Entstehung von Konzepten zu analysieren. Liberale und Konservative sind wechselseitig abhängig, sie existieren ausschließlich im Verhältnis zum jeweils anderen. Die Definition, was liberal und was konservativ ist, variiert zudem abhängig davon, wo du lebst und mit wem du sprichst. Der konservativste gewählte Mandatsträger in meiner Heimatstadt Berkeley in Kalifornien würde in Scottsdale, Arizona, als erzliberal gelten. Um existieren zu können, benötigen

---

94 *Seine Heiligkeit der XIV. Dalai Lama. 2013. »Mind and Life XXVI: Mind, Brain, and Matter—Critical Conversations Between Buddhist Thought and Science.« Drepung Monastery, Mundgod, Karnataka, Indien, 17. bis 22. Januar.*

95 *Seine Heiligkeit der XIV. Dalai Lama. 2007. In Praise of Dependent Origination (2 DVD Set). Veranstaltet vom Gyuto Vajrayana Center.*

Liberale Konservative, ganz genauso, wie Konservative Liberale benötigen. Jedem Etikett geht der Sinn verloren, fehlt der Vergleich.

Genauso offenkundig leer sind Konzepte wie Moral, Gerechtigkeit und Schönheit. Jeder Mensch auf Erden könnte gewiss seine ganz eigenen Definitionen vorlegen und wäre dabei von seiner Biologie, seiner Bildung, seiner Gesellschaft und der Politik beeinflusst – ganz zu schweigen von seinen Vorstellungen zu Freund, Feind und Fremder (dazu, wie nichtssagend dieses Konzept ist, haben wir in Kapitel 11 meditiert).

Realität ist keine Illusion

Objekte hängen von Teilen, Ursachen und dem sie wahrnehmenden Geist ab, aber das leugnet in keinster Weise ihre Existenz. *Konventionelle Realität* existiert als gültige Weise, in der uns Objekte normalerweise erscheinen. Sie erfüllen Funktionen in der Welt und kommen durch Ursachen und Bedingungen zusammen. Realität ist keine Illusion, sondern *imaginär*. Das bedeutet, prüfen wir unsere wahrgenommene Realität mit der Logik der abhängigen Entstehung, zerfließt die herkömmliche Realität zur ultimativen Realität der Leerheit, der reichhaltigen, komplexen und auf wechselseitigen Abhängigkeiten beruhenden Weise, in der die Dinge in Wirklichkeit existieren.

Wenn wir also »leer« sagen, ist es wichtig, präzise zu sein: Leer wovon sind Objekte, Personen und Ideen? Sie sind leer davon, unabhängig von ihren Teilen zu existieren, von den Ursachen und Bedingungen, die sie zusammenführen, und dem Geist, der diese Sammlung als singuläre Entität kategorisiert. Sie sind nicht vollkommen leer, was ihre Existenz anbelangt. Hältst du deine Hand in eine Flamme, wirst du dich auch künftig verbrennen. Und Schokolade wird weiterhin lecker sein – konventionell gesehen.

Über Leerheit zu meditieren, ist nichts Tugendhaftes

Und noch etwas muss betont werden, wenn es um Leerheit geht: Es hat nichts Tugendhaftes an sich, über das Wesen der Realität an sich zu meditieren. Wäre dem so, wäre jeder Partikelphysiker ein Heiliger. Es ist absolut möglich, die Realität klinisch nüchtern, intellektuell oder sogar bösartig zu analysieren und zu versuchen, das Universum besser zu begreifen und es dann für eigensüchtige Zwecke zu manipulieren – oder um anderen Schaden zuzufügen. Dass das stimmt, beweist unsere Fähigkeit, Atomwaffen zu bauen. Sie basiert auf einem tiefgreifenden materiellen Verständnis der Realität.

Wenn du also möchtest, dass diese Übung Gutes in deinem Geist bewirkt, solltest du vor Beginn einer Meditation über Leerheit deinen analytischen Blick für das Wesen der Existenz justieren. Wünsche dir, so mitfühlend zu werden, wie du nur kannst, und an einer besseren Welt mitzuwirken.

***

Meditation darüber, wie Dinge existieren

Bei dieser Meditation geht es darum, wie Dinge existieren. Wir erkunden die tiefsten Tiefen der Realität in der Absicht, zu einem gesünderen und stärker von wechselseitigen Abhängigkeiten geprägten Verständnis der Dinge um uns herum zu gelangen. Die Logik der abhängigen Entstehung wird auf Objekte angewendet – dass Objekte aus Teilen bestehen, dass diese Teile durch Ursachen zusammenkommen und dass dein Geist diesen verursachten Teilen ein Etikett anhängt und sie fälschlich für einzigartige, separate Identitäten hält. Die Meditation legt dar, wie du diese Analyse für dein Handy durchführst, für dein Auto, dein Zuhause oder dein Essen. Wiederholst du zu einem späteren Zeitpunkt die Meditation, kannst du diese Logik auf ein beliebiges Objekt anwenden.

In der Realität hängt alles mit allem zusammen

Rufe dir ein Objekt vor Augen und untersuche, wie es existiert. Idealerweise handelt es sich um ein Objekt, dem du dich sehr verbunden fühlst.

Dein Handy ist vermutlich nicht weit entfernt und möglicherweise wirst du nervös, wenn du auch nur einige Minuten davon getrennt bist. Du kannst aber genauso gut dein Auto nehmen, dein Zuhause oder etwas, was du gerne isst.

Hast du ein Objekt gewählt, erkenne zunächst an, dass es dir konventionelles Vergnügen bereitet. Es bereichert dein Leben in vielerlei Hinsicht und dafür kannst du dankbar sein.

Tauche dann tiefer ein und erkenne einige der Betrachtungsweisen, die du üblicherweise für das Objekt aufbringst und die falsch sind.

Objekte bestehen aus Teilen

Untersuche zunächst die Teile deines Objekts. Betrachte es objektiver, auf die Weise, wie es der Wissenschaft zufolge existiert. Beginne mit den größeren, offensichtlicheren Teilen des Objekts. Betrachte jedes einzelne und frage dich, ob du dein Handy / Haus / Auto / Essen darin erkennst.

- Erkennst du dein Handy in seinem Bildschirm, Mikroprozessor, der Batterie oder den Knöpfen?
- Erkennst du dein Auto in seinen Reifen, dem Fahrgestell, dem Motor oder den Fenstern?
- Erkennst du dein Haus in seinem Fundament, den Türen, den Fußböden oder den Wänden?
- Erkennst du dein Essen in seinen Zutaten, beispielsweise dem Mehl, dem Zucker, der Milch, den Eiern oder der Butter in einem Stück Kuchen? Ist jede Zutat für sich genommen noch genauso lecker, wie es der Fall ist, wenn alle Zutaten vermischt sind?

Und nun stelle dir vor, wie du ein Teil deines Objekts wegnimmst und durch ein identisches ersetzt – den Bildschirm deines Handys, die Reifen am Auto oder deine Haustür. Wäre es noch immer dasselbe Objekt?

Tauche nun tiefer ein.

- Untersuche die Widerstände, Kondensatoren, Drähte und Sensoren des Telefons.
- Betrachte die Gummis im Auto, das Glas, das Plastik, den Stahl, das Aluminium.
- Denke über das Holz in deinem Haus nach, die Drähte, das Glas, die Ziegel, den Gips und den Beton.
- Stelle dir die Pflanzen und Tiere vor, die für dein Essen benötigt wurden – das Getreide, die Hühner, Kühe, Früchte, Nüsse und das Gemüse.

Bist du in irgendeinem dieser Teile dem Ziel näher gekommen, hinter die Essenz deines Objekts zu kommen?

Gehe nun noch tiefer, auf die Ebene der Atome. Denke an die Elemente, aus denen diese Objekte bestehen.

- Dein Handy enthält nahezu sämtliche natürlich vorkommenden Elemente aus der Periodentafel – Sauerstoff, Aluminium, Magnesium, Natrium, Zinn und Kalium im Touchscreen; Phosphor, Antimon, Arsen, Bor, Indium und Gallium im Prozessor; Drähte aus Gold, Silber und Kupfer, Tantankondensatoren; Yttrium, Europium, Terbium und Gadolinium färben die Pixel des Displays; Lithium, Kobalt und Nickel in der Batterie; Praseodym und Neodym treiben die Lautsprecher und Motoren an.
- Für die Herstellung eines Autos werden weniger Elemente verwendet – Aluminium im Chassis und den Reifen, Eisen, Wismut, Kalzium und Kohlenstoff im Stahl; Chlor, Wasserstoff und Sauerstoff in den Kunststoffen; Gold und Kupfer in den Drähten; mit Helium und Magnesium angereicherte Platten und Teile, Platin im Katalysator.
- Dein Zuhause besteht größtenteils aus natürlichen Materialien – Holz, das sich aus Kohlenstoff, Wasserstoff, Sauerstoff und Stickstoff zusam-

mensetzt; Rohre, Leitungen und Nägel aus Kupfer, Eisen, Gold und Aluminium; Gips aus Kalzium, Schwefel, Sauerstoff und Wasserstoff; Farben, die Zink, Sauerstoff, Schwefel und Titan enthalten.
- Nahrungsmittel bestehen größtenteils aus Kohlenstoff, Sauerstoff, Stickstoff und Wasserstoff gewürzt mit etwas Phosphor, Natrium, Schwefel und Kalzium.

Tritt gedanklich noch weiter zurück und stelle dir dein Objekt vor, wie es in Berge und Häufchen seiner Elemente zerfallen ist:

- Über deinen Schreibtisch verteilen sich 75 winzige Hügel körniger Materie, ein Hügel für jedes Element, das in deinem Telefon zum Einsatz kommt.
- Wo zuvor dein Auto parkte, liegen nun ein Dutzend größere Haufen derjenigen Elemente, aus denen sich dein Auto zusammensetzt.
- Tonnenweise Elemente dessen, woraus sich dein Zuhause zusammensetzt – Fässer mit Kohlenstoff, Kupfer, Eisen, Aluminium und Kalzium; Kanister mit Wasserstoff, Sauerstoff und Stickstoff.
- Auf deinem Teller stapeln sich ordentliche Häufchen mit Kohlenstoff, Phosphor, Natrium, Schwefel und Kalzium sowie Glasröhrchen mit Sauerstoff, Stickstoff und Wasserstoff. Sieht das immer noch lecker aus?

Versuche eine Minute lang, für diesen Haufen an Elementen dasselbe Maß an Begeisterung aufzubringen, wie du es für dein Objekt tust.

Stelle dir nun eine noch tiefere Ebene vor, die subatomare Ebene. Hier gibt es keine Dinge wie Farbe, Form, Geschmack, Haptik oder Klang mehr. Stelle dir dein Telefon, dein Zuhause, dein Auto oder dein Essen als schwirrende Wolke aus Energie vor, als Partikel, die durch den Raum zischen.

Kehre nun auf die konventionelle Ebene zurück, wo vor deinen Sinnen wieder die Illusion deines Handys, Autos, Zuhauses oder Essens erscheint.

Objekte werden durch Ursachen zusammengefügt

Denke über die Ursachen nach, die dazu führten, dass die Teile deines Objekts zusammenkamen.

- Stelle dir die Menschen vor, die dein Handy entworfen haben, jene, die die Einzelteile hergestellt haben, und jene, die sie dann zwischen Dutzenden Ländern per Flugzeug, Schiff oder Laster bewegt haben.
- Stelle dir vor, wo all die Rohstoffe in deinem Zuhause oder Auto abgebaut oder hergestellt wurden und wie sie zusammenkamen. Wer hat sie entwickelt, abgebaut, geschmolzen, geschnitten und um die Welt transportiert?
- Denke bei deinem Essen an all die Menschen, die die Pflanzen angepflanzt, gewässert und gedüngt haben, die sie verkauften und weiterverkauften, die sie verarbeiteten, kochten und sie so abgeliefert haben, dass sie bereit für den Kühlschrank oder deinen Magen waren.

Gehe gedanklich weiter zurück. Reise durch die Geschichte von Wissenschaft und Technik, Landwirtschaft und Handel und der Zivilisation selbst. Denke zurück an die Entwicklung intelligenten Lebens auf der Erde. Sie führte dazu, dass Menschen irgendwann gemeinsam an der Herstellung von Dingen arbeiteten. Denke zurück an den Anbeginn des Lebens vor vier Milliarden Jahren.

Denke zurück an die Geburt unserer Sterne und des Sonnensystems, dann noch weiter zurück, als ältere Sterne explodierten, wodurch schwere Elemente wie Kohlenstoff und Sauerstoff entstanden, die für den Großteil des Lebens auf unserem Planeten verantwortlich sind. Denke ganz zurück bis zur Geburt des Universums, als einfachere Elemente wie Wasserstoff, Helium und Lithium entstanden. Erkenne, wie dein Objekt mit der gesamten Geschichte von Raum und Zeit verbunden ist. Und verbunden ist es weiterhin. Jeder Partikel deines Objekts spürt die Anziehungskraft jedes anderen Partikels im Universum und interagiert elektrochemisch mit Partikeln in seinem Umfeld.

Der Geist, der verursachte Teile kategorisiert

Betrachte nun, wie dein Geist die Realität geformt hat. Sieh dir an, wie er diese sich ständig wandelnde Kontinuität der Teile (und der Ursachen, die die Teile zusammengeführt haben) mit Etiketten wie »Smartphone«, »Auto«, »Zuhause« oder »Essen« versieht. Würde dein Geist diese Etiketten nicht anwenden, würde es sich um eine lose Sammlung von Teilen handeln.

Überlege dir, dass andere Menschen und andere Lebewesen dein Objekt anders sehen als du. Möglicherweise bringen sie dem Objekt nicht derart starke Gefühle entgegen, möglicherweise ist es ihnen auch völlig gleichgültig.

Die Dinge existieren konventionell weiter

Wenn du dein Objekt jetzt in diesem wechselseitigen Abhängigkeiten und stetigen Veränderungen unterliegenden Licht siehst, rufe dir ins Gedächtnis, wie du es fälschlicherweise als unveränderlich, unteilbar und eigenständig angesehen hast. Kommt dir deine gewöhnliche Wahrnehmung nun oberflächlich vor im Vergleich zu der reichhaltigen Weise, in der die Dinge tatsächlich existieren? Vielleicht lässt dich die Illusion, die du der Realität auferlegt hast, sogar schmunzeln.

Frage dich: Wenn du die Realität auf diese Weise siehst, mindert das dein Gefühl der Begierde? Ist die Illusion eines eigenständigen Objekts, das über die Macht verfügt, dir Vergnügen zu bereiten oder dir Schmerzen zuzufügen, verschwunden? Ist an ihre Stelle ein leichterer, stärker von der wechselseitigen Abhängigkeit beeinflusster Blick auf die Welt getreten?

Danksagung: Ultimative Realität im tagtäglichen Leben

Wenn du zum Ende der Meditation kommst, bemühe dich darum, die Welt auch weiterhin durch die Brille der abhängigen Entstehung zu betrachten, insbesondere dann, wenn in dir starke Gefühle der Begierde oder der Aversion aufsteigen. Versuche, die Illusion eines soliden, eigenständigen, unveränderlichen Objekts zu durchschauen und das wandelbare, wechselseitigen Abhängigkeiten unterliegende Energiefeld zu sehen, um das es sich in Wirklichkeit handelt. Dein Geist kategorisiert es nur vorübergehend als Zuhause, Handy, Auto oder Mahlzeit.

***

Praktische Leerheit

Schaust du noch ratlos drein und verstehst nicht, warum es zu einem glücklicheren Leben führen soll, über sein Mittagessen zu meditieren? Ich möchte dieses Kapitel mit einem Beispiel dafür beenden, wie mir Meditieren zur Leerheit persönlich geholfen hat.

Während der Weltfinanzkrise vor über einem Dutzend Jahren führte ich ein Unternehmen, das interaktive Ausstellungen für Wissenschaftsmuseen erschuf. Die Finanzkrise traf uns schwer, unser Geschäft brach nahezu vollständig weg und wir mussten 80 Prozent der Belegschaft entlassen. Als ob das nicht genug wäre, stand ich schlagartig vor einem gewaltigen Berg von Privatschulden, die ich zu Lebzeiten wohl niemals würde zurückzahlen können. Ich empfand viel logische Furcht und unlogische Panik.

Um diese schwere Zeit irgendwie zu überstehen, versuchte ich es mit allen möglichen Formen analytischer Meditation. Und was mir am meisten dabei half, mich Tag für Tag ins Büro zu schleppen, um dort meinem persönlichen Ruin wieder ein Stückchen näher zu kommen, war die Logik der Leerheit.

Jeden Tag ging ich auf dem langen Fußmarsch zur Arbeit die Analyse der abhängigen Entstehung durch. Ich versuchte, das Unternehmen zu »finden«, das mir derart viel Elend bereitete. Konnte ich es im Gebäude finden, in den Menschen, die dort arbeiteten, seinen Kunden oder in den Produkten, den leeren Firmenkonten oder in den juristischen Papieren, die zur Firmengründung erstellt worden waren?

Wann immer es mir nicht gelang, das Unternehmen in einem dieser Teile zu finden, entspannte sich mein Geist und erholte sich von der Weltuntergangsgeschichte, die ich ihm einredete. Ich erkannte, dass die Situation flexibler war, als es den Anschein hatte, und dass sie Veränderungen, Ursachen und Bedingungen unterlag.

Diese Gedanken halfen mir, Hunderte Furcht einflößender Tage einen nach dem anderen zu überstehen. Natürlich beglich Leerheit nicht auf magische Weise die Firmenschulden, aber an jedem Tag half sie mir dabei, nicht vor lauter Verzweiflung zusammenzubrechen. Sie verlieh mir ausreichend geistige Stabilität, sodass ich weiter hart arbeiten konnte, offen für die Menschen um mich herum blieb und kreativ und geistig flexibel agieren konnte. Es kam der Zeitpunkt, an dem ich sogar Tagträume träumen konnte. Ich erkannte, dass ich drei alte Kunstprojekte als Anwendungen in Apples neuen App-Store stellen konnte, wo sie sich zu Überraschungserfolgen entwickelten. Das führte im Jahr darauf zu einem unglaublichen Projekt mit der isländischen Sängerin Björk. Und das wiederum führte zur Gründung eines neuen, erfolgreicheren Unternehmens.

Das soll nicht heißen, dass du nur zu Leerheit meditieren musst und schon schickt dir Björk eine E-Mail. Aber für mich und mein gesamtes Team schien früher als erwartet und auf völlig unerwartete Weise wieder die Sonne, und zwar infolge von Möglichkeiten, die sich nicht aufgetan hätten, hätte ich einen Nervenzusammenbruch erlitten.

Natürlich bietet das Meditieren über Leerheit nur innere Stabilität, keinen Erfolg in der Außenwelt. Aber ich habe die Erfahrung gemacht, dass es in den schwierigsten Phasen des Lebens sehr hilfreich ist, sich die Worte von Nagarjuna ins Gedächtnis zu rufen, dem großen Vertreter der Leerheit: »Wem Leerheit möglich ist, dem ist alles möglich.«[96]

---

96 *Nagarjunas Mulamadhyamakakarika. Siehe: Stephen Batchelor. 2000. Verses from the Center: A Buddhist Vision of the Sublime. New York: Riverhead Books.*

Kapitel 13

Die achte Stufe, Teil 2: Wer bin ich?

In Kapitel 12 sprach ich über den französischen Filmcharakter, der nicht aufhören konnte, seinen eigenen Namen zu wiederholen. Möglicherweise durchlitt er eine temporäre Existenzkrise, aber mich hat mein Leben lang ein grundlegenderes Problem geplagt, denn ich habe mich niemals mit meinem Vornamen abfinden können. »Scott« klingt für mich eher wie ein Baseball-Profi und nicht wie der Künstler / Erfinder / Philosoph, der zu sein ich mir stets vorgestellt habe. Für »Scott« gibt es keinen Spitznamen und außer »Person aus Schottland« hat er keine weitere Bedeutung, aber weder meine jüdischen noch meine deutschen Vorfahren haben jemals einen Fuß auf schottischen Boden gesetzt.

Ich glaube, selbst meine Eltern dachten nicht, dass »Scott« der perfekte Name für mich sei, denn bei meiner Geburt gaben sie mir überhaupt keinen Namen. In meiner Geburtsurkunde steht schlicht »Junge Snibbe«. Als die Stadtverwaltung schließlich doch etwas ungeduldig wurde, was denn nun mit meinem Namen sei, war es mein damals elfjähriger Onkel, der meinen Namen auswählte. Soweit ich weiß, hat er mich in der Tat nach einem Baseballspieler benannt, denn damals sammelte er wie besessen Baseball-Karten.

Als ich aufs College ging, hätte ich um ein Haar meinen Namen geändert, habe mich aber letztlich dagegen entschieden, um mich gegen meine Eltern aufzulehnen. Sie hatten nach ihrer Scheidung beide ihre Namen geändert. Ich habe also meinen Namen behalten, aber das bedeutet, wann immer ich vorgestellt werde, muss ich ein wenig über mich selbst lachen – Vorname wie ein Sportler, Nachname wie ein Schimpfwort, etwas, was man jemandem hinterher brüllt, der einem das Handy geklaut hat: »Bleib stehen, du Snibbe!«

Tatsächlich jedoch hat es mir im Leben sehr geholfen, dass ich mich niemals mit dem Etikett identifiziert habe, das man mir auferlegte, denn auf diese Weise konnte ein Teil von mir sich niemals wirklich ernstnehmen. Diese Art des Zweifelns an den Konventionen des Lebens hat sich als Ausgangspunkt für Meditationen über die Leerheit des Selbst herausgestellt – das wichtigste »Objekt«, das es zu dekonstruieren gilt, wenn wir gegen unsere zerstörerischen Verblendungen vorgehen.

Wer bist du?

Findest du, dass dein Name zu dir passt? Falls nicht, identifizierst du dich mit einer anderen Bezeichnung? »Wer bin ich« ist eine der interessantesten Fragen, die man sich stellen kann. Bevor du also beginnst, aus der Perspektive der buddhistischen Lehren zur absoluten Realität darauf zu schauen, wer du bist, nimm dir doch einen Augenblick Zeit, schließe die Augen und beantworte die Frage ohne jedwede Vorurteile.

Was hast du herausgefunden? Identifizierst du dich mit deinem Körper oder deinem Gehirn, deiner ethnischen Zugehörigkeit, deinem Geschlecht, deiner Religion, deinem Land? Bist du zu dem Schluss gelangt, dass du durch etwas definiert wirst, was du in der Welt bewirkt hast – deine Arbeit, deine Kinder, Freuden, die du mit deiner Familie geteilt hast, deinen Freunden, den geliebten Menschen in deinem Leben?

Du musst es ja niemandem erzählen, aber vielleicht glaubst du ganz tief im Inneren, dass du deine Seele bist, ein immaterieller Geist, der sich von diesem Leben in ein ewiges Nachleben bewegt. Vielleicht hältst du dich auch für einen wiedergeborenen Atman, das ewige Selbst aus dem Hinduismus, das zu Lebzeiten auf Erde von Körper zu Körper reist.

Als Mensch des Informationszeitalters bist du vielleicht zu der Überzeugung gelangt, dass du die Ansammlung deiner Gedanken, deiner Gefühle und deines Wissens bist. Manche Menschen glauben daran und gehen davon aus, dass man eines Tages die Sammlung der im Gehirn gespeicherten Verbindungen und Neuronenaktivitäten auf ein digitales Gehirn in einer virtuellen Welt überspielen kann, um dann in diesem technischen Jenseits bis in alle Ewigkeit fortzubestehen.[97]

Das abhängige Entstehen des Selbst

In Kapitel 12 hast du darüber meditiert, dass Objekte irrtümlicherweise solide, eigenständig und unveränderlich erscheinen. Diese Illusion hast du durchbrochen, indem du bis zur absoluten Realität der Leerheit geschaut hast: Kein Objekt besitzt eine eigenständige Existenz, es ist nur dein Geist, der Teile, die durch unzählige Ursachen zusammenfanden, mit einem Etikett versieht. Das ist die Logik des abhängigen Ursprungs und sie steht im Einklang mit dem Blick der Wissenschaft auf die Realität.

Doch über das abhängige Entstehen deines Smartphones oder deines Essens zu meditieren, ist nur Vorgeplänkel. Nun wendest du dieselbe Analysemethode auf dich selbst an. Im Buddhismus gehen all deine störenden Emotionen auf die Verblendung der Unwissenheit zurück – ein Gefühl der Getrenntheit, die Begierde verursacht und Wut. Diese Verblendungen wachsen sich aus zu Eifersucht, Stolz, Konkurrenzdenken, Abhängigkeit und Dutzenden weiteren Faktoren.

Um dem entgegenzuwirken, musst du dir als Erstes bewusst machen, wie du regelmäßig auf deine Ansammlung aus Körper und Geist dieselbe eigenständige, solide und unveränderliche Selbstexistenz projizierst, die du fälschlicherweise Objekten zusprichst. In der Meditation durchbrichst du diese falsche Vorstellung deines Selbst, um zu erkennen, dass

97 *David J. Chalmers. 2014. »Mind Uploading: A Philosophical Analysis.« In: D. Broderick und R. Blackford (Hrsg.). Intelligence Unbound: The Future of Uploaded and Machine Minds. Malden, MA: Wiley Blackwell.*

du eine Sammlung wechselseitig abhängiger und Veränderungen unterliegender Teile bist, die das Resultat von Ursachen und Bedingungen darstellen. Es ist einzig dein Geist, der diese Sammlung als »ich« kategorisiert.

Leerheit und Mitgefühl

Es soll zu einem glücklicheren Leben, einem sinnvolleren Leben führen, wenn du das Gefühl eines eigenständigen Selbst durchbrechen kannst. Aber wie soll das gehen?

Der Mahayana-Buddhismus besagt, dass Leerheit allein nicht imstande ist, dir dauerhafte Zufriedenheit zu bescheren, sondern dass das nur im Zusammenspiel mit Mitgefühl möglich ist. Es ist von so zentraler Bedeutung, Leerheit und Mitgefühl miteinander zu kombinieren, dass sie nicht als eigenständige Themen angesehen werden, sondern dass das eine vielmehr das andere stützt. Es heißt, die größte Hürde auf dem Weg zu Mitgefühl bestehe darin, sich separiert von den Menschen und Dingen um einen herum zu fühlen. Mitfühlende Gedanken zerschmettern die entfremdende Getrenntheit, die du gegenüber diesen Menschen und Dingen verspürst.

Aufgrund unserer Ignoranz klammern wir uns an ein starkes, eigenständiges Gefühl des Selbst. Wir projizieren auf andere, dass sie der Grund für unsere Unzufriedenheit sind, aber zu glauben, jemand »nerve« uns, ist bloß eine von zahlreichen Geschichten, die wir uns selbst erzählen können. Eine Möglichkeit, über Leerheit zu meditieren, besteht darin, diese Geschichten zu analysieren. Rücke deine Ansicht, jemand sei der Grund für deine Probleme, ins Rampenlicht deines Geistes und führe eine Debatte rund um diesen Gedanken. Ist es tatsächlich so? Führe ich diese Analyse mit meinen eigenen Gefühlen der Unzufriedenheit durch, erkenne ich nahezu immer, dass ich anderen die Schuld zuschiebe und dass ich auf andere projiziere.

Natürlich enthält meine Geschichte auch ein Stück Wahrheit – konventionell ist sie wahr, basierend auf meinen eigenen Voreingenommenheiten und meiner eigenen persönlichen Geschichte. Aber letztlich trägt meine Geschichte nicht die geistigen Leiden, die ich daraus fabriziere.

Als du über die Leerheit der Objekte meditiert hast, hast du gesehen, dass dich Unwissenheit glauben lässt, Auslöser deiner Gefühle seien Dinge, die vermeintlich getrennt von dir sind. Du verlangst mehr von diesen Dingen, die dir angenehm erscheinen, und weniger von denen, die dir unangenehm erscheinen. Aber wenn du die Dinge analysierst, nach denen du gierst oder die du verabscheust, und sie nicht finden kannst, hilft dir das dabei, Begierde und Aversion zu zügeln.

Noch wirksamer ist dieser Ansatz, wenn du über die Leerheit des Selbst meditierst, denn wie kann ein Selbst, das du nicht findest, beleidigt sein? Und ist die Beleidigung, die du gehört zu haben meinst, eine echte Kränkung? Sieht sie jeder so? Du projizierst dein Verletztsein auf eine andere Person und denkst: »Du bist der Grund dafür, warum ich nicht bekomme, was ich möchte. Du machst mich unglücklich.« Aber analysiere es und du wirst feststellen, dass das nicht der Wahrheit entspricht. Es gibt die Realität der Handlungen dieser Person und dann gibt es die Geschichte, die du aus diesen Handlungen fabrizierst.

Ich suche regelmäßig nach meinem Selbst (sowohl innerhalb wie auch außerhalb der Meditation) und stelle dabei immer mehr fest, dass ich in schwierigen Situationen weniger aufgeregt bin. Ich bin weniger aufgebracht, fühle mich weniger verärgert oder wütend. Ich erkenne: Welche Geschichte auch immer ich mir zu den Ereignissen auftische, es ist nur eine Lesart unter den zahllosen Möglichkeiten der Leerheit. Ich beginne zu erkennen, dass ich eine taumelnde, lose Ansammlung geistiger und körperlicher Teile bin, die in ständigem Austausch mit anderen Körpern und Geistern stehen, wobei jeder von uns die Realität durch seine eigene Brille der Voreingenommenheiten betrachtet.

Diese Erkenntnis zur Leerheit des Selbst ist nichts, was ausschließlich Buddhisten vorbehalten ist. Albert Einstein äußerte sich einmal in einem Schreiben an einen Freund ähnlich:

»Ein Mensch ist ein räumlich und zeitlich beschränktes Stück des Ganzen, was wir ›Universum‹ nennen. Er erlebt sich und sein Fühlen als abgetrennt gegenüber dem Rest, eine optische Täuschung seines Bewusstseins. Das Streben nach Befreiung von dieser Fesselung ist der einzige Gegenstand wirklicher Religion. Nicht das Nähren der Illusion, sondern nur ihre Überwindung gibt uns das erreichbare Maß inneren Friedens.«[98]

Einstein hat seine inneren und äußeren Realitäten gründlich unter die Lupe genommen und ist dabei auf die Verbindung zwischen Leerheit und Mitgefühl gestoßen. Zusätzlich zu derart inspirierenden Erkenntnissen kann der Buddhismus dir eine Methode bieten, systematisch ein Erkennen der Leerheit zu kultivieren. Und er kann dir helfen, eine schöne Idee zu etwas heranwachsen zu lassen, was du instinktiv im tagtäglichen Leben fühlst.

Leerheit bedeutet Suchen, nicht Finden

Die Macht der Leerheit, dich aus deinen Verblendungen zu reißen, ist von mitreißender Logik. Dennoch ist es in Ordnung, Zweifel daran zu hegen, inwieweit Meditationen zur Leerheit des Selbst dich von Leid befreien werden. Dass du die Einladung annimmst, buddhistische Methoden des Geistesschulung auszuprobieren, bedeutet nicht, dass du unkritisch auch einen Satz von Dogmen übernehmen sollst. Vergiss nicht: Der Buddha selbst sagte, jeder solle seine Lehren mithilfe von kritischem Denken, Logik und eigenen Meditationserfahrungen auf den Prüfstand stellen.

Als Hypothese kannst du die Vorstellung annehmen, dass Unwissenheit, was die wahre Natur der Realität angeht, die Wurzel deines Leidens bedeutet. Um nachzuweisen, dass Leerheit tatsächlich ein Mittel gegen

---

98 *Albert Einsteins Schreiben an Robert S. Marcus, 12. Februar 1950. Albert Einstein Archives, Hebräische Universität Jerusalem.*

dein Leiden darstellt, ist es unerlässlich, dass du wieder und wieder über die fehlgeleitete Art und Weise meditierst, in der Dinge konventionell erscheinen – wobei das »Ding« in diesem Fall dein Selbst ist. An diesem Punkt weichen selbst säkulare Formen des Buddhismus von der Wissenschaft ab, denn nachdem du den vergleichsweise einfachen Vorgang hinter dich gebracht hast, dich von der Logik der abhängigen Entstehung zu überzeugen, besteht deine zentrale Aufgabe nun darin, eine direkte Erfahrung der Leerheit zu erforschen, für deren Vermessung es bislang keinerlei wissenschaftliche Instrumente gibt.

Ein weiterer Punkt: Möglicherweise beschert dir das Meditieren über die Leerheit des Selbst nützliche Ergebnisse selbst dann, wenn du niemals an den Punkt gelangst, an dem du sagst: »Jetzt weiß ich, was das Selbst ist.« Einer der tiefgründigsten Aspekte des Meditierens über Leerheit ist der, dass es eine Suche ohne Abschluss ist – möglicherweise wirst du niemals finden, wonach du suchst. Du suchst nach dem unabhängigen, nervigen Selbst, das dir dermaßen viel Leid bereitet, und fragst dich, ob diese Person wirklich so existiert, wie es den Anschein hat. Möglicherweise ist die Frage viel wichtiger als jede Antwort.

Drei Arten von Selbst

Es hat mich viel Zeit gekostet, die exakten Lehren zum Meditieren über die Leerheit des Selbst zusammenzutragen (und zumindest in Teilen zu verstehen), und ich möchte einige Details erklären, die ansonsten nur selten mit einem größeren Publikum geteilt werden. Die Meditation am Ende des Kapitels führt dich versuchsweise durch all diese Einzelheiten, ohne dass du bestimmte Begrifflichkeiten auswendig lernen musst. Die Begrifflichkeiten zu kennen, die beim Denken über das Selbst angewendet werden, kann dir allerdings eine Hilfe sein und dein Verständnis verbessern. So war es auch in Kapitel 4 mit den Begrifflichkeiten zum Geist, sie haben dir geholfen, ihn zu beruhigen und zu lenken.

Die Philosophie des Mittleren Wegs im tibetischen Buddhismus beschreibt drei Wege, wie Menschen ihr »Ich« oder Selbst betrachten können.[99] Die Wege werden zunehmend subtiler und helfen uns, das unterschiedliche Ausmaß unserer Selbsttäuschung zu verstehen – das »ewige Ich«, das »konventionelle Ich« und das bloß als »Ich« bezeichnete »Ich«. Dieses letztere »Ich« ist das wahre Ich, ein Selbst, benannt einzig auf Grundlage seiner physischen und geistigen Teile und der Ursachen, die sie zusammenführen. Das »konventionelle Ich« ist das am weitesten verbreitete, wir erfahren es im Alltag. Es ist da, wenn wir keine starken Emotionen verspüren, die uns das Gefühl geben, von unserer Umwelt getrennt zu sein. Und das »ewige Ich« ist das Ich, mit dem wir es zu tun haben, wenn wir in Verblendungen gefangen sind und ein starkes Gefühl eines Selbst verspüren, das eigenständig von anderen Menschen und Dingen existiert, häufig in Opposition zu ihnen.

Beschreiben wir unser verblendetes Selbstgefühl, arbeiten wir mit denselben Begriffen, die wir in Bezug auf Objekte angewendet haben. Wie diese verstehen wir auch uns selbst fälschlicherweise als dauerhaft, unteilbar und unabhängig:

- Halten wir uns für dauerhaft, sind wir uns nicht bewusst, dass wir gezeugt und geboren wurden, dass wir eines Tages sterben werden und dass unser Körper und unser Geist bereits heute ständigen Veränderungen unterworfen sind.
- Halten wir uns für unteilbar, missachten wir, dass wir ein Haufen aus Aberbillionen Teilen sind, aus Muskeln, die sich zusammenziehen, aus Organen, die verarbeiten, aus Blut, das fließt, aus Neuronen, die feuern, aus Zellen, die Stoffwechsel betreiben, und aus Partikeln, die Energie austauschen. Hinzu kommt unsere Illusion von einem unteilbaren Geist – einem singulären Gefühl von »ich, mir, meines«.
- Halten wir uns für eigenständig, fühlen wir uns getrennt von den

99 *Dalai Lama XIV und Dr. Alexander Berzin. 1997. The Gelug/Kagyu Tradition of Mahamudra. Boston, MA: Snow Lion. Teil IV, 8. Sitzung: The Three Ways of Apprehending »Me«.*

Menschen und dem restlichen Planeten um uns herum. Wir übersehen das grenzenlose Netz aus Ursachen und Bedingungen (materiellen, biologischen und sozialen), das zu unserem Dasein führt und das wir zum Existieren benötigen.

Zusammengenommen stellen diese fehlgeleiteten Ansichten Beispiele für Unwissenheit dar – die grundlegende Verblendung, die in früheren Kapiteln als »Egoismus« bezeichnet wurde, allerdings trifft es »Selbstsucht« nun besser. Unwissenheit lässt uns an ein dauerhaftes, unteilbares, unabhängiges Selbst glauben – das »ewige Ich«.

Diese Betrachtungsweise mit einem illusorischen Selbst, das stark an »ich, mich und meines« glaubt, das wütend wird und das sich an Dinge klammert, hat einen interessanten Aspekt: Es ist nicht immer da. Wenn wir einfach unserem Tagewerk nachgehen, in eine Aufgabe versunken sind (das Abendessen zubereiten oder spazieren gehen zum Beispiel), kann unser starkes Gefühl eines Selbst verblassen. Dieses schwächere Selbstgefühl wird als »konventionelles Ich« bezeichnet. Selbst wenn wir seine Leerheit nicht realisiert haben, stellt dieses Selbst kein großes Problem dar und es hängt auch nicht starken Verblendungen an.

Das am zutreffendsten bloß »Ich« Genannte erfahren diejenigen, die die Leerheit realisiert haben, von der wir durch Meditation einen immer stärkeren Vorgeschmack erhalten. Über die abhängige Entstehung des Selbst zu meditieren, hat etwas Merkwürdiges an sich, denn um die Illusion des nervigeren »ewigen Ichs« platzen zu lassen, muss man es zunächst einmal erscheinen lassen. Aber wenn man bedenkt, wie oft dieses unangenehme Selbst beim durchschnittlichen Menschen anzutreffen ist, wird es dir vermutlich genauso leicht wie mir fallen, dieses Ich heraufzubeschwören. Du kannst beispielsweise an einen Augenblick zurückdenken, als man dich heftig kritisiert hat. Ein anderer Weg ist, sich an starkes Verlangen oder große Wut zu erinnern. Wenn du in deiner Achtsamkeit weit genug vorangeschritten bist, kannst du dir bei alltäglichen Konflikten oder Verlangen des »ewigen Ichs« bewusst werden, dich selbst unterbrechen und die Analyse der abhängigen Entstehung anwenden, um die Illusion zu zerschlagen.

Der erste Schritt beim Meditieren über die Leerheit des Selbst besteht jedoch darin, zuzulassen, dass das unabhängige, ewige Ich aufsteigt. Ist es da, führe an diesem falschen Gefühl von Selbst die dreiteilige Analyse zur abhängigen Entstehung durch, um zu begreifen, wie es von Teilen, Ursachen und Geist abhängig ist. Suche dann nach diesem »ewigen Ich«, das scheinbar aus sich heraus zu existieren scheint, unabhängig von den ständigen Veränderungen unterliegenden Teilen deines Körpers und dem sich ständig wandelnden Strom geistiger Erfahrungen.

Die fünf Aggregate

Die Lehre von den *fünf Aggregaten* zählt zu den berühmtesten Lehren des Buddhas. Es ist diese Methode, die du anwendest, um zwischen den Teilen nach dem Selbst zu suchen. Die Lehre von den fünf Aggregaten unterteilt deine Person in den Körper – die *Form*, das erste Aggregat – und vier geistige Aggregate, *Fühlen*, *Wahrnehmung*, *Geistesformationen* und *Bewusstsein*.

Bei den ersten beiden mentalen Aggregaten handelt es sich um Faktoren, über die du in Kapitel 4 meditiert hast: Zum einen Fühlen, also deine Reaktion (»angenehm«, »unangenehm« oder »neutral«) auf das, was du wahrnimmst, zum anderen Wahrnehmung als die Fähigkeit, unterschiedliche Sinneswahrnehmungen zu bündeln und daraus ein eigenständiges Objekt oder Konzept zu bilden. Zu den Geistesformationen gehören zahllose andere geistige Faktoren, beispielsweise Kontakt, Aufmerksamkeit und Drang, dein Anlass zum Handeln. Bewusstsein hast du in Kapitel 4 ebenfalls in den Meditationen zum Wesen des Geistes kennengelernt. Es handelt sich dabei um das letzte Aggregat.

Wenn du über die Leerheit des Selbst meditierst, führst du dieselbe Analyse zur abhängigen Entstehung durch, die du für Objekte genutzt hast. Doch es gibt eine wichtige Unterscheidung zwischen Objekten und Lebewesen, denn im Gegensatz zu Objekten verfügen menschliche

Wesen über einen Geist, der ihnen Unabhängigkeit und Entscheidungsfreiheit erlaubt. Bei einer Analyse einer Person gilt es also, nicht nur die Teile und Ursachen des Körpers zu bedenken, sondern auch die Teile und Ursachen des Geistes, um zu erkennen, wie auch er leer ist.

Die Ursachen des Geistes

In Kapitel 7 hast du über die Ursachen deines Körpers und physischer Objekte meditiert, aber nicht über die Ursachen des Geistes. Meditierst du über das Nicht-Selbst, denke nun über all die unterschiedlichen Ursachen für deinen Geist nach, die du finden kannst, und suche unter ihnen nach deinem Selbst.

Beginne mit den naheliegenderen Ursachen von Ideen und Konzepten. Jedes Wort, das du kennst, hat jemand anderes erfunden. Deine Eltern und Lehrer haben dich über die Welt und die Gesellschaft unterwiesen. Bücher, Medien und Lehreinrichtungen haben geprägt, wer du bist. Jede einzelne Erfahrung, die du jemals in deinem Leben gemacht hast, hat dir geholfen, deinen einmaligen Geist zu formen, aber auch die Evolution, die Vernetzung innerhalb deines Kopfs und die physikalischen Gesetze des Universums spielen eine Rolle.

Analysiere die Ursachen deines Geists und seine sich ständig ändernden Augenblicke des Bewusstseins. Du könntest dabei die Haltung einnehmen, dass dein Geist völlig von den Neuronen in deinem Gehirn und ihrer elektrischen Aktivität bestimmt wird. Das wäre ein wissenschaftlich materialistischer Ansatz und er kann, wenn es darum geht, das Selbst zu dekonstruieren, genauso nützlich sein wie jeder andere. Neurowissenschaftler haben nämlich nachgewiesen, dass bei Menschen, die über ihr Selbstgefühl nachdenken, das Gehirn zahlreiche unterschiedliche Bereiche in unterschiedlichen Mustern aktiviert, und zwar bei unterschiedlichen Menschen zu unterschiedlichen Zeiten.[100] Es gibt kein »Ich-Organ« im Gehirn, kein Kontrollzentrum, das hell leuchtet, wenn dein Ich-Ge-

---

100 Anil Seth. 2021. Being You: A New Science of Consciousness. New York: Dutton.

fühl stark ist. Ist dein Selbst also dein Gehirn, lässt es sich nicht auf irgendeinen seiner Teile isolieren.

Eine weitere bedenkenswerte buddhistische Doktrin besagt, Ursache für einen Augenblick des Bewusstseins ist schlicht der vorangegangene. Es lohnt sich, mit dieser Hypothese in die Meditation zu gehen, einfach nur, um sie zu prüfen. Sie eröffnet einen subtilen Weg zu begreifen, wie die »Software« deines Geists tickt. Selbst die Software eines Computers wird nicht zu 100 Prozent von seiner Hardware bestimmt, sondern entwickelt sich weiter, indem sie frühere Berechnungen mit den Regeln ihres Programms und neuen Eingaben kombiniert. Dieser neuerliche Zustand wird in der Hardware des Computers abgespeichert, entspricht aber nicht der Hardware selbst. Glaubst du, dass der Geist wie ein Computer funktioniert, könnte die buddhistische Erklärung, wonach der unmittelbare Grund für einen Augenblick des Bewusstseins der vorangegangene ist, viel Sinn für dich ergeben. Damit dieses Gedankenexperiment zu einer Meditation über die Leerheit deines Geistes wird, suche in jedem neuen Augenblick des Bewusstseins, der durch den vorangegangenen ausgelöst wurde, aktiv nach deinem Selbst.

Das sind nur einige Möglichkeiten, wie du über die Ursachen deines Geists nachdenken kannst. Arbeite auf der Suche nach dem Selbst mit deiner Kreativität, Intelligenz und Bildung und stelle dir immerwährend und offen die Frage: »Was sind die Ursachen des Bewusstseins?«

Du existierst

Bevor wir ausführlicher auf die Meditation zur Leerheit des Selbst eingehen, noch eine Warnung, die man üblicherweise Menschen mit auf den Weg gibt, die über Leerheit meditieren: Lasse nicht zu, dass diese Analyse dich in die nihilistische Betrachtungsweise treibt, dass du überhaupt nicht existierst oder dass dein Handeln keinerlei Konsequenzen hat. Diesen Fehler habe ich als Kind begangen, als ich mich fragte, ob meine Hand überhaupt existiert, wo ich doch keine Abgrenzung zu meinem Arm finden konnte. Du existierst, aber die Weise, in der du existierst, ist viel umfassender, tiefgründiger und inklusiver, als es du es dir jemals hättest vorstellen können.

Das abhängig entstandene Selbst entdeckst du, in dem du das vermeintlich unabhängige Selbst analysierst, das »ewige Ich«. Das »ewige Ich« existiert nicht, aber es erscheint uns dennoch ständig, so wie wir manchmal versehentlich eine Person für jemand anderes halten. Indem wir das »ewige Ich« analysieren, stoßen wir vor zu dem zutreffender nur »Ich« benannten Ich, das völlig interdependent (wechselseitig abhängig) ist – das Zusammentreffen der körperlichen und geistigen Teile des Körpers durch unzählige Ursachen und Bedingungen, die der Geist schlicht als »Das bin ich« kategorisiert.

Diese Erklärungen mögen technisch klingen, aber beim Meditieren zur Leerheit des Selbst geht es darum, ein umfassenderes Gefühl des Seins zu finden, das vernetzt ist, offen und voller Freude und nicht separat, starr und unzufrieden.

***

Meditation zur Suche nach dem Selbst

Wenn du über die Leerheit des Selbst meditierst, zerschlägst du die zentrale Verblendung der Unwissenheit – dass man sich als separat von den Menschen und Dingen um sich herum sieht und dass man der Illusion anhängt, wir seien einzigartige Wesen mit unveränderlicher Identität. Diese egozentrische Verblendung führt zu Wut und Begierde gegenüber Menschen und Dingen, die von uns getrennt zu sein scheinen. Es heißt, dies sei unser größtes Hindernis auf dem Weg zu Glück und Verbundenheit.

Die fünf Aggregate des Selbst

Um die unzutreffende Vorstellung von einem eigenständigen Selbst abzutragen, lehrte der Buddha eine Methode, bei der das Selbst in fünf Aggregate aufgebrochen wird. Das erste Aggregat ist der Körper, die anderen vier Aggregate beziehen sich auf den Geist und unterteilen ihn in Fühlen, Wahrnehmen, Geistesformationen und Bewusstsein.

Das »ewige Ich« heraufbeschwören

Beim Meditieren ist das Selbst, das sich eigenständig fühlt, häufig nicht präsent, weil sich dein Geist in einem Zustand der Entspannung befindet und sich auf nützliche Gedanken konzentriert. Um das unzutreffende Gefühl von Selbstsein widerlegen zu können, musst du es zunächst einmal heraufbeschwören.

Rufe dir einen Vorfall in Erinnerung, bei dem du kritisiert wurdest. Kannst du dich an etwas erinnern, wo du zu Unrecht Kritik über dich ergehen lassen musstest? Das ist sogar besser, denn es handelt sich um einen Moment, in dem in dir ein starkes Gefühl von Selbst aufstieg, ein »Ich«, dem Unrecht angetan wurde.

Beginne nun damit, dieses beleidigte »Ich« einer Prüfung zu unterziehen. Suche innerhalb seiner Teile nach einem Selbst, das sich unteilbar, unveränderlich und unabhängig fühlt.

Nach dem Selbst im Körper suchen

Suche zunächst nach dem »ewigen Ich« in deinem Körper. Dieses Selbst, was sich kritisiert fühlt, ist es in deinen Füßen, deinen Beinen, deinem Rumpf, deinem Herz oder in deinen Lungen? Findest du es in den Nieren, dem Magen, den Armen oder den Händen? Findest du dieses »ewige Ich« in den Türen zu deinen Sinnen, also den Augen, den Ohren, der Nase, der Zunge oder der Haut?

Oder findest du dieses eigenständige Selbst in deinem Gehirn? Falls ja, in welchem Teil? In der linken Gehirnhälfte oder der rechten? In einem bestimmten Neuron oder in allen zugleich? Findest du dieses »Ich« in dem Blut, das durch deinen Körper zirkuliert oder in irgendwelchen Zellen deines Körpers? Lässt sich das »ewige Ich« in den elektrischen Signalen nachweisen, die deine Neuronen passieren?

Kannst du dich in deiner DNA finden oder in den Milliarden kooperierender Bakterien in deinem Mikrobiom?

Findest du dich in deinen Molekülen? Bist du das Wasser, aus dem dein Körper größtenteils besteht, die Elektrolyte, Kohlenhydrate, Lipide, Proteine und Vitamine, die in deinem Körper gebunden sind?

Bist du der Sauerstoff, der Kohlenstoff, der Stickstoff, das Kalzium oder der Phosphor in deinen Molekülen, also den Bausteinen der Biochemie?

Bist du die subatomaren Teilchen in diesen Atomen? Die Elektronen, Protonen und Neutronen, die mit Lichtgeschwindigkeit durch die Materie deines Körpers jagen? Die Quarks, Leptonen und Eichbosonen? Bist du diese grundlegenden Bausteine des Universums?

Aus der Quantenmechanik wissen wir, dass Materie in einem wahrscheinlichkeitstheoretischen Zustand existiert, in dem Teilchen innerhalb der Weite eines Atomfelds aufflackern und wieder verschwinden. Ist dein Selbst diese Fälle probabilistischen Erscheinens und Verschwindens oder der Raum, in dem sie erscheinen?

Suche nach dem Selbst in den Gefühlen

Mache dich nun in deinem Geist auf die Suche nach dem eigenständigen Selbst. Stelle zunächst sicher, dass das nervige, beleidigte Selbst weiterhin vorhanden ist und du auch danach suchen kannst. Falls nicht, denke an eine Zeit zurück, als du das Gefühl hattest, man habe dich ungerecht behandelt.

Erforsche nun den mentalen Faktor Gefühle. Bist du die angenehmen Gefühle, die du verspürst, wenn du freundliche Worte hörst, schöne Dinge siehst oder köstliches Essen riechst und schmeckst? Bist du die guten Gefühle, die durch deine Haut und deine Muskeln als Reaktion auf Zuneigung und Sport aufsteigen, oder jene, die durch angenehme Gedanken oder Erinnerungen entstehen?

Findest du dieses Selbst in unangenehmen Gefühlen wieder? Wenn dir nicht wohl ist, du Schmerzen hast, man dich kritisiert, attackiert, dir Schuld zuweist oder dich ignoriert?

Oder identifiziert sich dein als etwas Separates fühlendes Selbst mit den neutralen Gefühlen der Gleichgültigkeit, die du verspürst, wenn du an einem fremden Menschen vorbeigehst oder wenn dich in einem Laden jemand bedient?

Suche nach dem Selbst in der Wahrnehmung

Wahrnehmung ist der Teil deines Geists, der Paketen sensorischer Erfahrungen ein Etikett anhängt – Kohlehydrate und Proteine auf einer Tonplatte werden als »Abendessen« zusammengefasst, Pflanzenzellen als »Blume«, Metall, Glas und Mikroprozessoren als dein »Handy«.

Bist du diese Fähigkeit deines Geistes, unsichtbare Partikel und elektromagnetische Energie als Farben, Formen, Töne, Geschmäcker, Gerüche und Berührungen als Abendessen, Blume, Telefon oder Ich zu etikettieren?

Suche nach dem Selbst in den Geistesformationen

Findest du dich selbst in einem deiner anderen mentalen Faktoren? Deinen Sinnen, die den Kontakt zur Außenwelt halten? Deine Aufmerksamkeit, die sich auf einige Dinge eher richtet als auf andere? Deinen mächtigen Drang, etwas zu sagen oder in irgendeiner Form zu handeln? Über das reine Denken hinaus zum Agieren zu wechseln? Oder bist du all die komplexen Gedanken und Gefühle, die daraus resultieren? Die Eifersucht, der Stolz, die Liebe, das Mitgefühl, vielleicht sogar das Sehnen nach Gleichheit oder Gerechtigkeit?

Suche nach dem Selbst im Bewusstsein

Suche nun in deinem Bewusstsein nach deinem Selbst. Durch das Bewusstsein strömen die mentalen Faktoren. Entspanne dich in deinem Geist. Fühlt er sich weit oder beengt an, hell oder dunkel, klar oder bedeckt? Reflektiert er und weiß er, was ihm erscheint?

Lenke deine Aufmerksamkeit fort von den mentalen Faktoren, die in deinem Geist auftauchen und verschwinden, hin zu dem Punkt, von dem aus sie erscheinen und in den sie wieder übergehen. Was ist das, von wo sie erscheinen?

Solltest du ein intuitives Gefühl vom Wesen deines Geistes bekommen, sei offen dafür. Ist hier im Raum deines Geistes der Punkt, an dem du endlich das »ewige Ich« findest?

Gelangst du zu dem Schluss, dass du dieser nicht-konzeptuelle Raum bist, gehe der Sache nach. Halbiere den Raum des Geistes. Ist das »Ich« in der einen oder der anderen Hälfte? Unterteile deinen mentalen Raum in kleine Würfel. Findest du dich in irgendeinem davon oder in der ganzen Sammlung?

Der Geist ändert sich mit der Zeit. Es entstehen Augenblicke des Bewusstseins, sie wachsen, halten sich, werden schwächer und verschwinden vollends. Einige enthalten Gedanken, andere sind unmittelbare Erfahrungen des Geists selbst.

Findest du dein Selbst in einem bestimmten Augenblick des Bewusstseins, vielleicht in dem, der jetzt gerade geschieht? Falls ja, was geschieht mit diesem Selbst, wenn der aktuelle Augenblick verschwindet? Bleibt es mit dem vergangenen Augenblick von Bewusstsein zurück? Springt es zum nächsten Augenblick? Oder ist das Selbst abgetrennt von einem bestimmten Augenblick des Bewusstseins?

Augenblicke des Bewusstseins haben eine zeitliche Dauer, also kannst du sie in frühere oder spätere Augenblicke unterteilen. Wenn du das tust, findest du dein Selbst in dem einen Teil, dem anderen oder in beiden? Wenn du die Augenblicke des Bewusstseins zerteilst, gelangst du irgendwann an den Punkt, an dem du ein unteilbares Quantum Bewusstsein findest? Oder kannst du die Augenblicke des Bewusstseins immer weiter und weiter teilen? Was geschieht, wenn eine Scheibe des Bewusstseins unendlich dünn ist? Verschwindet das Selbst dann? Oder transzendiert es die Zeit insgesamt?

Suche nach dem Selbst in den Ursachen

All die physischen und mentalen Teile deines Selbst haben Ursachen. Findest du dich in einer davon wieder?

Thich Nhat Hanh sagt, du bestehst nur aus Elementen, die nicht du sind.[101] Dein Körper begann mit dem Spermium und der Eizelle deiner Eltern, dann hast du Nährstoffe von außen aufgenommen, um zu wachsen, zunächst im Leib deiner Mutter, dann außerhalb. Während deines Wachstums verwandelst du ständig »Nicht Ich«-Elemente in »Ich« und wirst das weiterhin tun, bis du dein letztes Essen gegessen und deinen letzten Atemzug getan hast.

Lehrer, Eltern und Freunde haben dich jedes Wort gelehrt, das du kennst, und jedes Konzept. Deine Fähigkeiten, deine Glaubenssätze und deine Meinungen – sie alle haben ihren Ursprung ebenfalls bei anderen.

Verfolge deinen Körper und deinen Geist zurück durch die 10 000 Generationen von Menschen, die die Sprachen, Kulturen, Technologien und Religionen erschaffen haben, die dich an den Punkt geführt haben, an dem du heute stehst. Gehe den ganzen Weg zurück bis zur Geburtsstunde des Lebens auf der Erde vor vier Milliarden Jahren.

Sämtliche Energie auf der Erde stammt von einem 4,5 Milliarden Jahre alten Stern. Und sämtliche Elemente, die das Leben auf der Erde ausmachen, haben ihren Ursprung in vorangegangenen Sternenexplosionen, die Kohlenstoff, Stickstoff und die anderen schweren Elemente des Lebens formten. Letzten Endes lässt sich dein Körper bis zum Urknall zurückverfolgen, bis zum Beginn von Materie, Energie und sogar der Zeit selbst.

Kehre in die Gegenwart zurück und verdeutliche dir, wie selbst in diesem Augenblick jedes Atom in deinem Körper von den Gravitationskräften jedes anderen Partikels im Universum bewegt wird. Galaxien, die Milliarden Lichtjahre entfernt sind, wirken sich ganz, ganz minimal auf je-

---

101 *Thich Nhat Hanh. 2000. Going Home: Jesus and Buddha as Brothers. New York: Riverhead Books. Dt. Titel: Jesus und Buddha – ein Dialog der Liebe [Freiburg: Herder, 2010].*

den Partikel deines Körpers aus. Selbst jetzt, in diesem Augenblick, bist du mit dem gesamten Universum verbunden.

Der Geist und das Selbst

Welche Rolle spielt dein Geist beim Aufbau des Selbst? Du bist eine Anhäufung unzähliger Teile, zusammengeführt durch unzählige Ursachen, die bis zum Ursprung des Universums zurückreichen. Und diesen verursachten Teilen gibt dein Geist einen Namen. So stark kannst du dich mit diesem Namen identifizieren, dass du aufgeregt wirst oder dich Furcht befällt, wenn jemand diesen Namen laut ausspricht. Aber du bist nicht dein Name, dein Name ist bloß eine Bezeichnung für deine verursachten Teile.

Stelle dir vor, dich im Alltag auf diese Weise zu sehen – mit allem zusammenhängend, ständigen Veränderungen unterworfen, aus zahllosen Teilen zusammengesetzt, die von einem endlosen Strom an Ursachen und Auswirkungen hervorgebracht werden. Wenn du dich immer auf diese Weise sehen könntest, wie würdest du dann auf Kritik, Schuldzuweisungen, Gelüste oder Lob reagieren? Wer wird kritisiert, beschuldigt oder gelobt? Wer hat Gelüste oder Angst? Bin ich überhaupt dieselbe Person, die vor wenigen Sekunden gelobt oder kritisiert wurde?

Mehr als Konzepte

Lasse die Analyse nun fahren. Lasse die Konzepte nun fahren. Lasse alles in ein konzeptloses Verständnis deiner selbst übergehen, das darüber hinausgeht, sich mit einem bestimmten Teil deines Körpers oder Geistes oder der Kollektion geistiger und physischer Teile zu identifizieren. Entspanne dich in ein interdependentes Gefühl des Seins, das über das Ego oder Bezeichnungen hinausgeht. Lerne dich, vielleicht zum allerersten Mal überhaupt, so kennen, wie du wirklich bist.

Danksagung

Kehre irgendwann zu den Konzepten zurück. Du existierst. Du hast dich nicht negiert, du hast einfach nur dein Verständnis von Körper und Geist erweitert. Der Blick auf sich selbst als eigenständiges, unveränderliches und unteilbares Wesen ist ausgesprochen einschränkend, beengend und falsch. Dein Gefühl von Eigenständigkeit ist schlicht ein Missverständnis dessen, wer du in Wirklichkeit bist. Sobald du dir deines mit allem verbundenen und einem ständigen Veränderungen unterliegenden Selbst bewusst wirst, das aus unzähligen physischen Teilen und mentalen Momenten besteht, wird diese Illusion überflüssig. Du bist so viel mehr als diese einsame, losgelöste, bedürftige Illusion, die dir dein Ego aufzwingt.

Eines zeigt dir diese Meditation: Erscheint dein enges, egoistisches Selbst, betrachte diesen Augenblick als Geschenk, als Gelegenheit, diese großartige Analyse zu der Frage durchzuführen, wie du in Wahrheit existierst. Indem du dich fragst, wie dieses Selbst erscheint, öffnest du dich für die wechselseitige Abhängigkeit von allem mit allem, du wirst dir deiner Verbindung zu allem Leben und allem anderen im Universum bewusst.

***

Kapitel 14

Erleuchtung für Skeptiker

Mein Bruder hat mir einmal eine Geschichte erzählt. Als er anfing, den Buddhismus zu studieren, fragte sein Lehrer die Schüler: »Kennt ihr das Gefühl, dass ihr etwas sagen wolltet, aber vergessen habt, was?« Der Lehrer hielt inne, während alle nickten, dann sagte er: »Nun, genau das ist das Gefühl, nach dem ihr die ganze Zeit streben solltet.«

Zu vergessen, was man gerade sagen wollte, wird dir keinen Blick auf das absolute Wesen der Realität ermöglichen, das wäre wohl zu optimistisch gedacht. Aber die Erfahrung der Leerheit lässt sich unter anderem so beschreiben, dass man Dinge konzeptlos betrachtet, ohne Etikett und sogar ohne Grenzen. »Zu sehen, bedeutet, den Namen des Dings zu vergessen, das man sieht«, formulierte es der Autor Lawrence Weschler.[102]

Analytische Meditation eröffnet einen vielschichtigen Weg aus Gedanken und Geschichten, die schließlich zu derartigen Erkenntnissen führt und über die Worte und Ideen hinausgeht, die dir geholfen haben, an diesen Punkt zu gelangen. Der zentrale Punkt dieses Kapitels ist ein abschließendes Paradoxon: Du sollst dich an die Konzepte des Lamrims erinnern, damit dir stets Tore offenstehen, die zu konzeptloser Realisierung führen.

In Kapitel 1 hatte ich vorgeschlagen, dass du zu jeder Stufe von

---

102 Lawrence Weschler. 1982. Seeing Is Forgetting the Name of the Thing One Sees: A Life of Contemporary Artist Robert Irwin. Oakland, CA: University of California Press.

Erleuchtung für Skeptiker eine Woche lang meditierst, bevor du mit der nächsten Stufe weitermachst. Auf diese Weise gehst du über den intellektuellen Aspekt hinaus und erlebst direkt, wie die Stufen des Pfads deinen Geist verändern. Hast du dank der Meditationen durch eigene Erfahrung ein gewisses Verständnis von einem Thema erlangt, ist es ein sehr wirkungsvoller nächster Übungsschritt, in einer einzigen Sitzung über die gesamte Sequenz zu meditieren.

Wer den Lamrim auf tibetische Weise praktiziert, sieht den gesamten Pfad häufig als Teil seiner täglichen Meditationspraxis an. Ich selbst meditiere ihn täglich. Habe ich einmal wenig Zeit, kann das Ganze auch schon einmal eine einzige Minute dauern. In so einem Fall spricht man von einer »Blickmeditation«. Wache ich dagegen früh genug auf, lasse ich mir für diesen Teil der Praxis auch schon einmal ein gemütliches halbes Stündchen Zeit oder noch mehr. Ob kurz oder rasch – es kann von großem Nutzen sein, über den gesamten Pfad zu meditieren. Aus diesem Grund teile ich eine vollständige Meditation mit dir, die jedes Thema der acht säkularen Lamrim-Stufen abdeckt. Wahrscheinlich wirst du bemerken, dass ich beim Aufbau der Stufen Abwandlungen vorgenommen habe. Analytisches Meditieren ist eine kreative Aktivität, experimentiere also gerne herum, bis du den Ansatz gefunden hast, der im jeweiligen Augenblick für dich am besten funktioniert.

Nützlich ist es zudem, die Namen der Themen in den einzelnen Stufen auswendig zu lernen – das kostbare Leben, die Vergänglichkeit, Ursache und Wirkung, die Zuflucht, das Leiden, das Entsagen, das Mitgefühl und die wechselseitige Abhängigkeit.

Was du an Erkenntnissen aus deiner Meditation gezogen hast, kann allein schon durch die Begriffe wieder entfacht werden. Du kannst die Sequenz durchgehen, während du die Straße entlanggehst, während du im Auto bist oder auch, wenn du überraschend nachts wach wirst. Liege ich um Mitternacht schlaflos im Bett und gehe den Lamrim durch, habe ich aus meiner Sicht meine Zeit viel besser investiert, als wenn ich mir wie früher endlos Sorgen mache.

Ich habe noch nie jemanden darüber reden gehört, aber mir ist aufgefallen, dass ich manchmal versehentlich ein Lamrim-Thema überspringe, wenn ich sie aus der Erinnerung heraus durchgehe. Erwische ich mich bei diesem Fehler, muss ich häufig lachen, denn es handelt sich fast immer um das Thema, über das ich am meisten nachdenken muss. So übersprang ich »Ursache und Wirkung«, als ich gegen meine eigenen Wertvorstellungen verstieß. Oder ich übersprang »Entsagen«, während mich starke Gelüste am Wickel hatten.

Dir ist vermutlich aufgefallen, dass die unterschiedlichen Methoden, den Geist zu erkunden, in der Sequenz wiederholt vorkommen. Deshalb stelle ich den Geist nicht außen vor, um ihm eine eigene Meditationsstufe zu geben. Stattdessen gilt: Wann immer der Geist auftaucht, kannst du beschließen, an dieser Stelle tiefer einzusteigen und ausführlicher über sein Wesen zu meditieren. Das ist im Übrigen eine großartige Methode, die Konzentrationsfähigkeit zu stärken.

Zu Beginn des Buchs habe ich Erleuchtung als Ideal bezeichnet, das dazu beiträgt, dein Leben in Richtung Zufriedenheit, Bedeutung und Eingebundenheit zu lenken. Selbstverständlich bin ich nicht erleuchtet und die säkularen Lamrim-Meditationen in diesem Buch weichen in zentralen Punkten von den buddhistischen Meditationen ab. Allerdings bin ich davon überzeugt, dass diese Meditationen, wenn du sie ernsthaft praktizierst, zu echten Erkenntnissen führen werden, Erkenntnissen wie denen, die ich und meine Schüler im Laufe der Jahre gemacht haben und die dich in Richtung der Ideale der Erleuchtung führen, die also deine besten Eigenschaften zum Tragen bringen und deine Illusionen abbauen.

Der größte Vorteil dieser Sequenz besteht darin, dass keine Glaubenssätze erforderlich sind, die von der modernen Wissenschaft nicht zu beweisen sind. Selbst praktizierende Buddhisten können von dieser modernen Abwandlung alter Themen profitieren, denn sie setzen sich aufrichtig mit den Elementen des Pfads auseinander, die für Menschen aus dem Westen teilweise schwer zu glauben sind, und sie erkunden bedeutsame Alternativen. Wenn ich mir überlege, wie kreativ ich vom buddhistischen Pfad abgewichen bin, hätte ich diese Sequenz wohl besser »Der Weg eines Skeptikers zum Weg der Erleuchtung« genannt, aber das ist längst nicht so griffig.

Erfahrene buddhistisch Praktizierende frage ich gerne, was Erleuchtung für sie persönlich bedeutet. Eine Antwort, die ich erhielt: Erleuchtung heißt, das Richtige zum richtigen Zeitpunkt aus den richtigen Gründen heraus tun zu können.

Ich glaube, mehr kann sich niemand von uns für sein Leben wünschen, und ich hoffe, diese letzte Meditation hilft dir, diesem Ideal ein kleines Stück näher zu kommen.

***

Meditation über Erleuchtung für Skeptiker

Haltung

Begib dich in deine Meditationshaltung, mit gekreuzten Beinen auf einem Kissen oder auf einem Stuhl mit den Füßen flach auf dem Boden. Lege die linke Hand in den Schoß und die rechte darüber. Die Handflächen zeigen nach oben, die Spitzen deiner Daumen berühren sich. Deine Augen sind halb geschlossen, dein Kopf leicht nach unten geneigt. Entspanne nun alle Teile deines Körpers.

Motivation

Nimm dir als Motivation heute vor, nicht nur nach Entspannung zu streben, sondern deinen Geist besser zu verstehen, dein Denken und dein Handeln in Richtung zufriedenes und bedeutsames Leben zu lenken, für die Menschen um dich herum zu einem Quell des Glücks zu werden und auf eine bessere Welt hinzuarbeiten.

Auf den Atem konzentrieren

Lenke deine Aufmerksamkeit auf deinen Atem. Achte darauf, wie er in deine Nase fährt und wieder herauskommt, registriere, wie sich dein Magen hebt und senkt. Rufe dir ins Gedächtnis, dass dein Atem eine Sinneserfahrung ist, die sich in deinem Geist spiegelt. Konzentriere dich auf deinen Atem und wenn andere Gedanken, Gefühle oder Wahrnehmungen aufsteigen, lasse sie einfach ziehen. Es ist nicht nötig, sie wegzuschieben oder heranzuziehen. Konzentriere dich eine Minute lang auf deinen Atem.

Das kostbare Leben

Du bist heute morgen aufgewacht, lebendig in deinem erstaunlichen Körper. Verfügst du über ein gewisses Maß an Gesundheit? Sauberes Wasser? Kannst du lesen und schreiben? Dann bist du besser dran als Milliarden Menschen auf diesem Planeten. Empfinde einen Augenblick der Dankbarkeit für diese grundlegenden Gaben und einen weiteren Augenblick, wenn du ein Dach über dem Kopf hast, Geld auf der Bank, einen Job, Familie, Freunde.

Was kannst du in den vor dir liegenden 24 Stunden erreichen? Das Mindeste ist, dass du für dein Umfeld ein Quell von Trost, Unterstützung und Freude bist. Unabhängig davon, ob du erfolgreich bist – allein schon diese von Mitgefühl erfüllte Motivation wird zur Ursache deines eigenen Glücks.

Außerdem hast du Interesse an etwas gefunden, das über das blanke Überleben hinausgeht und die tiefgründigen Fragen der Existenz selbst berührt.

Weite dein Denken auf deine Rolle innerhalb des Universums aus. Es dauerte vier Milliarden Jahre, bis das Leben auf unserem Planeten über sich selbst nachdenken konnte, über das Wesen der Realität und über das Bewusstsein. Welche Verantwortung kommt uns als derart hoch entwickelten Lebewesen zu? Was, wenn die Menschheit einzigartig ist, das einzige intelligente Leben in einem Universum, das 13,8 Milliarden Jahre alt und mit Milliarden Galaxien durchsetzt ist? Wenn das so sein sollte, wie möchtest du dann den heutigen Tag verbringen?

Vergänglichkeit

Beschäftige dich ausführlicher damit, was es heißt, am Leben zu sein. Beginne damit, indem du deine Körperteile erkundest und dein Geist jedes Teil der Reihe nach betrachtet:

- deine Füße, deine Beine, deinen Rumpf; Herz, Leber, Lunge, Nieren, Magen und Skelett; deine Arme und Hände;
- die Signale, die Augen, Ohren, Nase, Zunge und Finger übermitteln und aus denen dein Gehirn ein Bild der Realität erschafft;
- das Blut, das innerhalb einer Minute durch deinen Körper zirkuliert;
- die Billionen einzelner Zellen, von denen in jeder Sekunde Millionen sterben und Millionen neue sie ersetzen;
- die unzähligen herumwirbelnden Wasserstoff-, Sauerstoff-, Stickstoff- und Kohlenstoffatome innerhalb dieser Zellen, die mit Lichtgeschwindigkeit subatomare Teilchen austauschen.

Lebendig zu sein, bedeutet, sich in jedem Augenblick zu verändern.

Richte deinen Geist auf dein Kissen oder deinen Stuhl, auf den Raum, der dich umgibt, und auf alles in diesem Raum. Mache dir bewusst, dass sich alles ändert und Sekunde um Sekunde auf minimale Weise weiter verfällt.

Schaue nun in deinen Geist und beobachte, wie er sich verändert. Gedanken und Gefühle steigen auf, wachsen, halten sich, werden schwächer und verschwinden – Glück, Trauer, Sehnsucht, Furcht, Schmerz, Ekel, Freude.

Dass dein Geist ständigem Wandel unterliegt, bedeutet, dass du ihn in jede beliebige Richtung lenken kannst. Warum also lenkst du ihn nicht in eine Richtung, die Glück, Sinn und Nutzen für andere verspricht? Vergänglichkeit bedeutet, alles ist möglich.

Ursache und Wirkung

Landwirtschaft, Medizin, Demokratie, Flüge ins All – alles, was die Menschen erreicht haben, hatte seinen Ausgangspunkt im Geist. Unser Geist kann sogar den Planeten verwandeln, das beweist der Klimawandel.

Und trotzdem verlieren wir häufig die Kontrolle über unseren Geist und lassen uns von Wut und Begierde beherrschen. Nur, weil dir etwas in den Sinn kommt, bedeutet das nicht, dass du diesem Drängen oder diesen Ängsten nachgeben musst. Du solltest nicht alles glauben, was du denkst.

Um die Kontrolle über deinen Geist zu erlangen, fange einfach damit an und werde dir dessen bewusst, was in deinem Geist erscheint. Versuche, Abstand zu bewahren zu deinen Gedanken, Gefühlen und Wahrnehmungen. Benennen kannst du sie, aber reagieren musst du auf sie nicht.

Welche Dinge machen deinen Geist und den Geist anderer Menschen glücklich, welche bereiten ihnen Leid? Ist es denkbar, dass die meisten Menschen es in erster Linie gut meinen und nur durch Verwirrung und Konditionierung Schaden anrichten?

Gehe die vergangenen 24 Stunden deines Lebens durch und suche dir den Zeitpunkt heraus, an dem du am besten warst. Vielleicht hast du dich in einem Augenblick der Ruhe, des Trainings oder der Kreativität um dich selbst gekümmert. Vielleicht hast du dich auch einen Augenblick lang verbunden gefühlt, als du einem Mitmenschen durch Zuhören, durch deine Arbeit oder durch gemeinsames Lachen geholfen hast. Erfreue dich an diesem Augenblick und beschließe kurz, dass du heute mehr von diesen gehaltvollen Dingen tun wirst – für dich und für andere.

Denke nun an etwas vom vergangenen Tag, das du bedauert hast. Erkenne, dass diese Handlung nicht aus dem Blauen heraus geschah, sondern dass ihr eine lange Kette von Ursachen und Wirkungen vorausging, von externen Einflüssen und inneren Angewohnheiten, die sich jedes Mal verstärken, wenn du sie wiederholst.

Was hättest du stattdessen tun können? Wie hättest du besser mit der Situation umgehen können? Beschließe, auf diese Weise zu reagieren, sollte sich die Situation wiederholen. Sollten äußere Einflüsse auf dich einwirken und die Angewohnheit verstärken, wäre es vielleicht sinnvoll, diese Einflüsse zu vermeiden.

Solltest du es noch nicht getan haben: Verzeihe dir das, was auch immer du bedauert hast. Lasse alle Gefühle der Schuld oder Scham los und akzeptiere, dass Wandel langsam vorangeht. Jeden Schaden, den du in der Welt angerichtet hast, kannst du aufrichtig bereuen, anschließend kannst du unbelastet und mit einem offenen Herzen für deine Mitmenschen weitermachen.

Zuflucht

Wen bewunderst du? Menschenrechtler, Sportlerinnen, Künstler, Aktivistinnen? Oder bescheidenere Menschen aus deinem Alltag, die scheinbar nur an andere denken?

Du bist imstande, dich zu verändern. Das bedeutet nicht nur, dass du deinen Geist in Richtung Allgemeinwohl lenken kannst, sondern dass auch in dir das Potenzial eines Dalai Lama, einer Wangari Maathai, eines Gandhi oder eines Martin Luther Kings schlummert. Die Qualitäten, die diese großen Menschen in sich entwickelt haben, können wir alle in uns entwickeln. Wir alle tragen in uns die Saat für Güte, Mitgefühl und Weisheit. Geistige Störungen wie Wut, Begierde, Stolz und Eifersucht sind flüchtig und oberflächlich. Du kannst sie ganz einfach ziehen lassen, indem du dich deiner eigenen Fähigkeit für Gutes öffnest.

Es ist egal, ob du voll und ganz daran glaubst, aber suche einen Augenblick lang Zuflucht in deiner eigenen Güte und in allen, die du für ihre Tugendhaftigkeit bewunderst. Suche Zuflucht in deiner Fähigkeit, dich zu verändern und in der Fähigkeit aller anderen Menschen, sich ebenfalls zu verändern.

Achte darauf, wie sich diese Gedanken darauf auswirken, wer du in diesem Augenblick bist und wie du andere betrachtest.

Leid

Wir alle erfahren endlose Abwandlungen von Leiden und Konflikten, aber die Wurzel unseres geistigen Leids liegt in drei Verblendungen, die so stark sind, dass man im Buddhismus von den drei Giften spricht – Begierde, Hass und Unwissenheit. Entwickle Achtsamkeit für diese störenden Geisteszustände. Allein dadurch und dass du sie benennst und begreifst, machst du einen großen Schritt hin zur Befreiung von den Schmerzen, die diese Verblendungen uns bereiten. Wir erkennen, dass sie die Realität übertrieben und nicht zutreffend betrachten.

Begierde

Rufe dir in Erinnerung, wie Begierde funktioniert. Du nimmst etwas wahr, das dich angenehm berührt – eine köstliche Leckerei, das Berühren eines anderen Menschen, einen Status in der Welt. Und dann verlagert dein Geist dieses Vergnügen nach außen. Du beginnst zu glauben, ohne dieses Es könntest du nicht glücklich sein. Du musst es haben, jetzt und auch in Zukunft. Wenn nicht, wirst du niemals dein Glück finden.

Begierde überhöht die Fähigkeit von Menschen, Gegenständen und Erfahrungen, uns glücklich zu machen.

Bekommst du das Objekt deiner Begierde, fühlst du dich dann voll und ganz befriedigt? Und gilt das auch noch, nachdem bereits etwas Zeit verstrichen ist? Beobachte deinen Geisteszustand in dem Augenblick, in dem du das Objekt deiner Begierde erhältst. Fühlst du dich vielleicht nicht deshalb gut, weil du dein Verlangen für einen kurzen Zeitraum gestillt hast, sondern weil du für einen kurzen Augenblick von deiner Begierde befreit bist?

Wut

Wut ist das Gegenteil von Begierde. Du bist mit einem Objekt nicht zufrieden oder eine Situation missfällt dir. Oder aber die Wut führt dich über die unangenehme Situation hinaus. Sie bringt dich dazu, übertrieben negative Qualitäten auf die Sache selbst zu projizieren. Bei Menschen kann dich dies dazu bringen, so schlimm zu übertreiben, dass es dir nicht gelingt, dem Menschen, auf den du wütend bist, überhaupt etwas Positives abzugewinnen.

Überprüfen wir, ob das stimmt: Denke an jemanden, auf den du gerade wütend bist. Achte darauf, wie stark übertrieben dein Zustand ist. Aller Wahrscheinlichkeit nach schadet dir die Person, auf die du wütend bist, in diesem Augenblick gar nicht und denkt auch nicht an dich. Vielleicht liegt dieser Person ihre Familie oder ihre Freunde am Herzen oder sie tut etwas Gutes – und trotzdem bist du wütend auf sie. Wie zutreffend ist deine Betrachtungsweise, dass diese Person nichts als Schaden anrichtet?

Unwissenheit

Die zentrale Verblendung der Unwissenheit besteht darin, dass du übertriebene Abgrenzungen zwischen dir selbst und anderen vornimmst. Unwissenheit führt dazu, dass du das Wesen der Realität nicht erkennst, die wechselseitigen Abhängigkeiten und den steten Wandel. Stattdessen erschaffst du eine Illusion starker Gegensätze – »gut und schlecht«, »köstlich und ekelhaft«, »ich und du«.

Wenn du absurderweise anfängst zu glauben, dass du ein klein wenig wichtiger (oder weniger wichtig) als der Rest des Universums bist, verwandelt sich diese Unwissenheit in Selbstbezogenheit. Es hat schon etwas Komisches, wenn du dir dessen bewusst wirst – »Ich, das Zentrum des Universums! Und das glaube ich auch noch!« Frage dich, ob dein übertriebenes Gefühl der Separation und Autonomie möglicherweise die Wurzel aller anderen Formen von Leid in deinem Leben darstellt. Versuche, durch diese Verblendung hindurchzusehen und dein wahres Ich zu erkennen – du bist einer unter Gleichen in einer Welt aus Körpern, Materie und Geist, die sich ständig verändert und in der alles mit allem zusammenhängt.

Entsagung

Entsagst du den Ursachen des Leidens, musst du dann auch sinnlichen Vergnügungen entsagen, Beziehungen und sogar den belebenden Konflikten, auf die deine Verblendungen ansprechen? Ist das der Weg zum Glück?

Wahre Entsagung bedeutet nicht, dass du dir kleine Vergnügen wie ein Eis oder einen Spaziergang im Wald verkneifen musst. Es bedeutet auch nicht, dass du die großen Vergnügen aufgeben musst, dass du keinen Sex mehr haben oder keinen Spaß im Kreis von Freunden und Familie haben darfst. Entsagung heißt nicht, die schönen, angenehmen, bedeutsamen Teile des Lebens abzulehnen, es heißt, dass du die Verblendungen fahren lässt, mit denen du angenehme und schwierige Erfahrungen verknüpfst. Diese Verblendungen sind die Begierde, die Wut und die selbstbezogene Unwissenheit, die dich daran hindern, die flüchtigen Vergnügen des Lebens aufrichtig zu genießen und das Leid, welches das Leben unweigerlich mit sich bringt, durchzustehen.

Sind Wut und Begierde untrennbar mit deinem wahren Ich verbunden?

Stelle dir vor, sie fahren zu lassen. Jetzt, wo du befreit von der Begierde bist, ist es denkbar, dass du das Leben möglicherweise besser genießen kannst? Wären deine Beziehungen ohne Wut gesünder und tiefer?

Stelle dir vor, eine Weltsicht fahren zu lassen, bei der du der Mittelpunkt von allem bist. Stelle dir vor zu sehen, dass Dinge ständigem Wandel unterliegen und nicht dauerhaft sind, stelle dir vor, sie aus unterschiedlichen Perspektiven zu betrachten und langfristig zu denken: Ein zufriedener, stabiler Geist ist wichtiger als Recht zu haben oder zu gewinnen.

Liebe und Mitgefühl

Entsagst du deinen ichbezogenen Verblendungen, ist es nur natürlich, dass dein Herz weicher wird und du dich mehr um andere Menschen sorgst. Diese Gefühle kannst du stärken, indem du Gleichmut, Liebe, Mitgefühl und Freude praktizierst.

Gleichmut

Praktiziere Gleichmut zunächst, um deine Voreingenommenheiten abzutragen. Stelle dir vor, dass eine Freundin, eine Feindin und eine Fremde nebeneinander vor dir stehen. Erkenne, dass deine Kategorisierung »Freundin«, »Feindin« und »Fremde« einzig auf deine Betrachtungsweise zurückgeht. Diese Personen wollen alle glücklich sein und sie alle wollen nicht leiden, ganz genau wie du.

Betrachte diese Menschen nun durch die Augen anderer. Jede dieser Personen ist für manche eine teure Freundin, für andere eine Feindin und für viele mehr eine Fremde.

Beziehungen unterliegen Veränderungen. Erinnere dich an Freunde, die zu Feinden oder zu Fremden wurden. Und rufe dir in Erinnerung, dass all deine Freunde und Feinde einst Fremde waren.

Wie würde die Welt aussehen, wenn wir einander alle gleich behandeln würden? Machen wir uns bewusst, dass Beziehungen relativ und nicht von Dauer sind, kann unser Handeln zu einer Welt mit mehr Gleichheit beitragen, in der alle gerecht behandelt werden.

Liebe

Stehen die Grundlagen des Gleichmuts, kannst du weitergehen – und allen wünschen, dass nicht nur ihre grundlegende Würde gewahrt wird, sondern dass sich über ihnen das Füllhorn des Guten in einem Maß ergießt, wie wir alle es verdienen.

Stelle dir vor, dass sich Menschen, die dir am Herzen liegen, um dich herum versammelt haben – Familie, Freunde, Kollegen. Wünsche ihnen Glück und die Ursachen des Glücks. Mögen sie über all die materiellen Dinge verfügen, die sie benötigen – Geld, ein Dach über dem Kopf, Sicherheit. Mögen sie geliebt werden.

Und nun stelle dir deine Feinde vor, wie sie gesammelt vor dir stehen – Personen aus deinem Leben und Menschen aus der allgemeinen Welt. Auch sie wollen glücklich sein. Fällt es dir schwer, das zu akzeptieren? Dann denke daran, dass selbst aus deiner egozentrischen Betrachtungsweise gilt: Wären deine Feinde durch und durch glücklich, würden sie vermutlich damit aufhören, dir und Menschen, die dir wichtig sind, Schaden zuzufügen. Deine Feinde schaden dir bloß wegen ihrer Verblendungen und weil sie glauben, wenn sie anderen wehtun, wird es sie auf wundersame Weise glücklich machen. Wünsche deinen Feinden Glück und dass du möglicherweise sogar ein Grund für ihre Zufriedenheit sein magst.

Stelle dir nun vor, dass es alle Menschen auf dem Planeten verdienen, glücklich zu sein. Sie alle verdienen Essen, ein Dach über dem Kopf, Gesundheit und Sicherheit. Sie alle verdienen es, geliebt zu werden. Stelle dir vor, dass alle bekommen, was sie benötigen. Strebe danach, ein Grund für ihre Zufriedenheit zu werden.

Mitgefühl

Alle Menschen wollen glücklich sein, niemand möchte leiden. Denke an deine Freunde, Familie und Kollegen und was sie alles zu durchleiden haben. Stelle dir vor, wie sie dich umgeben, und wünsche ihnen, frei von Leid zu sein.

Stelle dir die Millionen Menschen vor, die unter ähnlichen Schwierigkeiten zu leiden haben, sei es aus gesundheitlichen oder finanziellen Gründen, weil sie trauern, Teil eines Konflikts sind, Ungerechtigkeit erdulden müssen oder von psychischen Krankheiten befallen sind. Wünsche auch ihnen, von ihren Problemen befreit leben zu können.

Dehne dein Mitgefühl auf die Milliarden Menschen in aller Welt aus, die von gravierenden Schwierigkeiten wie Armut, Gewalt, Rassismus, politischer Unterdrückung, Versklavung oder sexueller Ausbeutung betroffen sind. Denke an all das schreckliche Leid rund um die Welt und wünsche allen, dass sie davon befreit sein mögen.

Stelle dir dann deine Feinde vor. Auch sie möchten nicht leiden. Auch sie haben Probleme geistiger Art, materieller Art oder mit ihrer Gesundheit. Wünsche deinen Feinden, frei von Leid zu sein.

Freude

Rufe dir nun all die Freundlichkeit und all das Gute vor Augen, das deine Familie, Freunde und Kollegen in den vergangenen 24 Stunden erreicht haben.

Denke an all das Gute, das den Menschen in deinem Umfeld geschehen ist: Ihnen wurden freundliche Worte zuteil, man hat sie in den Arm genommen und gehalten, sie haben köstliche und nahrhafte Mahlzeiten zu sich genommen, sie haben Wohlstand, Anerkennung und Erfolge erhalten, sie fühlten sich geliebt und wertgeschätzt. Erfreue dich an all dem Guten, das sie genießen durften, und habe das Gefühl, dass sie es verdienen.

Denke auf dieselbe Weise an Menschen, die du nicht kennst, aber bewunderst – Religionsführer, mitfühlende Politiker, Menschenrechtlerinnen, Aktivistinnen, sozial Wirkende. Nimm dir einen Augenblick Zeit, dich an den großartigen Dingen zu erfreuen, die sie heute erreicht haben, Dinge, von denen du weißt oder die du dir ohne große Anstrengung vorstellen kannst, und freue dich auch über all das Gute, das ihnen zuteilwurde.

Auch wenn es dir schwerer fallen mag, versuche auch, das Gute in deinen Feinden zu sehen, ohne dabei Eifersucht oder Gehässigkeit zu verspüren – schau dir an, welches Lob sie erhalten haben, was sie erreicht haben, was ihnen an Wohlstand und Beziehungen heute zuteilwurde und was sie an guten Taten geleistet haben.

Wechselseitige Abhängigkeit

Gehe nun mit intelligenter Neugier der Frage nach, wer du bist. Denke an eine Zeit zurück, als man dich kritisierte, als du starke Wut verspürtest oder ein starkes Verlangen. Das aktiviert das übertriebene »Ich«-Gefühl, das sich separat fühlt und sich selbst in den Mittelpunkt stellt.

Gehe wie bei der Meditation über Vergänglichkeit die einzelnen Teile deines Körpers durch. Wenn du dir deine Organe vorstellst, deine Zellen, deine Moleküle und Partikel, frage dich bei jedem Schritt, ob du dieses eigenständige Selbst in irgendeinem dieser Teile findest.

Halte länger beim Gehirn inne, solltest du dich dort finden. Suche zunächst in der einen Gehirnhälfte, dann in der anderen. Gehe die Neuronen durch, die Dendriten, die Axone. Entdeckst du dein Selbst in einem dieser Teile? Stelle diese Frage offen und gelange nicht überstürzt zu einer Antwort.

Gefühl

Suche nach deinem Selbst in den angenehmen, den unangenehmen und den Gefühlen der Gleichgültigkeit, mit denen du auf deine Sinneswahrnehmungen und Gedanken reagierst. Entdeckst du dein Selbst in diesen emotionalen Reaktionen?

Wahrnehmung

Suche in den gebündelten Sinneswahrnehmungen und Gedanken, die dein Geist als »Objekte«, »Personen« und »Ideen« zusammenfasst, nach deinem Selbst. Bist du dieser mentale Faktor Wahrnehmung, der die innere und die äußere Realität kategorisiert und organisiert?

Geistige Faktoren

Entdeckst du dich in anderen geistigen Faktoren wie Sinneskontakt, Aufmerksamkeit oder Trieb, also den geistigen Faktoren, die dich handeln lassen?

Bewusstsein

Suche jetzt nach deinem Selbst im Raum deines Geistes, also an dem Ort, an dem andere geistige Faktoren erscheinen. Ist dieser Raum weit oder eng? Hell oder dunkel? Bist du der gesamte Raum oder nur ein Teil davon?

Der Geist kann als Augenblicke des Bewusstseins erscheinen, die heranwachsen, verweilen, schwächer werden und ganz verschwinden. Bist du einer dieser Augenblicke? Bist du die Summe vergangener Momente?

Findest du dein Selbst nur im Hier und Jetzt und tauchst vorwärts ein in jeden neuen Augenblick des Bewusstseins?

Wenn du dein Selbst nicht finden kannst, lasse deinen Geist in dieses Nicht-Finden gleiten. »Selbst« ist nur ein Etikett, das man sich wandelnden geistigen Erfahrungen anhängt. Mache dir deutlich, dass dies nicht deine Existenz verneint, sondern einfach nur die Art und Weise enthüllt, wie du existierst. Dieser Schritt ist viel reicher, viel wechselseitiger und umwälzender, als es gemeinhin den Anschein hat.

Danksagung

Kehre aus der absoluten Realität in die herkömmliche Realität zurück. Die Dinge existieren, aber nur als Etikett, das dein Geist Sammlungen von Teilen anhängt. Alles kommt durch endlose Abfolgen von Ursachen und Wirkungen zusammen, auch du. Du existierst nicht in der starren, unveränderlichen, eigenständigen Art und Weise, die der Grund dafür ist, dass du dich einsam, bedürftig und unbefriedigt fühlst.

Dass alles wechselseitig mit allem zusammenhängt, bedeutet, dass du lebst, dass du dich veränderst und dass du mit allem und allen anderen im Universum verbunden bist. Du kannst Liebe und Mitgefühl fühlen und ausdrücken und deine geringsten schädlichen oder nützlichsten Taten wirken sich dauerhaft auf die Welt und deinen Geist aus.

Erlaube dir das Gefühl, heute schon sehr viel Gutes erreicht zu haben, und zwar einfach nur dadurch, dass du über den heroischen Bogen nachgedacht hast, den die Stufen des Pfads darstellen. Du hast die positiven neuronalen Pfade gestärkt und so auf ein glücklicheres, bedeutsameres und verbundeneres Leben hingewirkt. Möge sich all das Gute aus dieser Meditation im Verlauf deines Tags als hilfreiche, geschickte Taten und Interaktionen manifestieren und die Welt zu einem mitfühlenderen, gerechteren und von Freude erfüllten Ort zu machen.

***

Auch der Pfad ist leer

Während wir zum Ende dieses Buchs kommen, ist dir möglicherweise bewusst geworden, dass die Stufen dieses buddhistischen Wegs nicht voneinander abgetrennt sind, sondern alle voneinander abhängen. Im Laufe der Jahre habe ich immer wieder über diese Sequenz meditiert und es gab zahlreiche »Aha«-Momente, als mir deutlich wurde, wie ein Teil des Pfads die perfekte Antwort auf eine bohrende Frage liefert, die ich zu einem der anderen Abschnitte hatte. Der Pfad selbst ist leer und inzwischen weißt du, was das bedeutet: Er ist wechselseitig, besteht aus Teilen, Ursachen und deinem Geist, der ihn als Weg zur Erleuchtung bezeichnet.

Dir dürfte auch aufgefallen sein, dass der Buddhismus scheinbar voller Paradoxe steckt, dass beispielsweise das Meditieren über das Leid eine Ursache von Zufriedenheit sein kann oder dass du intellektuelles Denken dazu nutzen sollst, zu nicht-konzeptuellen Erkenntnissen zu gelangen. Was diese vermeintlichen Widersprüche aber tatsächlich zeigen, ist Nicht-Dualität. Binäres, polarisiertes Denken ist nicht nur nicht zutreffend, es schadet auch unserem Wohlergehen und dem Wohlergehen unserer Gesellschaft und Umwelt. Das ist auch der Grund dafür, warum der »Mittlere Weg« des Buddhismus so zutreffend benannt ist. Er ermutigt uns dazu, einen nachhaltigen und von Freude erfüllten Lebensweg zu finden, der zwischen den Extremen Gier und Verzweiflung, Entfremdung und Anhaftung sowie Apathie und Panik liegt.

Ich hoffe von ganzem Herzen, dass dieser wechselseitige psychologische Werkzeugkasten dir genauso von Nutzen ist, wie er es für mich gewesen ist, damit auch du zu der Einsicht gelangst, dass du deine besten Eigenschaften pflegen und unnütze Angewohnheiten loslassen kannst, die dir den Weg zur Zufriedenheit, zu engeren Verbindungen zu deinen Mitmenschen und zu einem sinnvollen Leben verbauen.

Mögen alle fühlenden Wesen Glück und die Ursache des Glücks besitzen.
Mögen alle fühlenden Wesen von Leiden und der Ursache des Leids getrennt sein.
Mögen alle fühlenden Wesen niemals von der Freude getrennt sein, die frei ist von Leiden.
Mögen alle fühlenden Wesen Liebe spüren, egal ob nah oder fern.[103]

103 Übersetzung der »Vier Unermesslichen« durch den Autor. In: Lama Zopa Rinpoche (Übersetzer). Lama Tsong Khapa Guru Yoga. Portland, OR: Foundation for the Preservation of the Mahayana Tradition.

Danksagung

Bis zum heutigen Tage bin ich erstaunt darüber, dass wir Zugang zu Lehrern haben, die die ungebrochene Abstammungslinie des Buddhismus bewahren. Das Wissen um diese Praktiken führen meine eigenen Lehrer bis zu jenen Menschen zurück, die sie vor Jahrhunderten in Indien und Tibet erstmals anwandten und die sie ihrerseits wiederum auf den Buddha persönlich zurückführen. Also gilt mein erster Dank diesen lebenden Meistern, angefangen bei den beiden Lehrern, die so großzügig waren, Tausende Stunden lang mit mir und anderen westlichen Schülern die Themen des Lamrims bis ins kleinste Detail zu studieren und über sie zu meditieren: Geshe Ngawang Dakpa und der Ehrwürdige René Feusi.

Außerordentlich dankbar bin ich auch für die Hunderten Stunden, die ich in größeren Gruppen mit einigen der am höchsten realisierten Wesen des Planeten verbracht habe, darunter Seine Heiligkeit der Dalai Lama, Choden Rinpoche, Ribur Rinpoche, Lama Zopa Rinpoche und Gyumed Khensur Rinpoche Lobsang Jampa.

Ich danke den Lehrern, mit denen ich weniger Zeit verbracht habe, von denen ich aber genauso viel profitierte, darunter Geshe Tsulga, der Lehrer meines Bruders, Arjia Rinpoche, die Ehrwürdige Sangye Khadro (Kathleen McDonald), die Ehrwürdige Robina Courtin, der Ehrwürdige George Churinoff, der meisterhafte und sehr unterhaltsame Gelehrte Dr. Robert Thurman und die weisen und mitfühlenden Laienpraktizierenden Elaine Jackson, Rob Preece, Tenzin Chogkyi, Emily Hsu und Paula Chichester.

Den buddhistischen Nonnen, mit denen ich im Verlauf der Jahre in Dharma-Zentren gearbeitet habe, bin ich für ihre Weisheit, Bescheidenheit und Inspiration verbunden, darunter die Ehrwürdige Lobsang Chokyi, die Ehrwürdige Lhundrup Chosang, die Ehrwürdige Lhundrup Chodron und die Ehrwürdige Thubten Drolma (Fabienne Pradelle), die ehemalige Direktorin des Vajrapani Institute for Wisdom Culture. Sie hat dieses Werk seit den allerersten zögerlichen Anfängen unterstützt.

Sie gab mir Gelegenheit, dieses Programm in Kursen im Londoner Jamyang Buddhist Centre zu entwickeln, wo sie mittlerweile als Executive Director fungiert.

Ich danke meinen weisen und mitfühlenden Dharma-Freunden für ihre Inspiration und Erläuterungen, darunter Richard Prinz, Elaine Jackson, Lynne Sonenberg, Stephen Butler, mit dem ich meinen Podcast *Skeptic's Path to Enlightenment* gegründet habe, und unsere talentierte Produzentin Tara Anderson.

Mit ihrer Überschwänglichkeit für das, was funktioniert (und ihren taktvollen Hinweisen auf das, was nicht funktioniert), hat meine Lektorin Lucy Carroll geholfen, dieses Buch verständlicher und relevanter für die Leserinnen und Leser zu machen. Dasselbe gilt für die scharfäugige Michelle Clark, die es redigiert hat. Ich danke meinem Agenten Michael Mungiello für seine Begeisterung für dieses Projekt und für das Vertrauen, das er mir als Erstlingsautor entgegenbrachte, und meiner Buch-Coach Susan DeFreitas, die mir geduldig beibrachte, Bedeutung und Begeisterung in Prosa zu gießen. Ohne sie würde dieses Buch nicht existieren.

In der Schuld stehe ich bei den Menschen, die sich die Zeit nahmen, Entwürfe des Manuskripts zu lesen und zu kommentieren, die mir halfen, das Material durch die Augen Dritter zu sehen, und die *Erleuchtung für Skeptiker* deutlich besser machten, als es ohne ihr Feedback geworden wäre: Vicki Mackenzie, Alison Murdoch, Jacob Lindsley, Marco Colnaghi, Abelardo Brenes, Steve Beard, Isabela Acebal, Jason Waterman, Sujatha Baliga, die Ehrwürdige Thuben Drolma, die Ehrwürdige Sangye Khadro, Geshe Ngawang Sonam, und meine liebevolle, geduldige und skeptische Frau Dr. Ahna Girshick. Weiter danke ich Dr. Rick

Hanson und Dr. Wendy Hassenkamp dafür, dass sie einige wissenschaftliche Thesen und Referenzen überprüften. Trotz aller Hilfe, die mir zuteilwurde, sind sämtliche Fehler und Unterlassungen in diesem Werk meine eigene Schuld.

Und schließlich danke ich meiner Tochter Samaya für ihre fröhlichen Unterbrechungen und die Freude zu beobachten, wie sie mir über die Schulter sah und den Lamrim auswendig lernte, während ich das Manuskript überarbeitete; ebenso für die Hinweise auf Stellen, die sprachlich schwer verständlich waren.

Literaturempfehlungen

Säkularer Buddhismus

Stephen Batchelor, *Buddhismus für Ungläubige*, Frankfurt a. M.: Fischer-Taschenbuchverlage, 1998.

Stephen Batchelor, *Jenseits des Buddhismus*, Berlin: edition steinreich, 2017.

Seine Heiligkeit der Dalai Lama, *Das Buch der Menschlichkeit*, Bergisch Gladbach: Lübbe, 2000.

Seine Heiligkeit der Dalai Lama, *Rückkehr zur Menschlichkeit*, Köln: Lübbe, 2011.

Robert Wright, *Buddhismus wirkt*, München: Lotos, 2018.

Wissenschaft, Buddhismus und der Geist

Daniel Goleman und Richard J. Davidson, *Altered Traits: Science Reveals How Meditation Changes Your Mind, Brain, and Body*, New York: Avery, 2017.

Rick Hanson, *Das Gehirn eines Buddha*, Freiburg i. Br.: Arbor, 2010.

Rick Hanson, *Achtsam wie ein Buddha*, München: Irisiana, 2010.

Seine Heiligkeit der Dalai Lama, *Die Welt in einem einzigen Atom*, Berlin: Theseus, 2005.

Anil Seth, *Being You: A New Science of Consciousness*, New York: Dutton, 2021.

Robert Thurman, *Wisdom Is Bliss: Four Friendly Fun Facts that Can Change Your Life*. Carlsbad, CA, und New York: Hay House, 2021.

Achtsamkeit und Meditation

Thich Nhat Hanh, *Ich pflanze ein Lächeln*, München: Goldmann, 1992.

Thich Nhat Hanh, *Das Wunder der Achtsamkeit*, Zürich: Theseus, 1988.

Dza Kilung Rinpoche, *Der entspannte Geist*, München: O.W. Barth, 2017.

Der Lamrim im tibetischen Buddhismus

Seine Heiligkeit der Dalai Lama, *Von hier zur Erleuchtung*, Berlin: Scorpio, 2013.

Gyumed Khensur Lobsang Jampa, *The Easy Path: Illuminating the First Panchen Lama's Secret Instructions*, Somerville, MA: Wisdom Publications, 2013.

Geshe Acharya Thubten Loden, *Meditations on the Path to Enlightenment*, Yuroke, Victoria, Australia: Tushita Publications, 1996.

Kathleen McDonald, *Wege zur Meditation*, Jägerndorf: Diamant, 1986.

Tsong-kha-pa, *The Great Treatise on the Stages of the Path to Enlightenment: Volumes 1–3*. Translated by the Lamrim Chenmo Translation Committee. Boston, MA: Snow Lion, 2014.

Liebe und Mitgefühl

Tara Brach, *Radical Self-Acceptance* (CD). Louisville, CO: Sounds True, 2008.

Kathleen McDonald, *Das gütige Herz*, München: Diamant, 2012.

Seine Heiligkeit der Dalai Lama, *Mit weitem Herzen*, Berlin: Theseus, 2002.

Thich Nhat Hanh, *Einfach lieben*, München: O.W. Barth, 2016.

Rob Preece, *Die Weisheit fühlen*, Oberstdorf: Windpferd, 2015.

Das Wesen der Realität

Seine Heiligkeit der Dalai Lama und Jeffrey Hopkins, *How to See Yourself as You Really Are*, New York: Atria Books, 2006.

Khensur Jampa Tegchok, *Insight Into Emptiness*. Somerville, MA: Wisdom Publications, 2012.

Seine Heiligkeit der Dalai Lama und Dr Alexander Berzin, *The Gelug/Kagyu Tradition of Mahamudra*, Boston, MA: Snow Lion, 1997.

Geshe Tashi Tsering, *Emptiness: The Foundation of Buddhist Thought: Volume 5,* Somerville, MA: Wisdom Publications, 2009.

Karma, Wiedergeburt und das Wesen des Buddhas

Dr. Alexander Berzin, »Clearing Away Extraneous Conceptions about Karma«, Seminar-Transkript, Berlin, März 2021. Abrufbar unter Study Buddhism by Berzin Archives: https://studybuddhism.com/en/advanced-studies/lam-rim/karma-advanced/clearing-away-extraneous-conceptions-about-karma (abgerufen April 2023).

Dr. Alexander Berzin und Thubten Chodron. »Do You Believe in Rebirth?«, überarbeiteter Auszug aus: *Glimpse of Reality*. Amitabha Buddhist Centre, Singapur, August 1999. Abrufbar unter Study Buddhism by Berzin Archives: https://studybuddhism.com/en/tibetan-buddhism/path-to-enlightenment/karma-rebirth/do-you-believe-in-rebirth (abgerufen April 2023).

Bhiksu Tenzin Gyatso (Seine Heiligkeit der Dalai Lama) und Bhiksunī Thubten Chodron, *Samsara, Nirvana, and Buddha Nature: Volume 3, The Library of Wisdom and Compassion*. Somerville, MA: Wisdom Publications, 2019.

Dacher Keltner, *Born to Be Good: The Science of a Meaningful Life*, New York: W. W. Norton & Company, 2009.

Robert M. Sapolsky, *Warum Zebras keine Migräne kriegen*, München: Piper, 1996.

Über den Autor

Scott Snibbe studiert seit 20 Jahre den tibetischen Buddhismus. Zu seinen Lehrern zählen Lama Zopa Rinpoche und Seine Heiligkeit der Dalai Lama. Er ist Geschäftsführer von *A Skeptic's Path to Enlightenment,* einer Nonprofit-Organisation, die durch ihren Podcast, ihre Webseite und Kurse säkulare Formen der analytischen Meditation aus dem tibetischen Buddhismus lehrt. Mehr dazu unter www.skepticspath.org.